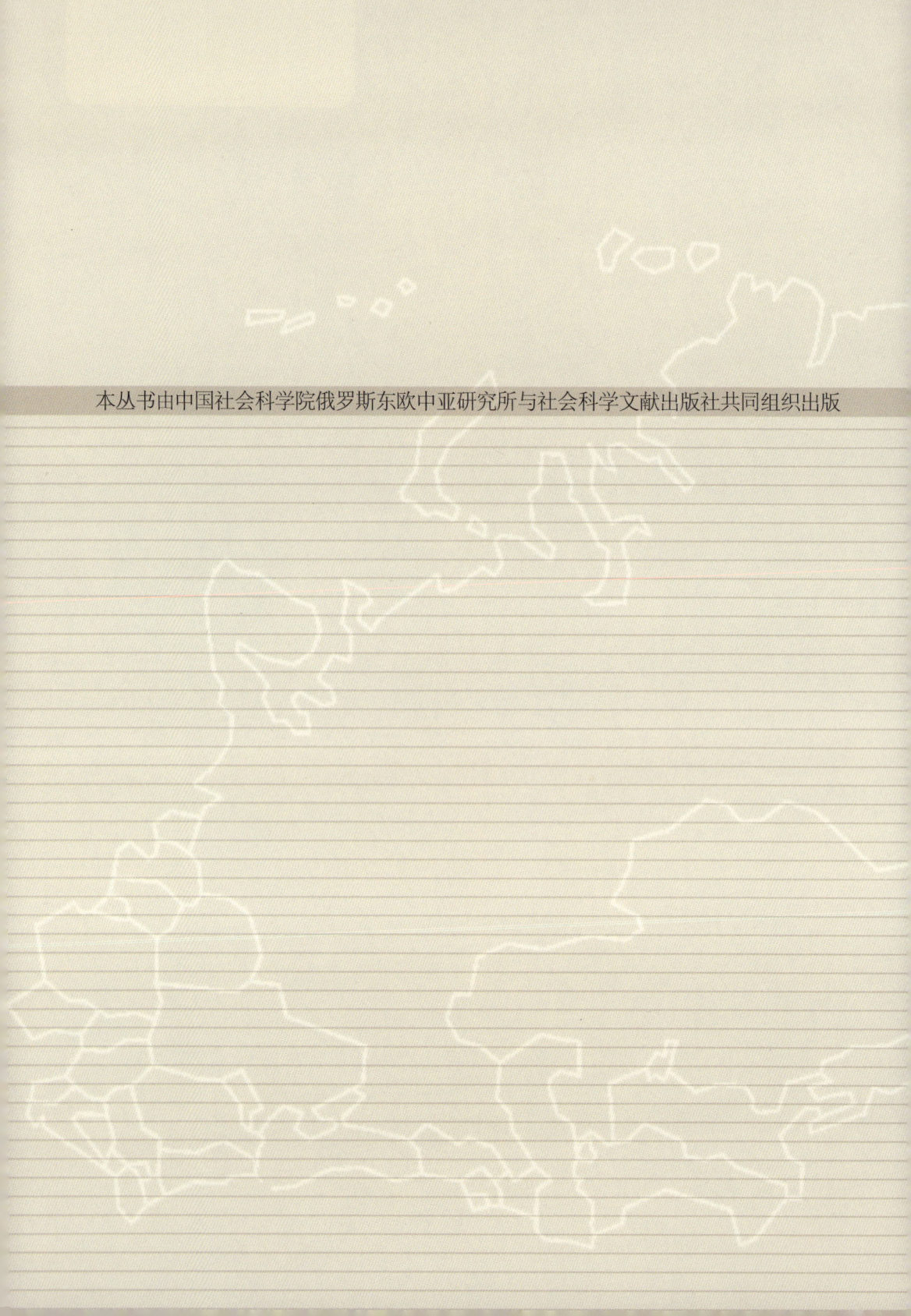

本丛书由中国社会科学院俄罗斯东欧中亚研究所与社会科学文献出版社共同组织出版

当代俄罗斯东欧中亚
研究丛书

中国社会科学院创新工程学术出版资助项目

当代俄罗斯东欧中亚研究丛书

东南欧政治生态论析

——冷战后地区冲突的
起源和地区稳定机制的建立

POLITICAL ECOSYSTEM
IN SOUTH-EAST EUROPE

李丹琳 ◎ 著

社会科学文献出版社
SOCIAL SCIENCES ACADEMIC PRESS (CHINA)

目 录

绪 论 ……………………………………………………………… 1

第一章 巴尔干纷争与冷战后东南欧的战火再起 ……… 12
第一节 巴尔干纷争 …………………………………………… 14
第二节 冷战后东南欧冲突的发展 …………………………… 43
第三节 武装冲突的加剧与族际战争的爆发 ………………… 52

第二章 民族冲突及其在东南欧爆发的根源 ……………… 60
第一节 关于冲突、民族冲突和民族主义的一般论述 ……… 62
第二节 东南欧民族冲突的根源 ……………………………… 84

第三章 国际干预与《东南欧稳定公约》的出台 ………… 106
第一节 关于国际干预的一般论述 …………………………… 106
第二节 冷战后对东南欧的国际干预 ………………………… 114
第三节 《东南欧稳定公约》的出台及其主要内容 ………… 135
第四节 《东南欧稳定公约》的实施和进展情况 …………… 149

第四章 《东南欧稳定公约》的理论基础——新地区主义 … 169
第一节 地区主义的产生和发展 ……………………………… 169

第二节　新地区主义的产生及新、旧地区主义的区别……………… 176
　第三节　新地区主义在《东南欧稳定公约》中的体现 ……………… 190

第五章　欧洲地区主义的发展及东南欧的发展前景 ……………… 197
　第一节　欧盟东扩与新地区主义的发展…………………………… 197
　第二节　《东南欧稳定公约》实施面临的困难和问题 …………… 254
　第三节　东南欧的发展前景………………………………………… 267

结束语 ………………………………………………………………… 283

参考文献 ……………………………………………………………… 286

后　　记 ……………………………………………………………… 293

绪　论

一　问题的提出

1. 《东南欧稳定公约》出台的背景

冲突与战争历来是国际关系理论研究的重要课题。而冷战前与冷战后相比，冲突的构成模式发生了重大变化。冷战前，世界冲突主要以国家间冲突为主，国家间冲突一直占世界冲突的大部分。冷战后，国内冲突或内部冲突迅猛发展，成为世界冲突的主体。政治生态化是政治发展的必然趋势和结果，而风险社会的来临更是增加了对政治生态建设的内在诉求。冷战结束后，民族主义浪潮再次兴起，主要表现在东南欧地区。首先是对一个民族或民族（种族）国家的认同的趋势增强，其结果是出现了一些独立国家；其次是随之发生的，特别是在前南斯拉夫发生的以种族或宗教冲突为主要表现的地区冲突。国际社会为结束冲突进行了干预，但每次冲突的结束都是靠武力，却无法从根本上解决东南欧稳定的问题。从巴尔干的历史来看，这个地区的冲突往往会演变成整个欧洲的冲突或战争，同样，这里发生的冲突和战争也经常是大国争夺的结果。民族冲突的发生不仅仅有历史地理因素，还有政治、经济、文化和国际因素的综合影响。据统计，自1500年以来的500多年间，世界上60%的历史处于大国交战状态，其中有九次是大的甚至是"世界性"的战争①。另据有关资料统计，在1945年至1989年的45年中，世界各地发生的武装冲突和局部战争约有190起，其中，20世纪60年代是爆发地区冲突最频繁的高潮期，达70多起，平均每年七起（主要原因是民族独立运动的兴起）。20世纪80年代发生了28起，平均每年不到三起。这也说明在冷战结束前，地区冲突的数量和频率已大幅度下降。但是，冷战结束后冲突和战争的数量及频率显著上升。据统计，从1990年开始到1999年结束，世界上共发生118次武装冲突，其中有10次被严格地界定为国家间冲突。而其他约100次是国内战争和内部冲突，其中有相当多一部分是民族冲突。同时在20世纪90年代初爆发的冲突中，欧洲（包括俄罗斯、土耳其）的冲突比冷战前增长了2/3，主要的冲突地区在巴尔干和高加索地区。另据统计，进入20世纪90年代后，世界各地的武装冲突和局部战争逐年增多。在1990年1月至1995年6月的五年半时间里，世界上新旧武装冲突和局部战争高达83起，其中除了20世纪80年代遗留下来的24起外，其余59起都是20世纪90年代新爆发的，占总数的70%。② 在1999年的冲突中，有66%的冲突已经持续五年以上，30%的冲突持续了20年。这些冲突持续时间越长就越难结束，世界也就越难和平。欧洲大部分的冲突是在20世纪80年代末或90年代初爆发的，它们到目前为止还没有彻底结束的迹象。在这些冲突中，最大的特点表现为民族之间的冲突。

与国家崩溃和国家建立（重建）有关的民族冲突经常是伴随着暴力，而且暴力冲突往往呈上升的趋势。如果几个国家都存在民族分离主义或强烈的民族主义情绪，同时一个国家的少数民族是另外一个国家的多数民族，那么冲突一定会扩大。这时，如果再加上外国势力的支持，分离的倾向就会越来越强。"某一国家的不稳定可能会使外部势力试图干预这些冲突，以追求他们自己的利益，因此他们会促使冲突的升级导致大规模的

---

① 潘忠歧、谭晓梅：《试论世界冲突的变化趋势》，《国际问题论坛》1997年第3期。
② 潘忠歧、谭晓梅：《试论世界冲突的变化趋势》，《国际问题论坛》1997年第3期。

战争。"①

少数民族群体要求自治或建立自己的国家，这往往又会引起其所在国的主体民族对要求独立的少数民族进行镇压，或通过"种族清洗"和大屠杀灭绝境内一个或几个少数民族群体。另一方面，那些有共同语言、宗教、文化的民族群体会更加愿意紧密地联合在一起，而不只是分享仅有的一些民族认同的标志。因此，有强烈民族联系的群体得到军事支持的可能性很大。

由于这样的民族冲突会造成边界的改变，它就不只是国内问题了。因为一国的冲突会"溢出"，最终演变成地区性的冲突。

从国际政治的角度看，冷战后的民族冲突具有某些新的特点，例如：一方面许多少数民族纷纷要求独立，另一方面沉寂了很长一段时期后的排外情绪和纯洁本国民族的要求重新抬头，某些在历史上曾出现过的建立"大塞尔维亚""大阿尔巴尼亚"的思想再次复活。它们导致国家体制与人民之间的紧张状态。又如，冷战结束和两极格局的消失，打破了原有的国际秩序，而新国际秩序尚在建立的过程中，这给国家间关系和国际关系的处理准则带来许多不确定性。这当然会影响到如何看待、评判和处理冷战后发生的种种民族冲突，反过来又给许多民族冲突带来不确定性和不稳定性。再如，冷战时期，联合国和区域性组织对民族冲突的干预态度是模糊的，在两个超级大国的左右下，它们也很难发挥作用。

科索沃战争后，欧洲面临的一个重大问题就是如何保持和发展东南欧（巴尔干）的稳定。战火之所以熄灭，主要是因为国际调停和国际力量的介入。其中，国际制裁、国际军事介入和国际维和部队的进驻起了关键性的作用。因此也可以说，那里的和平是制裁压出来的，是轰炸炸出来的，是战场上打出来的。科索沃战争结束后，那里的战火虽已熄灭，但冲突及其根源依然存在。1999 年 6 月，科索沃战争刚刚被控制住，《东南欧稳定

---

① Stephen Ryan, *Ethnic Conflict and International Relations*, Darmouth, 1990, pp. X - XⅦ.

公约》迅速出台。为了全方位地结束冲突,实现东南欧地区的稳定与发展,《东南欧稳定公约》不仅要求东南欧各国进行政治、经济改革,更特别强调地区合作的重要性,并促使东南欧各国努力加入欧盟。《东南欧稳定公约》试图通过地区一体化把东南欧逐步吸纳到欧盟的框架之内,在统一的政治、经济、安全体系内解决东南欧的政治稳定、经济发展和地区安全问题。《东南欧稳定公约》第一任协调员博多·洪巴赫认为,《东南欧稳定公约》是维护东南欧地区和平的政治框架,其目的在于设法通过一项全面的预防性外交政策来解决东南欧各国政治和经济上的机构性缺陷,并最终将这些国家纳入欧洲—大西洋结构。他还特别指出:和平与稳定要求经济复苏,而经济复苏要求和平与稳定。作为深受战争和经济衰退之苦的东南欧国家,迅速加入欧盟和北约似乎也是他们最大的期望。保加利亚民主力量联盟政府在提交国会的《关于保加利亚共和国 1999 年度国家安全状况报告》中特别强调,东南欧局势对保障欧洲大陆的安全具有重大意义,逐步实现欧洲和大西洋一体化是使巴尔干地区趋于稳定的唯一途径,而当务之急是加快实施《东南欧稳定公约》的步伐。

2. 新地区主义是《东南欧稳定公约》的理论基础

从理论和基本思路来看,新地区主义为东南欧的稳定提供了理论框架。它主要是一种政治理论,与"世界秩序价值观"密不可分,即和平、发展和生态可持续性。它是在全球化、冷战结束和两极格局被打破的情况下发展起来的。冷战的逐步消失使得原地区主义和地区组织在发展中遇到的一大政治障碍——两极世界在发展国家间关系方面的障碍——逐步消失了。人们在发展地区一体化时不再受两极体制的制约,因此,缓和的国际环境给地区组织和地区主义的发展提供了新的空间与可能。因此,它与从 20 世纪 50~60 年代发展起来的地区主义具有明显的差异,所以被称为新地区主义。

地区主义(Regionalism)一般定义为:在区域的基础上,邦与邦之间的团体或组织的结构化。① 但目前最为流行的定义为：单个的民族经济在制度上结合为更大的经济集团或共同体。② 我国的一些学者把地区主义概括为："地区主义总体上是一种趋势，一种强化各种联系的趋势。这种趋势包含两个方面的内涵：一方面是指一个地区多样化的共同特性，另一方面是指一个地区强化共同特性的趋势。具体地说，地区主义是指功能领域里的政治合作，是国家有意识的政治决策的形成。它常常是一群地理位置临近的国家，为了发展它们共同的政治、经济和战略利益与目标所进行的互动与合作。"③ 虽然地区主义在20世纪50年代就开始兴起，到了20世纪80～90年代又掀起了第二波，但最近的地区主义却有着与过去的地区主义不同的背景和意义，因此人们把现在的地区主义称作"新地区主义"。

新地区主义主要是一种政治理论，它与"世界秩序价值观"密不可分，即和平、发展和生态可持续性。为实现这种价值观，必须与战争、饥饿和环境恶化作斗争，而这些问题也正是在地区主义理论中令人非常关切的问题。其他如民主和人权虽然也很重要，但前者应该说是地区主义的前提。

国际关系学派对新地区主义的定义是："一个多层面的地区一体化进程，该进程包括经济、政治、社会和文化方面。"④ 它更强调的是非经济的方面，而主要指政治和安全层面。它认为地区主义是一系列现象而不是独特的现象或一个有关经济或对外政策的单一政策。该定义远远超出了自由贸易区和几个国家市场加入一个单一功能性单位的定义。它把地理认同、政治趋同、集体安全和地区融合作为非常重要的特点。在此定义之下，新地区主义是自下而上发生的，即它是由公司、企业、消费者和市场

---

① Andrew Hurrel, "*Regionalism in Theoretical Perspective*", in Louise Fawcett and Andrw Hurrel eds., *Regional in World Politics*, New York: Oxford University Press, 1995, pp. 38 - 73.
② Peter Robson, *The Economics of International Integration* 4th Edition, Routledge 1998, p. 1.
③ 肖欢容：《地区主义及其当代发展》，《世界经济与政治》2000年第2期。
④ Percy S. Mistry, "*The New Regionalism: Impediment or Spur to Future Multilateralism?*", in Peter Wagstaff, eds., *Regionalism in the European Union*, 1999, U.K.: Intellect Books; USA: Intellect Books, p. 123.

的需求促动的。相比之下,旧地区主义是自上而下发生的,也就是说,由技术官僚、官员和政治家们策划的,因而在范围上讲就更加有限,缺少大众的支持。

经济学派(主要以世界银行为主)承认新地区主义主要在非经济层面,但将着重点限制在经济上对自由贸易的加强,这个概念更加开放、外向,比旧地区主义包容性强;旧地区主义更多的是保护主义的、内向型的和排斥的。1990年前的地区主义在发展中国家的特点是壁垒——阻止非成员国的经济参与。1990年之后的新地区主义的目标几乎相反:根据各成员国的利益设置不同的壁垒,但是这些壁垒对内和对外都相对较低以至于几乎不重要。新地区主义中经济的"巩固"包括:地区间贸易在服务和知识产权方面的自由化;资本和劳动力的自由流动和规章制度的协调。

从政治和经济角度看,新地区主义有两个特点:"一是鼓励地区与世界其他地区的相互合作,而不是阻止合作;二是新地区主义中与贸易有关的层面比其他经济层面(特别是投资、人力资本发展和技术转让)和政治/安全层面相比更加不重要。"[1]

因此我们可以这样说,新地区主义是一种地区一体化的多层面的进程,包括经济、政治、社会和文化。新地区主义产生于新的以多极化为特征的全球形势的背景之下。它不是单一的政策而是一揽子规划,与自由贸易市场的想法背道而驰;也就是说,将从前多少有些隐蔽的国家市场连接成为一个功能性经济单位。而且,建立边界控制和地区融合的政治目标是新地区主义的首要目标。

新地区主义不只是局限于以往地区一级的经济政治合作,它更意味着在经济、社会和文化网络方面的发展,不同层面的文化、安全、经济政策和政治政策从相对的异质性走向不断的同质性的变化过程。与旧地区主义

---

[1] Percy S. Mistry, "The New Regionalism: Impediment or Spur to Future Multilateralism?", in Peter Wagstaff eds., *Regionalism in the European Union*, 1999, U.K.: Intellect Books; USA: Intellect Books, p. 124.

最大的不同表现在：旧地区主义是"自上而下"产生的，它由大国所倡导和组织，新地区主义是从地区内部和"自下而上"发展起来的，它不光包括国家本身，还有其他行为体；从经济一体化角度看，旧地区主义是内生和保护主义的，而新地区主义则是"开放"的，因此与相互依赖的世界经济是相容的；旧地区主义客观上说比较具体，有些组织仅以安全为主旨，有些组织则以经济为条件，而新地区主义是综合的、多方面的进程，它包括贸易和经济一体化，同时也包括环境、社会保障政策、安全和民主。新地区主义追求在深化经济一体化的基础上最终达到政治、安全和文化的趋同。

新地区主义表现的最重要的一点，正如现在欧盟的状况一样，它导致一定程度的主权转移，但这不意味着国家失去民族主权，而是该地区各国共同行使转移出来的主权，这种转移出来的主权形成一种超民族国家性质的权力。民族国家的活动空间增大了。当初欧洲"大厦"的设计师让·莫内的构想就是要克服对欧洲和平和繁荣造成威胁的极端民族主义，抑制霸权国或潜在的霸权国行使其自身意志权力，引导各国看到彼此的共同利益。欧共体成立的初衷之一也是为了防止德国潜在的威胁，促进德国的欧洲化。

3. 虽然存在许多困难，但新地区主义为东南欧的稳定和繁荣提供了一个可行的框架

冷战结束后的中东欧和东南欧地区也纷纷开始了地区合作，它们的主要目的是"重返欧洲"。为了解决该地区所共同面对的紧迫问题，如经济停滞、区域安全、劳动力流动、贫困、恐怖主义等，"小国愿意接受地区安排，不愿意游离或裸露在地区之外"[①]。中东欧维谢格拉德集团和中欧倡议组织成为原东欧地区合作的较好范例，特别是中欧倡议组织曾专门讨论少数民族问题，就少数民族保护问题提出草案。中东欧地区的合作平稳发展，已经具备了开放性和非对抗性的特点，是各成员国加入欧盟的过渡

---

① 庞中英：《地区主义与民族主义》，《欧洲》1999 年第 2 期。

性选择。新地区主义可以为中东欧国家尽快融入西方社会创造更多的机遇,减少了这些国家之间由于激烈竞争而产生的内耗,同时也减少了民族摩擦。这为东南欧的稳定和发展提供了一个较成功的模式。

东南欧各国也较早进行了地区合作的尝试,但由于政治动荡、经济改革遇到挫折、族际问题加剧、环境恶化等问题,同时与中东欧国家相比,历史上不论是民主传统还是经济发展都存在较大差异,这些国家剧变后的政治经济改革进程缓慢,地区合作也不如中东欧有成效。《东南欧稳定公约》积极促进东南欧的地区合作,虽然发展很慢,还有许多妨碍发展的不利因素,但从欧共体/欧盟发展的历程来看,新地区主义有可能为东南欧的稳定和重建提供一个较好的发展前景。

二 目前国内有关研究的状况

1. 关于巴尔干问题的研究在我国开展比较早,它主要是作为世界历史问题而进行的

关于南斯拉夫现实问题的研究在 20 世纪 50 年代业已开始,但它主要是从国际共运问题和社会主义制度的发展问题来加以研究的。特别是对南斯拉夫独特的自治制度及其社会经济制度的改革,国内发表了许多研究报告、文章和论著。南斯拉夫联邦解体后,特别是科索沃战争的爆发,使得对前南地区的研究又形成了一个新的高潮,这方面的研究主要是把它作为一个国际热点问题及其对世界形势的影响而展开的。著作有:马细谱的《巴尔干纷争》(1999 年版),郭华榕、徐天新主编的《欧洲的分与合》(1999 年版),王逸舟主编的《单极世界的阴霾——科索沃危机的警示》(1999 年版) 等,论文则多得不计其数。

外国文献中论述冷战后巴尔干地区战争和历史的文献如下。

叙述西欧和美国的外交家们在波黑战争中如何运用外交手段一次又一次地促使战争各方签订停火协议的 Raymond Tanter and John Psarouthakis. 1999. *Balancing in the Balkans*。

关于巴尔干冲突历史的有 Frank W. Carter and Harold T. Norris（eds.）. 1996. *The Changing Shape of the Balkans*；Pantev, Plamen. 1995. *Coping with Conflicts in the Central and Southern Balkans*；Mient Jan Faber（ed.）. 1996. *The Balkans：A Religious Backyard of Europe*. Ravenna：Longo Ed.；Daniel N. Nelson. 1991. *Balkan Imbroglio-Politics and Security in Southeastern Europe*. Westview Press, Inc。

关于冷战后巴尔干地区特别是前南斯拉夫地区战争描述的有 Avramov, Smilja. 1995. *Genocide in Yogoslavia*；Leo Tindemans（ed.）. 1996. *Unfinished Peace：Report of the International Commission on the Balkans*；Stjepan G. Mestrovic（ed.）. 1996. *Genocide after Emotion：the Post-emotional Balkan War*；Mariana Lenkova（ed.）. 1998. *"Hate Speech" in the Balkans*；Eyal, Johnathan. 1993. *Europe and Yugoslavia：Lessons from a Failure*。

2. 关于新地区主义的研究

地区主义的全球发展是20世纪后半期国际社会的一个重要现象。国内学界对地区主义的研究比较缺乏。地区主义在我国的研究资料中，一般使用"世界经济中的集团化或区域化""地区经济一体化"等词来表示。自中国成为亚太经合组织的重要成员后，对地区主义的研究文献才开始丰富起来。在中文文献中，比较突出的是庞中英博士的《地区主义与民族主义》等文章。而关于地区主义和新地区主义的外国文献非常之多，如：介绍欧盟的一体化进程及其理论的著作：Robert Leonardi. 1995. *Convergence, Cohesion and Integration in the European Union*；Ben Rosamond. 2000. *Theories of European Integration*. 这些书中不仅详细介绍了欧盟发生、发展的过程，也叙述了一体化理论的发展过程，书中特别提到一体化与地区主义的关系。

Michael Zuern and Niels Lange. 1999. *Regionalism in the Age of Globalization*；Bjoern Hettne, etc.（eds.）. 1999. *Globalism and the New Regionalism*. 两部著作叙述了新地区主义在全球化时代的新的特点。

Bjoern Hettne, etc. (eds.). 2000. *The New Regionalism and the Future of Security and Development*; Bjoern Hettne and Andras Inotai, *The New Regionalism. Implications for Global Development and International Security.* 介绍了新地区主义在冷战后安全问题上发挥的作用。

Peter Wagstaff (ed.). 1999. *Regionalism in the European Union.* 和 Preston, Christopher. 1997. *Enlargement and Integration in the European Union.* 详细介绍了欧共体发展到今天的欧盟不仅本身就是地区主义的范例，而且现在的欧盟内部还出现了次地区现象。

Peter Bajtay (ed.). 1996. *Regional Cooperation and the European Integration Process: Nordic and Central European Experiences.* 介绍了北欧和中欧地区合作的模式。

John Fitzmaurice. 1998. *Politics and Government in the Visegrad Countries-Poland, Hungary, the Czech Republic and Slovakia*; Laszlo Poti (ed.). 1997. *Integration, Regionalism, Minorities: What is the Link*? Szabo, Mate (eds.) 1996. *The Challenge of Europeanization in the Region: East Central Europe.* 则介绍了中东欧地区在冷战结束之后加入欧盟的机遇和欧盟东扩对欧盟的挑战。

本书不想对地区主义作纯理论的探讨，而是想在冷战后出现的新地区主义理论的指导下，具体论述在东南欧发生的民族冲突的根源、解决方法以及稳定的发展前景，以实例来验证有关的理论观点。换句话说，本书采用的是史论结合的方法。

本书的新意，或者说本书所做的工作就在于从新地区主义的角度来分析欧盟提出的解决东南欧稳定与发展的药方，并进而把它作为一个案例，探讨新地区主义在当今世界的条件下缓解地区紧张形势、谋求共同发展的可能性。为论述这一问题，必然要学习、借助和援引前辈们的许多研究成果，例如，关于巴尔干历史研究的成果、前南地区社会经济问题的研究成果、关于冷战后这个地区和世界发展形势的研究成果以及关于地区主义和其他相关国际关系理论的研究成果等。

从巴尔干的历史来看，这个地区的冲突往往会演变成整个欧洲的冲突或战争，同样，这里发生的冲突和战争也经常是大国争夺的结果。科索沃战争后，欧洲面临的一个重大问题就是如何保持和发展东南欧（巴尔干地区）的稳定。1999年6月在欧盟的倡议下，有关各方在德国科隆召开了巴尔干国际会议，通过了《东南欧稳定公约》。《东南欧稳定公约》是欧盟为东南欧开的一个药方，它试图在这一地区频繁爆发震惊世界的大屠杀、大轰炸之后，通过一体化方式把东南欧纳入欧盟的框架之内，在统一的政治、经济和安全体系内保障东南欧的政治稳定和经济发展，结束巴尔干"火药桶"的历史。这同时也是为整个欧洲的安全和发展提供一个稳定与发展的框架。为便于论述，本书的第一章拟对巴尔干的纷争历史和冷战后东南欧冲突的再起作一简要的论述。第二章探讨民族冲突和民族主义的发生和特点，挖掘东南欧地区民族冲突频频爆发的根源。第三章拟就国际干预的有关概念、理论观点，以及十多年来国际社会对东南欧的干预及《东南欧稳定公约》的出台作一专门的论述。第四章试图就地区主义的产生与发展，新、旧地区主义的实质区别，以及新地区主义在《东南欧稳定公约》中的体现作一论述。第五章就东南欧未来发展前景作一些分析。结束语则简要归纳了作者的一些看法。

这里需要指出的是，本书所叙述的东南欧国家包括阿尔巴尼亚、波黑、保加利亚、克罗地亚、南联盟、马其顿和罗马尼亚。在1999年科隆召开的东南欧稳定会议上，欧盟等西方国家邀请了除南联盟以外的东南欧国家，这是因为当时南联盟正是米洛舍维奇执政，他是西方国家极力打击的对象。但在《东南欧稳定公约》会议上，主席国和与会各国一致认为，科索沃战争的解决是东南欧稳定的前提，而没有南联盟的参与，无法真正解决东南欧的稳定问题。虽然保加利亚和罗马尼亚也都存在民族矛盾，但不像前南斯拉夫那样最终酿成冲突和战争，因此，前南斯拉夫的民族矛盾的爆发具有典型性，民族冲突的表现最为激烈。本书在论述过程中，就主要以发生在前南斯拉夫土地上的民族冲突为例。

第一章 巴尔干纷争与冷战后东南欧的战火再起

战争与和平是人类永恒的话题。全世界的人都憎恶战争、渴望和平，然而，自人类起源到现在，战争始终就没有停止过，而和平只是暂时的和地区性的。战争对人类文明的发展和进步起到催化和促进作用，它伴随着社会的革命，从各个部落的战争开始，促进了民族的融合和国家的形成；国家内部不同民族之间的冲突和战争，又促成民族独立和新国家的诞生。战争与文明交替更迭，战争有它进步的作用，但对人类的生存也是威胁，甚至是一种毁灭。冲突与战争历来是国际关系理论研究的重要课题。德国军事家克劳塞维茨说过：战争无非是政治通过另一种手段（即暴力）的继续。

纵观整个20世纪，似乎每天都在冲突与战争中前进。20世纪是非凡的世纪，它见证了革命、发展、毁灭和繁荣，是一个风起云涌的世纪。新兴的资本主义国家的技术和经济实力迅速提高，威胁到老牌帝国的利益，它们要求对势力范围进行重新分配，导致第一次世界大战的爆发。这场主要发生在欧洲的战争，却把世界上大多数国家都卷入进去，30多个国家、约15亿人参与了这场战争；有5500万人在战争中死亡，造成了极大的破坏和损失。战争的结果使得巴尔干半岛上出现了一个联合的王国——塞尔维亚人—克罗地亚人—斯洛文尼亚人王国；同时爆发了俄国十月社会主义革命、德国十一月资产阶级革命以及匈牙利无产阶级社会主义革命。随着世界格局的变化，第一次世界大战的战胜国和战败国之间因对凡尔赛—华盛顿体系不满以及全球性的经济危机，使得第二次世界大战不可避免。这场热战更加惨烈，先后有61个国家和地区、20多亿人被卷入战争，伤亡9000余万人。第二次世界大战后形成两极格局，世界由热战转为冷战，也决定了欧洲东南部大部分国家今后的命运。冷战期间，美苏两大集团力图避免直接冲突，虽然不断进行军备竞赛，却始终没有大的战争出现，但是，每一次某个地区出现的冲突都会牵动人们的神经，担心这会不会成为一场战争的导火索。冷战结束，人们并没有因此而松了一口气，因为紧接着，冲突与战争一年多于一年。统计显示，1990~2000年共发生各种规模的武装冲突和局部战争达397次，每年平均36次。其中，新发生的冲突和战争为122次，每年平均11次，数字超过了冷战时期的冲突与战争的次数。①

20世纪的最后十年，世界发生了急剧的变化，它来势如此迅猛，以致人们还来不及反应乃至了解事变的来龙去脉，就接二连三地发生了。首先是东欧国家的剧变和苏联解体，这一地区的政治生态发生了急剧变化，它直接导致两极对抗和冷战的结束。共产主义制度在苏联、东欧的失败，曾使得许多西方人士欣喜若狂。但是，当人们的兴奋刚刚开始，紧接着就在这块土地上发生了一连串震惊世界的冲突和战争。在欧洲土地上，巴尔干又一次成为"火药桶"，甚至爆发了第二次世界大战以来欧洲最残酷的战争——波黑战争，它导致20万人丧生，200万人流离失所。在20世纪的最后一年，科索沃战争又引发了以美国为首的北约对南联盟78天的狂轰滥炸，1500多名无辜平民丧生，造成数十万难民。据统计，北约在这次战争中共派遣飞机1000多架，舰艇40多艘。其中，美国出动了约730架飞机、24艘舰艇。飞机共出动3.2万架次，投弹1.3万吨，使用了大量杀伤力极强的新式武器，造成南联盟1800多名平民丧生，6000多人受

---

① http://wenku.baidu.com/view/7ceafb669b6648d7c1c74638.html.

伤，近百万人沦为难民，20多家医院被毁，300多所学校遭破坏，50多座桥梁、12条铁路、5条公路干线、5个民用机场被炸毁，39%的广播电视传播线路瘫痪，大批工厂、商店、发电厂被毁，直接经济损失达2000多亿美元。据联合国难民署的报告，科索沃战争结束5个多月后，有24万塞族和其他非阿族难民逃离科索沃。21世纪伊始，马其顿又响起了枪声，民族冲突再起。目前，尽管战火已经熄灭，但冲突依然存在。

历史是不容回避的。从巴尔干的历史来看，这个地区的冲突往往会演变成整个欧洲的冲突或战争；同时，这里发生的冲突和战争也经常是大国争夺的结果。

第一节 巴尔干纷争

在一个地区的历史上发生如此频繁而知名的战争，这在世界历史中也是少见的。在欧洲，提到巴尔干，人们总是联想到种族冲突和大国对这个地区的争夺。布热津斯基说："在欧洲，'巴尔干'这个词使人联想到种族冲突和大国的地区性争夺。"[①] 许多人都有一个疑问：为什么是巴尔干？许多学者从不同角度分析它的原因，可以看出，这个地区之所以成为"火药桶"，有它独特的地理、历史、民族和宗教因素。这些因素交织在一起，错综复杂，使这一地区不断发生着分分合合的悲剧。

一 关于巴尔干和东南欧的名称

在提及这一地区时，人们常用巴尔干、东南欧，还有西巴尔干等名称。这里有必要将这几个名称逐一进行解释，这有助于进行下一步的探讨。

巴尔干半岛位于欧洲东南部，位于亚得里亚海、爱琴海和黑海之间。从传统和地理上讲，巴尔干地区原来主要指位于巴尔干半岛的六个国家，

---

① 〔美〕兹比格纽·布热津斯基：《大棋局》，上海人民出版社，2007，第11页。

即南斯拉夫、罗马尼亚、保加利亚、阿尔巴尼亚、希腊和土耳其的一小部分。自1991年南斯拉夫解体之后，巴尔干国家增加到11个，它们是：塞尔维亚、黑山、马其顿、克罗地亚、斯洛文尼亚、波黑、保加利亚、罗马尼亚、阿尔巴尼亚、希腊和土耳其的一小部分。

塞尔维亚共和国位于巴尔干半岛中部，是内陆国，面积为8.8万平方公里，人口1015万。第二次世界大战以后，塞尔维亚是南斯拉夫联邦的一部分。冷战结束后，在这块土地上发生了多次冲突和战争，其中的一些共和国纷纷从南联邦脱离，南联邦不复存在。塞尔维亚共和国的民族包括：塞尔维亚族、阿尔巴尼亚族、匈牙利族、穆斯林族、罗姆人、克罗地亚族、斯洛伐克族、保加利亚族和罗马尼亚族等。主要宗教信仰是东正教，其他宗教有伊斯兰教和天主教。

黑山共和国位于巴尔干半岛西南部，面积为1.3812万平方公里，人口67.218万。民族包括：黑山族、塞尔维亚族、阿尔巴尼亚族、穆斯林族、克罗地亚族和罗姆人。宗教信仰为东正教、伊斯兰教和天主教。2006年6月3日，黑山正式成为独立主权国家。

马其顿共和国位于巴尔干半岛中部，是内陆国，面积为2.5713万平方公里，人口203.4万。民族包括：马其顿族、阿尔巴尼亚族、土耳其族、罗姆人和塞尔维亚族。宗教信仰为东正教和伊斯兰教。1991年11月20日，马其顿从南联邦中脱离出来，宣布独立，1993年4月7日以"前南斯拉夫马其顿共和国"的暂用名加入联合国。

克罗地亚共和国位于地中海和巴尔干半岛潘诺尼亚平原的交界处，面积为5.6538万平方公里，人口449.2万。主要民族为克罗地亚族，其他民族包括：穆斯林族、匈牙利族、意大利族、阿尔巴尼亚族、日耳曼族、罗姆人、捷克族，宗教信仰为天主教和东正教。1991年脱离南联邦宣布独立。

斯洛文尼亚共和国位于巴尔干半岛西北端，面积为2.0273万平方公里，人口198.8万。民族包括：斯洛文尼亚族、匈牙利族、意大利族等。主要宗教信仰为天主教。1991年6月25日脱离南联邦独立。

波斯尼亚和黑塞哥维那，简称波黑，位于巴尔干半岛中西部，面积为 5.12 万平方公里，人口 384 万。民族包括：波斯尼亚人族（原南联邦的穆斯林族）、塞尔维亚族、克罗地亚族。宗教包括伊斯兰教、东正教和天主教。1992 年 5 月 22 日，波黑加入联合国。

罗马尼亚位于巴尔干半岛东北部，面积为 23.8391 万平方公里，人口 2147 万。民族包括：罗马尼亚族、匈牙利族、罗姆人、日耳曼族、乌克兰族、俄罗斯族、塞尔维亚族、斯洛伐克族、土耳其族和鞑靼人。宗教为东正教、罗马天主教和新教。

保加利亚共和国位于巴尔干半岛东南部，面积为 11.1001 万平方公里，人口 756.37 万。民族包括：保加利亚族、土耳其族、罗姆人、马其顿族和亚美尼亚族等。主要宗教为东正教，少数人信奉伊斯兰教。

阿尔巴尼亚共和国位于巴尔干半岛西部，面积为 2.87 万平方公里，人口 319.4 万。民族包括：阿尔巴尼亚族、希腊族、马其顿族。宗教为伊斯兰教、东正教和天主教。

希腊共和国位于巴尔干半岛最南端，面积为 13.1957 万平方公里，人口 1131 万。民族包括：希腊族、穆斯林族等。宗教为东正教。

土耳其共和国的领土 97% 位于亚洲的小亚细亚半岛，3% 位于欧洲的巴尔干半岛，面积为 78.36 万平方公里，人口 7256 万。民族包括：土耳其族、库尔德族。宗教主要为伊斯兰教。

本书主要论述冷战时期巴尔干地区曾是社会主义阵营的几个国家。而事实上，从来也都无法回避希腊和土耳其，因为它们也是巴尔干纷争的一部分。第二次世界大战期间，希腊被德国、意大利和保加利亚占领，生灵涂炭，人民遭受了数次蹂躏。第二次世界大战临近结束时，希腊国内又爆发内战，其中一方是得到英美支持的希腊政府军，另一方是第二次世界大战期间领导抵抗德国的希腊共产党武装。由于南斯拉夫与苏联决裂导致亲铁托的希腊共产党与铁托划清界限，共产党内部肃清"铁托主义分子"，从而使共产党军队人心涣散，1949 年以希腊共产党武装的失败而使希腊内战落下帷幕。世界大战和内战把希腊变成了一片废墟，美国为防止苏联对希腊的控制，积极援助希腊，使希腊成为西方阵营的一分子。土耳其国土横跨欧亚，因其独特的地理位置和曾经的大帝国，成为各方争取的重要对象。第二次世界大战期间，美国认为，土耳其如果参战会使整个巴尔干地区陷入更大的混乱和灾难，因此极力劝说其中立，中立的土耳其为其今后的经济恢复和发展奠定了良好的基础。第二次世界大战后，为防止苏联对其的控制，美国同样对其加大了援助的力度，并同西欧一起促使它加入了北约。但是，由于其北面是原属于苏联的中亚国家，东面也是原属于苏联的外高加索国家，因此不论在冷战期间，还是在冷战结束和苏联解体后，土耳其的地缘战略意义都非常重大。美国著名学者布热津斯基曾提出要稳定土耳其，因为土耳其稳定着黑海地区，控制着从黑海去地中海的通道。土耳其如不稳定，可能将在南巴尔干引起更严重的暴力冲突，使俄罗斯更容易控制新独立的高加索国家。所以，希腊和土耳其历来是大国争夺的对象。随着土耳其加入北约和希腊成为欧共体（及后来的欧盟）的一员，在它们领土上的大规模的冲突逐渐减少。冷战结束后，希腊和土耳其以外的巴尔干国家随着苏联的解体也逐步分崩离析，因此，本书讨论的巴尔干地区以属于原社会主义阵营的东南欧国家为主，而不讨论希腊和土耳其。

东南欧的名称几乎与巴尔干相同，它与原东欧的概念是相联系的。在传统的国际政治经济理论中所说的东欧是指苏联和"二战"后在欧洲新建立的八个社会主义国家。1989年东欧政局发生剧变后，处于中东欧地区的波兰、匈牙利、捷克和斯洛伐克等国在政治经济制度转轨方面相对平稳和顺利，并较快地与西方（特别是与欧盟）建立了较紧密的政治经济关系。地处东欧南部的国家，有的正在发生国内冲突，如前南的一些国家；有的则因经济落后、权力斗争激烈而处于社会不稳定状态，如保加利亚和阿尔巴尼亚等。这些国家在转轨过程中步履艰难，经济持续下滑，从而在原东欧形成了两个发展速度和发展状况明显不同的地区。这种状况反映在国际文献中，就是人们日益较多地采用的"中东欧"和"东南欧"

这两个名称。东南欧这个名称主要是相对于中东欧来说的，它主要指：阿尔巴尼亚、波黑、保加利亚、克罗地亚、塞尔维亚、黑山、马其顿和罗马尼亚。此外，东南欧与中东欧在文化和宗教上也有较大的区别。公元8～10世纪，波兰、匈牙利、捷克、克罗地亚、斯洛文尼亚等民族，按拉丁仪式接受基督教并使用拉丁文字，它们成为西方文明的一部分，克罗地亚及其海港城市杜布罗夫尼克是它的东南边缘。① 与此同时，罗斯（即后来的俄罗斯、乌克兰、白俄罗斯）、塞尔维亚、保加利亚、黑山、马其顿等斯拉夫民族和罗马尼亚则在10世纪时按希腊仪式接受东正教，使用基里尔字母，成为拜占庭文明的一部分。其中，罗马尼亚有些特殊，虽然接受东正教，却使用拉丁字母。阿尔巴尼亚人和波黑的部分斯拉夫人放弃基督教、皈依伊斯兰教而成为伊斯兰文明的一部分。②

1999年科索沃战争后，欧盟开始认真考虑巴尔干地区的稳定，明确提出东南欧国家与中东欧国家一样都可以加入欧盟。《东南欧稳定公约》提出西巴尔干国家，即克罗地亚、马其顿、阿尔巴尼亚、塞尔维亚和黑山（后分开）、波黑在政治、经济上进行改革，为此，欧盟为西巴尔干国家设计了一系列战略措施，为把西巴尔干国家最终纳入欧盟框架内铺平道路。

二 "火药桶"的由来

巴尔干成为"火药桶"是由多方面因素造成的，关于这方面的文章数不胜数，在浏览了大部分这方面的叙述之后，笔者认同并在这些叙述的基础上大致总结了以下几个方面的因素。

（一）地理位置

据称，德意志帝国宰相俾斯麦曾把危机四伏的巴尔干称之为"火药桶"。后来，这个地区确实冲突不断，"火药桶"这个称号也就被普遍地

---

① 刘祖熙：《中东欧国家"回归欧洲"的历史思考》，《西伯利亚研究》1999年第1期。
② 马细谱：《巴尔干纷争》，北京大学出版社，1999，第5页。

使用了。说到巴尔干之所以成为"火药桶",首先应从它的地理位置说起。巴尔干位于南欧的东部、欧亚两大洲的接壤处,东临黑海,西濒爱奥尼亚海和爱琴海,东南隔黑海与亚洲相望,北以多瑙河、萨瓦河为界,西至里雅斯特,扼黑海、地中海的咽喉,战略位置十分重要;与欧洲大陆相接处十分宽阔,没有高山阻隔,交通十分便利。"它是中欧与近东之间的桥梁。被称为'卢布尔雅那大门'的地区历来为兵家必争之地。控制了这一地区,往北有两条大道可通奥地利;往东北可通匈牙利;往东南可通克罗地亚首府萨格勒布,并沿萨瓦河和萨格勒布至贝尔格莱德的铁路和公路奔袭塞尔维亚。"① 同时,巴尔干半岛还有丰富的资源,矿产有铜、汞、铬、铅、锌、石油以及铁、煤等。

它的地理位置之所以重要,是因为处于欧、亚、非三大陆之间,是欧洲和亚洲联系的陆桥。巴尔干地区虽然处处皆山,但从古至今,它没有成为外族进入该地区的障碍,反而是众多民族进入的必经之路。古代的波斯帝国、马其顿帝国、罗马帝国、欧洲十字军、奥斯曼帝国都通过博斯普鲁斯海峡和达达尼尔海峡向欧洲和亚洲扩张,更不用说多次战争都发生在这块土地上了,这里是列强的逐鹿之所。"传统的巴尔干代表争夺欧洲主导权的斗争中的一个潜在的地缘政治目标。欧亚大陆的巴尔干在地缘政治上也是重要的,因为它们将控制一个必将出现的旨在更直接地连接欧亚大陆东西最富裕最勤劳的两端的运输网。从安全和历史野心的角度来看,它至少对三个与它直接接壤的较强大的邻国俄罗斯、土耳其和伊朗有重要意义。"②

公元1世纪以来,许多外来部落开始进入巴尔干半岛,这个地区的民族和宗教不断发生变化。特别是奥斯曼帝国统治巴尔干半岛的五个多世纪里,大力推行移民政策和伊斯兰化运动,使巴尔干西部的阿尔巴尼亚、科

---

① 王逸舟:《单极世界的阴霾——科索沃危机的警示》,社会科学文献出版社,1999,第284~285页。
② 〔美〕兹比格纽·布热津斯基:《大棋局》,上海人民出版社,2007,第12页。

索沃、西马其顿和波斯尼亚等地民族成分发生重大变化,这也是现在这几个地区民族、宗教矛盾交织和冲突的直接根源。

大国也不断对巴尔干事务进行干预,人为制造各国之间的分裂和冲突,为便于统治而有计划地改变当地民族成分,以确保其在这一地区的存在和影响。沙俄、奥匈帝国、英国、德国等列强为了达到各自的目的,力争占领战略要地巴尔干,为此相互斗争与勾结,甚至不惜发动战争以强行划定边界。

(二) 民族因素

巴尔干半岛的一个最大特点是:在相对较小的面积上,居住着众多的人口[①];同时,这里人口的构成非常复杂,居住着希腊人、黑山人、罗马尼亚人、阿尔巴尼亚人、土耳其人以及穆斯林人和吉普赛人等。根据2002年的资料,在保加利亚820多万的人口中,保加利亚族占85.8%,其他还有土耳其人、俄罗斯人、亚美尼亚人、卡拉卡昌人、鞑靼人、犹太人、吉普赛人、加加乌兹人、希腊族和罗马尼亚族等。罗马尼亚除了主体民族罗马尼亚人以外,还有匈牙利人、德意志人、吉普赛人、犹太人、乌克兰人、鲁特伊人、塞尔维亚人、克罗地亚人、斯洛文尼亚人、俄罗斯人、捷克人、斯洛伐克人、鞑靼人、土耳其人、保加利亚人等。阿尔巴尼亚包括阿尔巴尼亚人、希腊人、马其顿人、黑山人、瓦拉几亚人和吉普赛人。[②] 塞尔维亚更是一个多民族的国家,且不说原来的南斯拉夫联邦,就是现在的塞尔维亚共和国,塞尔维亚族人占65%,其他的民族包括:阿尔巴尼亚族、匈牙利族、罗姆人、穆斯林族和克罗地亚族等。可以说,在巴尔干这个总面积只有50多万平方公里的半岛上,各个国家的民族是你中有我、我中有你。

巴尔干半岛历史悠久,是人类文明较早的发祥地之一。阿尔巴尼亚人

---

① 马细谱:《南斯拉夫兴亡》,社会科学文献出版社,2010,第19页。
② 马细谱:《巴尔干纷争》,北京大学出版社,1999,第7页。

的祖先伊里利亚人被认为是巴尔干半岛上的原始居民。从公元168年被罗马人征服开始，先后受到罗马帝国、拜占庭帝国和奥斯曼土耳其帝国的统治。公元14世纪，奥斯曼帝国入侵巴尔干，阿尔巴尼亚公国和巴尔干半岛上的其他中世纪古国分裂为斯库台（阿尔巴尼亚）、雅尼纳（希腊）、马腊斯蒂尔（马其顿）和科索沃四个小的公国。到20世纪初，巴尔干各国相继独立。阿尔巴尼亚族被多条国境线划分在国土毗连的不同国家之中，形成了跨国民族。第二次世界大战以后，阿尔巴尼亚形成了现在的版图，许多民族同胞留在了国境之外。阿尔巴尼亚现有人口近350万，而生活在巴尔干其他邻国的阿尔巴尼亚人大约也有相同的数目。其中在南斯拉夫有近200万阿尔巴尼亚人，主要生活在科索沃以及黑山南部；在马其顿有50万~60万阿尔巴尼亚人，主要生活在马其顿西部；希腊有8万~10万阿尔巴尼亚人，主要生活在希腊西北部，其余阿尔巴尼亚人散居在巴尔干半岛的其他国家。1912年，阿尔巴尼亚摆脱奥斯曼土耳其帝国的统治宣布独立。第二次世界大战期间，意大利占领了南斯拉夫的科索沃，占领军将该地的大部分和马其顿西部的五个县给了阿尔巴尼亚，成立了大阿尔巴尼亚王国。阿尔巴尼亚的索古王朝成了意大利的傀儡保护国。

公元1世纪初，罗马尼亚人的祖先达契亚人就建立了国家。公元101~106年，达契亚被罗马帝国征服，开始受到罗马文化的影响，后经过民族迁徙，与一部分斯拉夫人融合。14世纪罗马尼亚人建立了瓦拉几亚国，1526年后，罗马尼亚的两个公国臣属奥斯曼帝国。1859年罗马尼亚的两个公国合并，1861年统一成为罗马尼亚民族国家。

斯拉夫人分为三大支系："东部斯拉夫人"主要是俄罗斯人、乌克兰人和白俄罗斯人；"西部斯拉夫人"主要是波兰人、捷克人、斯洛伐克人和索布人；"南部斯拉夫人"主要是塞尔维亚人、克罗地亚人、斯洛文尼亚人、马其顿人和保加利亚人。斯拉夫人的宗教信仰主要分为：信仰东正教的有俄罗斯人、大部分乌克兰人、少数白俄罗斯人、塞尔维亚人和马其顿人；信仰天主教的包括波兰人、捷克人、斯洛伐克人、克罗地亚人、斯洛维尼亚人、少数乌克兰人和大部分白俄罗斯人。东正教教徒使用西里尔字母，而天主教教徒使用拉丁字母。

在公元前1万年前后，斯拉夫人的原始居住地是亚洲西部以及欧亚大陆桥一带，公元前3世纪或2世纪期间移居到欧洲东部某些地区。公元5～6世纪时，日耳曼人向西移动，也引起斯拉夫人的大迁徙。斯拉夫人向西进入奥得河和易北—萨勒河之间的地区，向南进入波希米亚、摩拉维亚、匈牙利和巴尔干地区，向北沿着第聂伯河上游迁移。从公元6世纪开始，斯拉夫人向拜占庭帝国的巴尔干属地迁移；至7世纪，南部斯拉夫人已在巴尔干半岛定居。他们深受拜占庭政治、经济、科学、文化和宗教的影响。公元9～10世纪，从拜占庭那里接受基督教。

公元7～12世纪，各斯拉夫民族先后建立国家。623年西部斯拉夫建立萨摩公国，这是最早的斯拉夫国家。830年，大摩拉维亚国建立。10世纪初捷克公国建立；965年波兰王国建立。东斯拉夫人于9世纪末建立基辅罗斯。南部斯拉夫人于681年建立了斯拉夫保加利亚王国。

南部斯拉夫人大批到巴尔干地区定居，其中斯洛文尼亚人在阿尔卑斯山的东部、萨瓦河和德拉瓦河上游地区定居；克罗地亚人在巴尔干半岛的西部定居；塞尔维亚人在巴尔干半岛的中部定居。

公元9世纪和10世纪，塞尔维亚人和黑山人先后成立公国。14世纪，在塞尔维亚公国的杜尚王朝时期，黑山成为该王朝的一部分。杜尚死后，国家分裂。1878年，受奥斯曼土耳其帝国统治达400多年的塞尔维亚人不堪忍受土耳其人的统治，大批外迁。

杜尚王朝时期，国势强盛，杜尚大帝不断扩张。领土范围包括今阿尔巴尼亚、希腊的大部分，其领土从多瑙河一直到达爱琴海。

在奥斯曼帝国统治时期，黑山被划作边境省。1516～1851年黑山成为政教合一的国家。

斯洛文尼亚的领土边界在15世纪固定下来，直到19世纪中叶才发生改变。伦巴地人于568年攻入意大利以后，斯拉夫部落和阿瓦尔人开始在西潘诺尼亚平原和阿尔卑斯山东部一带活动。到 7 世纪末，在这个区域的斯拉夫人都处在阿瓦尔人的统治下。623～658 年，易北河下游和卡拉凡克山脉之间的斯拉夫部落在萨莫大公的领导下建立了他们的第一个国家。这个大公国在萨莫死后崩溃了，但一个名为卡兰塔尼亚的公国仍保存在今天的卡林提亚地区，7 世纪中叶，它发展成为第一个斯洛文尼亚人的国家。8 世纪中叶，斯洛文尼亚人不得不接受法兰克人的统治并信奉了基督教。13 世纪，斯洛文尼亚地区并入波西米亚鄂图卡的斯拉夫帝国，1278 年鄂图卡失败后，斯洛文尼亚地区归属哈布斯堡王朝。

克罗地亚人在 9 世纪建立了自己的国家。11 世纪末，克罗地亚发生王位继承问题，匈牙利国王趁机吞并了克罗地亚。匈牙利人被土耳其人打败后，克罗地亚归奥地利统治。拿破仑战胜奥地利后，克罗地亚同斯洛文尼亚一起并入法兰西帝国的伊利里亚行省。拿破仑失败后，斯洛文尼亚归奥地利统治，克罗地亚归匈牙利统治。1868 年，匈牙利和克罗地亚缔结协议，承认克罗地亚是一个拥有特定领土的行使政权的国家。

保加利亚人的祖先是古保加尔人，而古保加尔人属于古突厥人。一部分古突厥联盟到达今天的保加利亚东北部，与迁徙至这一地区的斯拉夫人逐渐融合，于 681 年建立斯拉夫保加利亚王国。893～927 年在位的西美昂可汗在战争中连连打败拜占庭军队，把保加利亚的领土扩张到加里波利半岛和希腊南部的科林斯地峡。924 年，与拜占庭结盟的塞尔维亚帝国也被征服。之后，西美昂废弃了原来所用的"克尼亚兹"称号，自封为"保加利亚人和希腊人之恺撒"，或称"沙皇"。大约也是在这一时期，保加尔人完全斯拉夫化，形成了一个新的民族——保加利亚人。西美昂死后，保加利亚帝国的大部分土地被拜占庭收回，部分土地归塞尔维亚。1018 年，第一保加利亚帝国被拜占庭皇帝巴西尔二世灭亡。1185 年秋天，保加利亚贵族伊凡·阿森和彼得·阿森兄弟发动暴动，经过两年多的战争，拜占庭皇帝伊萨克·安吉洛斯被迫承认保加利亚的独立，这就是第二保加利亚王国。1204 年十字军灭掉拜占庭之后，保加利亚借机吞并色雷斯和马其顿，并在1230年占领伊庇鲁斯专制国，其疆土极其庞大，成为巴尔干半岛最强大的国家。拜占庭复国之后，新兴的塞尔维亚帝国对巴尔干发动了一系列进攻，保加利亚不得不与拜占庭结盟抵挡塞尔维亚人的进攻。14世纪中期，保加利亚已经丧失了马其顿和多布罗加，剩下的国土又被伊凡·亚历山大沙皇分为特尔诺沃王国和维丁王国两个国家，国家实力大为削弱。1396年保加利亚陷于土耳其的统治之下。1870年成立独立于君士坦丁堡总主教区的保加利亚教会。1876年保加利亚发动反对奥斯曼帝国的武装起义。1878年，北部保加利亚成为独立的公国。1885年保加利亚南北两部统一。后来保加利亚在历次战争中，领土几经变化，今日保加利亚的疆界是根据1947年巴黎和约确定的。

在南部斯拉夫的马其顿地区，马其顿受拜占庭统治。公元9~10世纪，马其顿属于第一保加利亚王国。976~1018年曾建立马其顿国家，但此后又属拜占庭，1186年建立的第二保加利亚王国曾占领马其顿的中部和北部地区；后又成为塞尔维亚的一部分。

14世纪中期，当奥斯曼帝国入侵巴尔干半岛的时候，穆斯林居民便开始大量涌入，聚居于今天的阿尔巴尼亚、波黑、科索沃、马其顿和保加利亚等地。

奥斯曼帝国的入侵造成了民族的大迁徙，造成不同民族的杂居和民族分界线的错综复杂。从1459年开始，受拜占庭文化影响的塞尔维亚开始受到土耳其人的统治，长达400多年。许多当地的巴尔干人由于战乱死亡或逃亡国外，塞尔维亚人不堪土耳其人的残暴统治，大批外迁。"16世纪他们西迁到克罗地亚、波斯尼亚和斯拉沃尼亚的'边屯区'，被奥地利当局招募为'边屯民'。1690年科索沃佩奇大主教阿尔塞尼耶三世带领三四万户塞尔维亚人，渡过多瑙河，在伏伊伏丁那定居。土耳其则鼓励已经皈依伊斯兰教的阿尔巴尼亚人迁入科索沃。"[①] 奥斯曼帝国的统治使得原本

---

① 赵乃斌、汪丽敏主编《南斯拉夫的变迁》，广东人民出版社，2002，第4页。

在这一地区生活的各民族迁徙频繁,形成了错综复杂的民族地理分布。"经常是一个民族和另一个民族交错生活在一起,甚至某些民族的迁移是如此之大,以至于其发祥地已经成为其他民族世代生活的地方,比如南斯拉夫的塞尔维亚人即起源于科索沃,而自从阿尔巴尼亚人跟随土耳其人来到这个地方后就定居下来直到现在。"①

18 世纪,巴尔干各国人民的民族意识觉醒,开始进行反抗奥斯曼土耳其的民族解放运动,有些国家获得了独立。但是,当时的国际环境出现了变化,众多列强开始与奥斯曼帝国抗衡,都想瓜分巴尔干这块"肥肉"。因此,在巴尔干半岛上不断发生战争,战争各方都是为了自己的利益。在列强的支持和鼓动下,巴尔干各国之间频繁发生战争,战争的结果是,边界划分频繁,民族关系更加复杂,民族仇恨越发强烈。例如,1878 年 3 月签订的《圣斯特法诺条约》,俄国为了获得更大的势力范围,意欲帮助保加利亚人建立一个"大保加利亚",其疆域北起多瑙河,南至爱琴海,东到黑海,西至亚得里亚海。它把整个马其顿、塞尔维亚东南部和阿尔巴尼亚的一小部分都包括进去,被称为"圣斯特法诺保加利亚",总面积达 16.7 万平方公里,比今日的保加利亚多出一半的领土。但是,德、奥、英、法等列强不可能同意这样的安排,《圣斯特法诺条约》仅维持了三个月,就提出重新划分版图,于是《柏林条约》诞生了。结果是,"圣斯特法诺保加利亚"被分为五个部分:保加利亚公国实行自治;东鲁梅利亚省半自治,仍属奥斯曼帝国;马其顿和东色雷斯,属奥斯曼帝国统治;"保加利亚波莫拉维亚"划归塞尔维亚;北多布罗查划归罗马尼亚。这对保加利亚当然是沉重的打击,"大保加利亚"梦破碎,保加利亚对此耿耿于怀,在以后的历次战争中,它时刻不忘恢复曾经的大国版图。

塞尔维亚人长期把黑山人称为居住在深山老林中的塞尔维亚人,而把马其顿人视为南方的塞尔维亚人。此外,克罗地亚人也习惯把斯洛文

---

① 王联主编《世界民族主义论》,北京大学出版社,2002,第 76 页。

尼亚人看做是居住在阿尔卑斯山区的克罗地亚人；波黑境内的穆斯林一直被称为信奉伊斯兰教的塞尔维亚人或信奉伊斯兰教的克罗地亚人，1948年在全国人口登记时被界定为"身份不明的穆斯林"，1953年改为"民族身份不明的南斯拉夫人"，1961年又被称为人类学上的穆斯林，直至1971年才最终被承认为民族学上的穆斯林，也就是穆斯林终于成为一个民族。①

奥斯曼土耳其帝国统治了塞尔维亚，而克罗地亚和斯洛文尼亚则在奥匈帝国的统治之下。为了抵御土耳其人向中部继续扩张，奥匈帝国在克罗地亚境内的斯拉沃尼亚建立了"边屯区"。16世纪30年代以后，受奥斯曼帝国压迫的塞尔维亚人和其他民族向边屯区逃亡，被安置在这里。1878年当塞尔维亚脱离奥斯曼帝国独立时，克罗地亚仍处在分裂状态，一部分在奥匈帝国的统治之下。奥匈帝国的统治者们为了不让南部斯拉夫人建立统一的斯拉夫国家的愿望实现，"鼓动受鄙夷的塞尔维亚少数民族反对歧视他们的克罗地亚人"，"对塞尔维亚东正教教会做出让步；以塞尔维亚人而不以克罗地亚人填补低级行政职务的缺额"，"引导克罗地亚人把民族敌意的矛头大都对准塞尔维亚人而不是对准他们的匈牙利主子，这是扼杀新生的南斯拉夫运动的一种有效方法"。②

塞尔维亚人与阿尔巴尼亚人的争端主要源于科索沃。12世纪时，科索沃已经成为塞尔维亚公国的组成部分，科索沃的普里兹伦曾是杜尚王朝和乌洛什王朝时期的首都。1389年，奥斯曼土耳其人在入侵巴尔干半岛的过程中，在科索沃与塞尔维亚军队打了一场著名的战役。在这次战役中，塞尔维亚被打败，但他们英勇抗击侵略的精神一直为后人传颂，因而，科索沃是塞尔维亚人无法割舍的一块土地。科索沃战役后，塞尔维亚公国被占领，土耳其人推行伊斯兰化，导致大批塞尔维亚人逃亡，1690

---

① 金重远：《巴尔干：历史与现实》，《复旦学报（社会科学版）》1999年第6期。
② 〔英〕艾伦·帕尔默：《夹缝中的六国——维也纳会议以来的中东欧历史》，于亚伦、王守义、王爵鸾、冯世则、张蓉燕、赵振远译，商务印书馆，1997，第125页。

年开始,塞尔维亚东正教大主教两次率领塞尔维亚人迁出科索沃。与此同时,已被伊斯兰化的阿尔巴尼亚人涌入科索沃及其他塞尔维亚地区。塞尔维亚人始终把科索沃视作自己民族的发源地,而阿尔巴尼亚人则把它看做自己国家的一部分。第二次世界大战后,在科索沃阿族问题上,南斯拉夫联邦与阿尔巴尼亚形成严重分歧。科索沃的大多数居民是阿尔巴尼亚族,所以与阿尔巴尼亚联合的呼声很高。他们称南斯拉夫是占领者,要求他们离开科索沃,并在一些城镇组织了反抗南斯拉夫当局的军事活动。在20世纪60~70年代,阿尔巴尼亚对科索沃阿族的独立主张采取同情但不完全支持的政策。20世纪80年代,开始公开宣传"大阿尔巴尼亚"计划,全力支持跨国的阿尔巴尼亚人与所在国的分裂。阿尔巴尼亚领导人多次声称科索沃属于阿尔巴尼亚,认为塞尔维亚人和阿尔巴尼亚人已不可能共处,塞尔维亚人最好离开科索沃。

马其顿共和国中也有阿尔巴尼亚族。冷战以后,马其顿共和国境内的阿族激进分子与政府之间的矛盾开始尖锐起来,他们成立若干政党,秘密组织非法武装,目标是逐步实现阿族聚居的西部地区的独立,与科索沃的阿族一起建立"大阿尔巴尼亚"。2001年1月22日,科索沃阿族极端分子进入马其顿境内,与"马其顿阿族解放军"里应外合,向马其顿边防军及警察发动袭击。虽然局势被控制住,但马其顿境内的阿族始终是一个难解的问题。

(三)宗教因素

依据宗教心理学对宗教冲突根源的解读,宗教是基于信仰的文化,信仰主体将信仰对象放置到至高无上的地位,由此产生强烈的心理定势,并带有明显的排他性。一旦信仰主体认为自身的宗教文化受到外来因素的破坏,就会产生强烈的抵触情绪。[1]

---

[1] 章远:《西方学界对宗教因素与地区冲突议题的研究综述——以科索沃宗教冲突研究为例》,http://www.cssn.cn/news/157418.htm。转引自龚学增《宗教纷争与国际地区冲突》,《中国宗教》1999年第3期。

从巴尔干半岛各民族的发展看，宗教对民族意识的形成起到至关重要的作用。1054年，巴尔干半岛上的罗马教会正式分裂，西半部受罗马天主教教会影响，东半部属于东正教教会的势力范围。奥斯曼帝国的入侵带来了伊斯兰教，从此，这三个宗教成为巴尔干半岛上主要的宗教，也成为各民族冲突的重要因素之一。克罗地亚人曾受法兰克王国的影响，皈依基督教，接受拉丁文化，此后一直受奥匈帝国统治，罗马天主教是这里的主要宗教；居住在巴尔干中部地区的塞尔维亚人受到拜占庭帝国的统治，9世纪，拜占庭皇帝派遣基里尔和梅托迪兄弟传播基督教，大部分南部斯拉夫人皈依了东正教。而在波斯尼亚的南部斯拉夫人在土耳其人占领后，由于受到宗教压迫而改信伊斯兰教，成为穆斯林斯拉夫人。在这一地区，宗教历来是民族不和的重要因素，统治者利用各民族宗教信仰的不同挑起事端，把自己的宗教凌驾于其他宗教之上，不承认其他民族的存在。阿尔巴尼亚70%的居民信奉伊斯兰教，它也是欧洲最大的伊斯兰教国家；保加利亚人中有98%的人信奉东正教，其境内的主要少数民族是土耳其族。罗马尼亚人是从拜占庭和保加利亚斯拉夫人那里接受基督教的，教徒占全国人口的80%以上。阿尔巴尼亚人中除70%信奉伊斯兰教之外，20%信奉希腊东正教，10%信奉罗马天主教。波黑的情况尤为典型：境内信奉不同宗教的不同民族混居，信奉东正教的塞尔维亚人约150万，占该共和国总人口的31.3%，信奉天主教的克罗地亚人约80万，占17.7%，信奉伊斯兰教的穆斯林人最多，约200万，占43.7%。公元7世纪，斯拉夫人到达波斯尼亚。一部分人受塞尔维亚影响接受了东正教，另一部分人受奥地利、匈牙利和克罗地亚的影响接受了天主教。15世纪奥斯曼帝国占领这一地区后，不仅大量移民，更重要的是通过传播伊斯兰教同化当地的居民，而且如果信奉伊斯兰教就能得到许多优惠和特权，这样，使部分斯拉夫人改信伊斯兰教。而到奥匈帝国统治时期，当权者推行天主教，排挤其他宗教，穆斯林的地位一落千丈。"尽管都是斯拉夫人，但巴尔干各民族之间冲突的外在表现就是宗教冲突。信奉天主教的克罗地亚人自视甚高，自称是欧洲人,并把他们的同胞塞尔维亚人和马其顿人说成是巴尔干人。塞尔维亚人则保持了作为东正教教徒的尊严,不仅顶住了天主教的诱惑,而且还大力排斥伊斯兰教。"① 穆斯林的地位跌宕起伏,时而被承认为一个民族,时而又不被承认。在保加利亚和马其顿的穆斯林,同样被认为是被伊斯兰化的斯拉夫人而没有被认为是独立的民族。他们在夹缝中生活,直到大部分社会主义国家面临政治经济危机、民族主义浪潮席卷巴尔干时,他们才向外寻求援助,纷纷提出建立独立的穆斯林国家。

公元2世纪,阿尔巴尼亚国土被罗马帝国占领,逐渐受罗马文化的影响,一些地区接受基督教。395年,阿尔巴尼亚被划归东罗马帝国。1077年罗马教皇格列高里七世趁拜占庭帝国政治危机严重之时,在翟齐大公的协助下,在提瓦尔地区建立了天主教大主教区,从而把阿尔巴尼亚北部地区的所有主教都联合起来,阿尔巴尼亚北部地区成为罗马天主教的势力范围。1453年拜占庭帝国灭亡,阿尔巴尼亚(除北部地区外)又归属君士坦丁堡牧首区(伊斯坦布尔)所辖。奥斯曼土耳其帝国统治期间,在国家租税制度方面实行宗教歧视政策,强制推行伊斯兰教,并迫害基督教教徒。"规定凡是伊斯兰教教徒都可进入上层社会;若农民改信伊斯兰教,则可免交某些捐税。"② 到17世纪中叶,绝大多数阿尔巴尼亚人信奉了伊斯兰教,在各地建有清真寺和宗教学校。19世纪下半叶,土耳其统治者采取分化瓦解的策略,把阿尔巴尼亚民族分为三种信仰不同宗教的民族:阿尔巴尼亚穆斯林为奥斯曼民族,东正教居民为希腊民族,天主教居民为拉丁民族。第二次世界大战后,在阿尔巴尼亚劳动党统治时期,阿尔巴尼亚宣称是无神论国家,国内禁止宗教信仰。东欧剧变后,阿尔巴尼亚成立共和国,宣布宗教信仰自由。现在,阿尔巴尼亚65%的居民信奉伊斯兰教,20%信奉东正教,13%信奉天主教(详见表1-1)。

---

① 金重远:《巴尔干:历史与现实》,《复旦学报(社会科学版)》1999年第6期。
② 晓明主编《南联盟拉响空袭警报》,军事科学出版社,1999,第8页。

表1-1 东南欧国家的民族构成和宗教信仰

民族构成	宗教信仰
阿尔巴尼亚：阿尔巴尼亚族占95%，希腊族占3%，其他民族占2%（其中包括弗拉茨赫斯人、吉普赛人、塞尔维亚族和保加利亚族，1989年统计） 科索沃：阿尔巴尼亚族占90%，塞尔维亚族和黑山族占8%，其他民族占2%（包括土耳其族和罗马尼亚族）	全国65%的居民信仰伊斯兰教、20%的居民信仰东正教、13%的居民信仰罗马天主教。阿尔巴尼亚是欧洲唯一一个信仰伊斯兰教的居民占多数的国家
波斯尼亚和黑塞哥维那：波黑人口为436.5万，其中穆斯林190.58万，塞尔维亚族人136.36万，克罗地亚族人75.59万。穆斯林主要居住在东部、中部和萨拉热窝等一些大、中城市。在前南其他共和国也散居一些穆斯林，在塞尔维亚共和国有23万人，黑山境内有9万人。塞尔维亚人主要分布在东部和西部；克罗地亚人主要生活在波斯尼亚的中部、波萨维那的东部和黑塞哥维那的南部	穆斯林信仰伊斯兰教；塞尔维亚人以信仰东正教为主；克罗地亚人信奉天主教
保加利亚：保加利亚族占85.3%，土耳其族占8.5%，吉普赛人占2.6%，马其顿族占2.5%，亚美尼亚族占0.3%，俄罗斯族占0.2%，其他民族占0.6%	东正教信徒占85%，伊斯兰教信徒占13%，犹太教信徒占0.8%，罗马天主教信徒占0.5%，天主教信徒占0.2%，新教信徒占0.5%
马其顿：马其顿族65%，阿尔巴尼亚族22%，土耳其族4%，塞尔维亚族2%，吉普赛人3%，其他民族占4%	东正教信徒占67%，伊斯兰教信徒占30%，其他宗教信徒占3%
摩尔多瓦：摩尔多瓦/罗马尼亚族64.5%，乌克兰族13.8%，俄罗斯族13%，加加乌兹族占3.5%，犹太人1.5%，保加利亚族2%，其他民族占1.7%（包括格鲁吉亚人、亚美尼亚人、波兰人）	东正教信徒占98.5%，犹太教信徒占1.5%
克罗地亚：克罗地亚族78%，塞尔维亚族12%，穆斯林族0.9%，匈牙利族0.5%，斯洛文尼亚族0.5%，其他民族占8.1%（1991）	克罗地亚居民和匈、意、斯、捷等少数民族信奉天主教，塞尔维亚居民信奉东正教，波黑穆斯林和阿尔巴尼亚等少数民族信奉伊斯兰教
罗马尼亚：罗马尼亚族89.1%，匈牙利族8.9%，德意志族0.4%，乌克兰族、塞尔维亚族、克罗地亚族、俄罗斯族、土耳其族和吉普赛人共占1.6%	东正教信徒70%，罗马天主教信徒6%，新教信徒6%
塞尔维亚和黑山：塞尔维亚人（主要居住在塞尔维亚中心和伏伊伏丁那自治省）占62.3%，黑山人（主要居住在黑山共和国）占5%，阿尔巴尼亚人（主要居住在科索沃—梅托希亚省）16.6%，匈牙利人占3.32%，穆斯林人占3.1%，克罗地亚人1.05%，茨冈人1.3%，其他尚有为数不多的保加利亚人、罗马尼亚人、斯洛伐克人、马其顿人等。这些少数民族多数居住在伏伊伏丁那	塞尔维亚人、黑山人信奉东正教。塞尔维亚东正教会所属教区大部分在原南斯拉夫境内，辖31个教区，其中一部分在马其顿共和国。阿尔巴尼亚人信奉伊斯兰教。匈牙利人信奉天主教和基督新教

续表

民族构成	宗教信仰
斯洛文尼亚：斯洛文尼亚族占91%，克罗地亚族占3%，塞尔维亚族占2%，穆斯林族占1%，其他民族占3%	主要宗教是天主教和新教，塞尔维亚、马其顿等少数民族信奉东正教，还有少数波黑穆斯林和阿尔巴尼亚族人信奉伊斯兰教

资料来源：作者根据网上资料综合而成。

这里重点提出穆斯林的问题，它既是一个民族问题，又与宗教密切相关。奥斯曼帝国在征服大片欧洲土地的同时，大力推行移民政策和伊斯兰化运动。受影响最深的是巴尔干西部的阿尔巴尼亚、科索沃、西马其顿和波斯尼亚等地。

伴随着奥斯曼帝国的占领，一些土耳其人涌入巴尔干。15世纪末和16世纪初，这些移民在巴尔干总人口中约占2%~3%。波黑的原始居民是南部斯拉夫人。在拜占庭帝国的长期影响下，一部分居民信奉了东正教，使用基里尔字母，成为塞尔维亚族；另一部分居民受奥匈帝国影响，接受了罗马天主教，使用拉丁字母，成为克罗地亚族。15世纪奥斯曼土耳其人入侵波黑后，这里的不少居民皈依了伊斯兰教，仍使用斯拉夫语，从而出现了穆斯林。按照伊斯兰教的教规，伊斯兰教的信徒可以享有某些特权，如可以减免赋税和在行政部门任职等。他们的政治地位和经济条件要比信仰东正教或天主教的斯拉夫人优越。在奥匈帝国统治波黑的40年（1878~1918年）里，穆斯林的地位明显下降。奥匈帝国大力推行天主教，排挤和迫害其他宗教信徒。波黑的穆斯林的民族属性既得不到克罗地亚和塞尔维亚的支持，也得不到奥匈当局的承认。1918年后，波黑属于塞尔维亚人—克罗地亚人—斯洛文尼亚人王国。波黑穆斯林的地位上升至第二位，仅次于塞尔维亚人。第二次世界大战中，波黑被划入所谓的克罗地亚独立国。天主教徒成为优等民族，波黑境内的塞尔维亚族和穆斯林遭到残酷迫害和屠杀。第二次世界大战后直到20世纪50年代末，波黑境内穆斯林居民的民族属性仍未被确定，只是一个宗教群体。1971年南联邦承认这部分人为穆斯林族。但塞尔维亚族和克罗地亚族不同意穆斯林享有民族地位，因为这种承认完全是基于宗教信仰的原因，而没有其他的民族特征。他们认为穆斯林是伊斯兰化的斯拉夫人，不能称其是一个民族。

马其顿穆斯林是被伊斯兰化的马其顿斯拉夫人，他们讲马其顿语，信奉伊斯兰教。据统计，到19世纪末，马其顿全境约有40%的居民是穆斯林。他们是从安纳托利亚来的奥斯曼移民（土耳其族）、阿尔巴尼亚人和阿尔巴尼亚穆斯林以及皈依了伊斯兰教的吉普赛人、希腊人、瓦拉几亚人、塞尔维亚人等。①

保加利亚有穆斯林人110万，其中土耳其族人80万、吉普赛人近30万。保加利亚人口学家把土耳其族人又分为保加利亚土耳其人和保加利亚穆斯林。保加利亚穆斯林特指被伊斯兰化的保加利亚斯拉夫人。他们讲保加利亚语，信奉伊斯兰教。

（四）大国争夺

应该说，这个地区并不是从一开始就是冲突频频的，冲突是近代各大国争夺势力范围的结果。从近代开始各列强对巴尔干采用"分而治之"的办法，压制他们联合统一和形成国家的愿望，从而导致了巴尔干的民族冲突和宗教矛盾日益复杂。自从奥斯曼土耳其帝国统治以来，"土耳其人一直对巴尔干各族人民管理不利，却长于对党派和民族间纠纷推波助澜。如果他们的敌手是毫无民族观念、劫掠成性的军阀，苏丹们便采取一种简便而并非独创的政策，即挑拨互相猜忌的巴依和邻人们火并，然而往往还要经过多年的流血和厮杀，才能谋得解决的办法"。② 19世纪，帝国主义列强为了争夺巴尔干，利用这一地区的民族和宗教矛盾，挑拨离间，造成民族之间更大的仇恨。

---

① 马细谱：《巴尔干穆斯林的由来与发展》，《世界民族》1999年第3期。
② 〔英〕艾伦·帕尔默：《夹缝中的六国——维也纳会议以来的中东欧历史》，于亚伦、王守义、王爵鸾、冯世则、张蓉燕、赵振远译，商务印书馆，1997，第46~47页。

在巴尔干这块土地上发生了多次战争，结果是造成更多的仇恨、对立和分裂。

16 世纪中期以后奥斯曼帝国开始衰落，而欧洲国家相继崛起。17 世纪中期，威尼斯和匈牙利是奥斯曼帝国的主要竞争对手，而到了 18 世纪，崛起的俄罗斯帝国与摇摇欲坠的奥斯曼土耳其帝国为争夺高加索、巴尔干、克里米亚和黑山进行了一系列战争。1877～1878 年发生了第十次俄土战争。沙皇俄国以拯救受奥斯曼土耳其压迫的斯拉夫兄弟为旗帜，于 1877 年 4 月 24 日正式向土耳其宣战。5 月，罗马尼亚、塞尔维亚和黑山宣布共同与俄国对土耳其作战。战争最终以俄国的胜利结束，1878 年 3 月，双方签订了《圣斯特法诺条约》。该条约规定，罗马尼亚、塞尔维亚和黑山完全独立；波斯尼亚和黑塞哥维那获得自治，但仍归属奥斯曼帝国；成立大保加利亚国，允许俄国势力在保加利亚的存在等。《圣斯特法诺条约》是沙皇俄国事先拟订好的，胁迫奥斯曼帝国接受，但奥斯曼帝国背后的支持者——英国和奥匈帝国则联合对俄国施压，要求修改该条约。在德国首相俾斯麦的调停下，1878 年 7 月签订了《柏林条约》的最终议定书，修改了《圣斯特法诺条约》。《柏林条约》确认罗马尼亚、塞尔维亚和黑山独立，而保加利亚则获得自治权，仍属奥斯曼帝国统治；波斯尼亚和黑塞哥维那由奥匈帝国占领和治理，但仍属于奥斯曼帝国。于是，1881 年罗马尼亚独立，1882 年塞尔维亚独立，1910 年黑山独立；1885 年保加利亚与东鲁梅利亚合并，于 1908 年独立。柏林会议使巴尔干问题更为复杂化。

应该说，1878 年的《柏林条约》使巴尔干地区开始成为"火药桶"。正如历史学家萨瓦·佩科夫在《柏林条约和巴尔干》一书中所说："柏林条约产生了一连串的民族问题，不仅出现了马其顿问题，而且对保加利亚人民和其他巴尔干人民来说，都制造了民族问题。另外，该条约还引发了在此之前业已存在的巴尔干其他一切有争议的问题，并使它们尖锐化。"[①]

---

① 马细谱：《巴尔干纷争》，北京大学出版社，1999，第 55 页。

在列强的干预和巴尔干新兴资产阶级对领土欲望的驱使下，巴尔干地区的民族矛盾和领土纠纷往往形成军事冲突，甚至导致战争。而每次战争虽然在外来势力的调停和国际条约的约束下暂时解决了，但却又为一场新战争埋下了冲突的伏笔。①

在这期间，巴尔干国家内部资本主义经济发展迅速，国内市场面临饱和，因此，国内的资产阶级积极推行向外扩张的政策，需要团结起来共同打败土耳其。而觊觎巴尔干这块土地的列强也在寻找机会介入巴尔干问题，以趁机重新划分这一地区的势力范围。1911年，意土战争爆发，使巴尔干地区各民族反对土耳其、争取独立的斗争日益高涨。1911年3月13日，塞尔维亚和保加利亚经过多次谈判签订了《塞保同盟条约》，提出双方互相保证各自国家的独立和领土完整，如果其中一方遭到侵犯，另一方应全力支援。同年5月29日，保加利亚和希腊签署了《希保防御同盟条约》，规定当土耳其攻击缔约国一方领土或者破坏条约或一方根据国际法基本原则所享有的权利时，双方应予以帮助。同年9月，黑山和保加利亚达成共同对土耳其作战的协议。这样就形成了四个巴尔干国家反对土耳其的联盟，称为巴尔干同盟。巴尔干同盟向奥斯曼帝国提出给予马其顿和色雷斯自治权的要求，但遭到拒绝。在沙皇俄国的支持下，1912年10月，黑山对土耳其宣战，希腊、塞尔维亚和保加利亚也相继对土耳其宣战。1913年5月，第一次巴尔干战争以土耳其的战败和签订《伦敦和约》而告终。根据这项和约，马其顿被塞尔维亚、保加利亚和希腊瓜分，阿尔巴尼亚独立，但受到俄、英、法、德、奥、意六国的监督，爱琴海诸岛问题由德、奥、英、俄四国处理。《伦敦和约》的签署使土耳其几乎丧失了其在欧洲的全部领土。

第一次巴尔干战争之后，巴尔干同盟各国因领土分配不均而矛盾激化：保加利亚想独占马其顿；塞尔维亚没有得到亚得里亚海出海口，要求马其顿偿付赔款；希腊企图扩大在马其顿的占领区；罗马尼亚要求从保加

---

① 马细谱：《巴尔干纷争》，北京大学出版社，1999，第56页。

利亚获得南多布罗加。

20世纪初，已获得独立的希腊、保加利亚和塞尔维亚等国家的人民，对仍在奥斯曼帝国统治下的本民族同胞的解放斗争极为同情，并给予大力支持，因为当时阿尔巴尼亚、马其顿、色雷斯、克里特、爱琴海诸岛屿仍为奥斯曼土耳其统治。1908年克里特人曾要求与希腊合并，因此希腊萌生了恢复过去地跨欧亚两洲的希腊—拜占庭帝国的想法，"大希腊主义"思想由此产生。

保加利亚从来没有忘记"圣斯特法诺保加利亚"的被瓜分，时刻想恢复过去的辉煌，独占马其顿和色雷斯，拥有萨洛尼卡和卡瓦拉等港口，进入爱琴海。①

科索沃在1170年由塞尔维亚王国占领，但早在公元前阿尔巴尼亚人的祖先伊利里亚人就已在这里居住。科索沃被土耳其占领期间，许多塞尔维亚人不堪忍受奥斯曼帝国的统治，纷纷逃出这一地区，而阿尔巴尼亚人则迁移到科索沃，成为这里的主要民族。

这些国家都有自己的大国梦，一旦时机来临，它们就会为了自己的利益而参加不同的利益集团，争取更多的领土。

"东南欧各国摆脱了奥斯曼帝国的统治后，纷纷提出领土要求（即巴尔干战争），应该说这是东南欧这个民族混杂地区所建立的民族国家首次发生系列战争。"② 第一次巴尔干战争使阿尔巴尼亚摆脱了奥斯曼土耳其的统治，获得了自治。应该说这次战争是巴尔干一些国家为摆脱奥斯曼帝国统治而进行的反对压迫、争取独立的斗争，但1913年塞尔维亚、黑山、希腊和罗马尼亚一起反对保加利亚挑起的"同盟战争"，却主要是巴尔干同盟内部因第一次巴尔干战争结束后的《伦敦和约》战果分配不均使矛盾激化导致的，而欧洲列强则分别支持巴尔干各国。1919年7月，保加

---

① Bulgaria, "Shaking Off the Nationalist Heritage?" in J. F. Brown, *Nationalism, Democracy and Security in the Balkans*, Dartmouth, 1992, p. 112.

② Ferenc Glatz, *Minorities in East-Central Europe*, Europa Institut Budapest, Budapest, 1993, pp. 13–14.

利亚宣布投降。8月10日，主要交战双方签订了《布加勒斯特和约》。保加利亚没有恢复《柏林条约》以前的"圣斯特法诺保加利亚"，反而因此失去了在第一次巴尔干战争中获得的大部分土地，只得到了西色雷斯地区和皮林马其顿地区，这两处面积23万平方公里，人口近60万。罗马尼亚则从保加利亚手中得到了南多布罗加。阿尔巴尼亚独立，面积约28万平方公里，人口近80万，但在塞尔维亚和希腊境内仍有不少阿尔巴尼亚人。塞尔维亚得到了新帕扎尔和桑贾克的一部分，包括普里什蒂纳和普里兹伦两市在内的科索沃和梅托希亚；整个马其顿西部和中部地区包括斯科普里、奥赫里德和比托拉等市在内，塞尔维亚的面积由此几乎扩大了一倍。黑山在两次巴尔干战争中也获得了新的领土和居民。希腊得到的领土和人口最多：北伊庇鲁斯（包括雅尼那市）和马其顿南部，包括萨洛尼卡、色雷斯、德拉马、卡瓦拉和爱琴海上的一些岛屿。

这个结果同样引发了各国的不满，由于领土的重新划分，巴尔干各国之间原本存在的矛盾更加激化，这促使它们在第二次世界大战中分别依附于各大国而期达到自己的目的。

三　两次世界大战时期的巴尔干

两次巴尔干战争使巴尔干半岛的形势发生了急剧的变化。

塞尔维亚通过战争显示了自己的实力，成为巴尔干的一个强国，因而也成为奥匈帝国的眼中钉。奥匈帝国外交大臣巴尔赫托尔特公然声称，决不允许塞尔维亚在亚得里亚海取得一个出海口，并决心建立一个独立的阿尔巴尼亚以抑制日益强大的塞尔维亚。奥匈帝国认为，塞尔维亚已成为全体南部斯拉夫人联合的中心，这样会直接威胁到奥匈帝国的存在和壮大。奥匈帝国与塞尔维亚之间的矛盾不断激化。

在两次巴尔干战争中，保加利亚都投入重兵，结果却均以失败告终，损失极为惨重。保加利亚统治集团对此深为不满，准备卷土重来，并把塞尔维亚锁定为复仇的对象。

第一章 巴尔干纷争与冷战后东南欧的战火再起

两次巴尔干战争后,奥匈帝国力图通过削弱甚至摧毁塞尔维亚的途径来扩展自身在巴尔干的势力范围,这自然遭到俄罗斯的坚决反对,随后又引发协约国和同盟国在此地的冲突,为第一次世界大战的爆发埋下了祸根。

俄国鼓励塞尔维亚的壮大是想借塞尔维亚来加强自己的势力,插手巴尔干事务,这样,奥匈帝国与俄国的矛盾加深了。萨拉热窝事件恰恰为奥匈帝国干涉塞尔维亚提供了口实,从而,不可避免地在巴尔干这个地区引发了第一次世界大战。第一次世界大战的南线战场正是在巴尔干地区进行的。

在这场战争中,奥匈帝国与俄国分属于对立的两大阵营,巴尔干各国为了报复本国疆域的改变,实现自己的大国梦想,都参加了不同的阵营:塞尔维亚、罗马尼亚和希腊加入以俄、法、英为首的协约国;保加利亚加入以德、奥为首的同盟国。1908年10月,奥匈帝国曾以保护侨民为由派兵吞并了原来由其托管的波斯尼亚和黑塞哥维那,而这个地区也有很多的塞尔维亚人,塞尔维亚本想得到波黑却被奥匈帝国抢占了先机,因此,两国对立。战争期间,奥匈帝国在克罗地亚及波斯尼亚和黑塞哥维那利用当地的民族主义分子对塞尔维亚族居民实行种族灭绝政策,当局强行驱逐塞族居民,对违抗者实行大批屠杀和监禁,在波黑建立了集中营,关押塞族人。

罗马尼亚于1916年8月参加协约国,条件是要求得到特兰西瓦尼亚的全部领土以及布科维纳和巴纳特。

1919年6月28日协约国代表在凡尔赛宫签订了《凡尔赛和约》。这一条约的内容绝大部分与巴尔干国家有着直接或间接的联系,如战胜国与奥地利签署的《圣日耳曼条约》、与保加利亚签署的《纳伊条约》、与匈牙利签署的《特里亚农条约》和与土耳其签署的《塞夫勒条约》等。根据《圣日耳曼条约》和《特里亚农条约》,奥匈帝国将2/3的土地归还给了邻国,剩下的一小部分归奥地利、匈牙利和捷克斯洛伐克;1918年,成立了塞尔维亚人—克罗地亚人—斯洛文尼亚人王国;罗马尼亚收回了特兰西瓦尼亚等地区;保加利亚又一次割地赔款,将南多布罗加割让给罗马尼亚,将西部边界地区和斯特鲁米察地区割给塞尔维亚，将西色雷斯割让给希腊。

第一次世界大战结束后，沙皇俄国、德意志帝国、奥匈帝国和奥斯曼土耳其帝国都覆灭了，巴尔干半岛的民族国家则随之而起，如南斯拉夫王国。

第一次世界大战后在塞尔维亚王国基础上成立了"塞尔维亚人—克罗地亚人—斯洛文尼亚人王国"，包括塞尔维亚王国、黑山王国以及"一战"以前归属奥匈帝国的克罗地亚、斯洛文尼亚、波斯尼亚和黑塞哥维那，面积24.8万平方公里，人口为1190万。以塞尔维亚王国的国王卡拉乔尔杰维奇为首，实行君主立宪制，提出"一个国家、一个国王、一个民族"的口号，否认不同民族的存在，大力推行"大塞尔维亚主义"政策，扶植塞尔维亚资产阶级，歧视和排挤具有较强经济实力的克罗地亚和斯洛文尼亚的资产阶级。1921年6月28日，塞尔维亚政党在制宪议会上纠集了若干小党，不顾克罗地亚和斯洛文尼亚议员以及共产党议员的反对和抵制，以微弱多数强行通过了确保国王专权、贯彻中央集权制和否认不同民族存在的《维德节宪法》，这就埋下了民族不和的种子。[①] 1929年，国王发动政变，把国名改为"南斯拉夫王国"，并改变了行政区划，把原来的33个州改为九个行省和贝尔格莱德特区，使塞尔维亚人在五个行省中占多数。黑山王国并入后，没有平等地位。国王在政府和军队中委派塞尔维亚人担任主要领导职务；在宗教政策上给予东正教教会更多的权利。1931年11月，政府批准了塞尔维亚东正教会新章程，意味着塞尔维亚东正教会获得了许多权力和利益，引起了天主教教会的不满。克罗地亚民族主义分子逃往国外，在意大利和匈牙利法西斯势力的培植下，成立了乌斯塔莎组织。这个组织在第二次世界大战期间，在德意的挑拨和纵容下，屠杀信奉东正教的塞尔维亚人。据统计，在第二次世界大战中，"乌斯塔莎"政府制定的"种族灭绝"政策使约70万塞族人、5万犹太人和吉普赛人惨遭杀害。可以说，南斯拉夫王国是一个集中了大部分南部斯拉夫人

---

① 赵乃斌、汪丽敏主编《南斯拉夫的变迁》，广东人民出版社，2002，第14页。

的国家,但由于在奥斯曼帝国统治时期存在的矛盾和冲突,新的国家又无法达到真正的平等,因此,这个国家自始至终都存在极端不稳定因素;第二次世界大战后,在铁托的铁腕政策下这一地区还能维持稳定,而一旦国际形势发生变化,这里就成为一颗定时炸弹,随时都可能被引爆。

第一次世界大战后保加利亚损失惨重,面对在塞尔维亚基础上成立的南斯拉夫王国,更加深了它对塞尔维亚的仇恨,这也使巴尔干再度陷入分裂和对峙之中,给巴尔干带来极其不稳定的因素。20世纪20年代初,南斯拉夫和罗马尼亚组成小协约国;1934年,南斯拉夫、罗马尼亚和希腊等国又组成巴尔干协约国。但保加利亚却始终游离于这些组织之外,双方的猜疑和仇恨不断加深。

在第一次世界大战后没有得到领土的意大利趁机染指巴尔干,它胁迫、拉拢阿尔巴尼亚和罗马尼亚,使它们成为自己的附庸;德国则积极靠近保加利亚,使之成为其同盟。

第二次世界大战期间,参加法西斯集团的保加利亚吞并了从奥赫里德到斯科普里一线以东的马其顿大部分地区、科索沃东部地区以及塞尔维亚东南部的一块领土。保加利亚否认马其顿民族的存在,于1941年下令马其顿的所有行政机关和学校都必须使用保加利亚语,保加利亚占领当局还从居民中驱赶塞尔维亚人。阿尔巴尼亚也迫害和驱赶塞尔维亚人、黑山人和马其顿人,捣毁梅托希亚地区的移民村。1941年4月至1944年10月,阿尔巴尼亚驻科索沃的法西斯军警和民族主义分子几乎把科索沃的塞族和黑山族居民都驱逐干净了。铁托的游击队获胜后,科索沃省重新回归塞尔维亚,但原先被驱逐的塞族人仍不敢回家。鉴于部分巴尔干国家和民族参加了轴心国集团,而另一部分则参加了反法西斯阵营,在两个敌对阵营的激烈斗争中,在战争的条件下,民族清洗和屠杀不断发生,巴尔干各有关民族之间的矛盾和仇恨进一步加深。例如,"克罗地亚独立国"就是当时在德国当局的利用和怂恿下组建起来的,波黑、斯拉沃尼亚和达尔马提亚的一部分也属于这个独立国,它对境内的塞族和其他民族实行消灭政策,取消塞尔维亚人的民族资格；保加利亚在德国法西斯的支持下，占有了罗马尼亚南部的南多布罗加和南斯拉夫的部分地区。

在战局发展有利于盟国的情况下，大国开始对自己的势力范围予以关注。1944年，苏联军队占领了罗马尼亚和保加利亚，英国开始为苏联在巴尔干影响的扩大而担心。英国怕苏联像沙皇俄国时期一样意欲重建在其控制下的"大保加利亚"。为了确保英国在希腊的地位，英国承认苏联对保加利亚的领导权。1944年10月，英国与苏联达成百分比谅解，即将东欧国家这样来划分各自的影响力：罗马尼亚，苏联占90%，西方国家占10%；希腊，英国与美国占90%，苏联占10%；南斯拉夫，苏联与西方国家各占50%；匈牙利，苏联占80%，西方国家占20%；保加利亚，苏联占80%，西方国家占20%。即使是这样划分，大国仍纠结于自己的势力范围不够大，因此，在以后的发展进程中，大国仍不断介入巴尔干地区的矛盾，挑起冲突。

第二次世界大战的结果是形成了两大阵营，东南欧大部分国家加入了以苏联为首的社会主义阵营，在各国共产党的领导下走上了社会主义道路。同样属于东南欧的希腊，由于属于西方阵营，在政治、经济和社会领域走上了与其他东南欧国家截然不同的道路。

可以看出，近一个世纪以来，巴尔干半岛战争不断，它不仅是战争的导火索，有时还是主战场。也正是因为这一点，大家普遍认为，巴尔干半岛是欧洲的"火药桶"。但同时也说明，在巴尔干半岛的历次战争背后都有大国的影子，从过去到现在都有大国的插手。

四 冷战时期的巴尔干

冷战时期的巴尔干平静了一段时间。这主要是两个方面的因素造成的。就国际方面的因素看，第二次世界大战结束后，整个欧洲东部成为苏联的势力范围，并进而形成社会主义阵营。从此，欧洲出现了两大阵营的相互对峙，并发展成冷战的局面。在此形势下，巴尔干地区内部的矛盾受到了制约和掩盖。就国内因素看，东欧各国都在共产党领导下进行社会主义建设，特别是多民族国家还仿效苏联确立了联邦制，最明显的例子是南斯拉夫联邦。这在当时的条件下起到了缓解民族矛盾的作用。苏联的联邦制是1922年在列宁的倡导下建立的，它是以主体民族为单位组成的加盟共和国联合成为苏维埃社会主义联邦国家。这在当时，对新建立的、民族关系复杂的国家来说，曾起到了积极的作用，原则上体现了民族自决权。按列宁在十月革命前后对民族自决权的论述，它包含了三层意思：第一，各被压迫民族拥有摆脱压迫民族的政治独立自主权，即建立自己的民族国家的权利；第二，在社会主义制度下，实行民族区域自治也是民族自决权的一种表现形式；第三，承认各民族参加国家和社会管理，包括决定和管理本民族事务的民主权和平等权。[①]

第二次世界大战后，特别是1948年与苏联决裂后，南斯拉夫联邦在社会主义阵营处于孤立无援的境地。为了摆脱经济困境，以铁托为首的南联邦领导人在政治和经济各方面进行了改革。在政治体制上，精简机构，转变政府职能；由强调集中为主转为强调民主为主、强调共和国和自治省的党组织决策为主等。在经济体制上，实行政企分开的原则，改革价格制度、收入分配制度等。在民族问题上，南联邦的领导层特别提出各民族平等的原则，共产党执政初期也的确非常注意这方面的问题，同时，南联邦当时正处在经济建设的大发展时期，民族矛盾暂时没有明显表现出来。

在制度上，铁托作了有利于抑制塞族强权的安排。例如：在历史上首次承认"讲塞尔维亚语的穆斯林"为另一民族并建立了波黑共和国；首次承认过去所谓"塞尔维亚语的马其顿方言"为另一种语言，并承认马其顿民族并建立了马其顿共和国。此外，铁托还设立一个"南斯拉夫族"，鼓励人们放弃原有族群认同而去改宗这一新的群体。到1981年，在

[①] 许新、陈联璧等：《超级大国的崩溃——苏联解体原因探析》，社会科学文献出版社，2001，第14页。

人口调查中填报这个民族的人数已达121万,占全南联邦人口的5.4%。铁托时代的这些做法,对于压抑"二战"前南斯拉夫地区严重的塞族强权、维护民族平等和联邦的稳定起了一定的作用,但是在一些民族情绪强烈的塞尔维亚人中却积累了很大不满。1980年铁托去世后,塞尔维亚民族主义出现反弹,这一地区民族之间的矛盾终于再次浮出水面。

鉴于冷战初期具有上述国际和国内的有利条件,东南欧几乎没有发生较大的民族冲突,政局也相对稳定。当然,这并不意味着那里的民族冲突已彻底消除,或者像某些政治家所说的那样,民族问题已经解决。事实上,鉴于政治经济发展中隐藏着深层次的问题以及地区经济发展不平衡,民族矛盾时隐时现,这特别反映在东南欧多民族地区。

在科索沃,那里的阿尔巴尼亚人早在20世纪60年代就曾提出建立单独的共和国的要求,但遭到塞尔维亚民族主义势力的反对和无情的镇压。1968年,在科索沃一些城市和在马其顿的一些阿族人聚居区发生了大、中学生的游行示威,造成几十人受伤、一人死亡。1974年的宪法给予科索沃的阿族人自治权,1981年在科索沃又发生大规模骚动,阿族人再次要求成立共和国。

在罗马尼亚的特兰西瓦尼亚,匈牙利人问题一直是罗马尼亚和匈牙利两国的一个麻烦。

南斯拉夫联邦在社会主义建设初期,民族矛盾得到一定缓解,但某些地区长期存在对少数民族的不信任,如1969年斯洛文尼亚共和国发生的"公路事件"以及之后的一些歧视政策,使斯洛文尼亚人反塞尔维亚的立场更为坚定。

保加利亚共产党中央在1951年以决议的形式第一次承认国内存在少数民族,并给予他们一系列权利,包括在他们的聚居区实行相应的民族教育的权利。当时占全国人口9%的土耳其人属于少数民族范畴。在政府的重视下,包括土耳其人在内的保加利亚各少数民族有了受教育的权利。保政府还在土耳其族为主的地区拨款修桥筑路,增加社会服务设施。但由于国际大环境的变化，1958 年保加利亚共产党作出决定，宣布停止执行对境内少数民族土耳其人的优惠政策，禁止境外土耳其人来保加利亚从事宗教和教学活动，严格限制一切穆斯林宗教团体的活动，并取缔了亲土耳其的民族主义组织。此后，保加利亚官方和学术界便不承认在其境内存在少数民族。

1948 年罗马尼亚颁布宪法和教育改革法，强调各族人民在政治、经济和文化生活方面完全平等。教育改革法规定，不管少数民族人数的多寡，在各级教育单位除必须学习罗马尼亚语外，都可以用母语进行教学。于是，在罗马尼亚境内人数最多的少数民族匈牙利人在克鲁日市成立了匈牙利大学，在特尔吉穆列什和亚什两地的大学中设立了匈牙利语言文学系。克罗地亚人、捷克人、希腊人、亚美尼亚人、保加利亚人和犹太人等也都拥有各自的语言学校或班级。这些举措曾受到罗马尼亚境内少数民族的拥护。一段时期内，罗马尼亚各民族之间的关系比较融洽，罗马尼亚共产党领导人由此认为民族问题在罗马尼亚已经解决，在国内已不存在民族问题。在这种思想的指导下，少数民族的平等权利遭到破坏，不仅少数民族语言的学校或班级纷纷被关闭，学生也被强行并入罗马尼亚语学校。

但总体说来，在两大阵营对峙的局势之下，在各国政权尚能控制局面的形势下，东南欧地区的形势是平静的，没有发生较大的民族冲突，南斯拉夫联邦也保持了多年的政治稳定。

第二节　冷战后东南欧冲突的发展

自 1989 年东欧政局发生剧变和冷战结束后，相对平静的东南欧又开始动荡起来。接着，在这个地区出现了三个始料不及的现象：政治经济陷入深重危机，民族纠纷重新爆发，独立浪潮此起彼伏，并进而演变为震惊世界的战争。从此，东南欧的局势变成了冷战后国际关注的一大焦点，并牵动着整个世界。

一 政治经济危机爆发

1989年,东欧国家相继发生政局剧变,随后整个苏联东欧体系开始崩溃,冷战彻底结束。紧接着,东欧各国开始了社会经济制度的大转轨。但是,出乎人们意料的是,东欧国家在剧变后并没有很快走上稳定与繁荣的轨道,相反,在转轨初期出现了政治真空,经济大滑坡,社会发展陷入了深重危机。在政治方面,各国立即加快向多党制和自由选举制度过渡的步伐,许多国家的政权在这个时期出现真空。在实行多党制的初期,各种不同性质、政治色彩、意识形态和政治主张的党派和政治势力纷纷登场,并通过集会、示威等形式宣传自己,攻击政敌,从而各国都出现了党派林立、争斗激烈的混乱与无序的状态。在保加利亚,共产国际和保加利亚共产党内曾发生过几次政治斗争,如1949年的科斯托夫案件、1956年的契尔文和于哥夫事件,还有1956～1978年因党内有不同意见而迫害打击一批共产党员,这些都使共产党的威信下降。1989年11月10日,保加利亚共产党总书记、国务委员会主席托多尔·日夫科夫在保加利亚共产党中央全会上被迫辞职,由此引发反对派与当权派就国家前途问题举行"圆桌会议"。第二年(1990年),保加利亚新宪法出台,保加利亚改为多党议会制共和国。1989年12月,罗马尼亚的匈牙利族神父拉斯洛·托克什因反对罗总统齐奥塞斯库的政策而被当局驱逐,由此引发罗西部城市蒂米什瓦拉的示威者与军队的交火。经过十几天的战斗,齐奥塞斯库夫妇被处死,罗马尼亚社会主义共和国更名为罗马尼亚,放弃一党领导,建立多元化民主政体。在这种大背景下,阿尔巴尼亚也于1990年开始实行变革,但地拉那等地出现骚乱,人们提出改善经济状况、实现民主化等要求。1991年阿尔巴尼亚宣布新的"阿尔巴尼亚共和国"为民主法治国家,实行三权分立和政治多元化。而在南斯拉夫联邦斗争则表现得更加剧烈,几乎每个共和国的分离都是通过战争实现的。

在经济方面,各国在政局剧变后立即开始向市场经济过渡,许多国家采取了激进的方式,即所谓的"休克疗法"。在东南欧,鉴于经济发展相对落后,加上在私有化和市场化的过程中腐败盛行,转轨遇到了严重波折和困难,经济急剧、持续地下滑。1989~1990年,阿尔巴尼亚社会产值连年滑坡,平均每年下降达16%左右。[1] 1989~1992年,罗、保、阿等国的国内生产总值下降约40%。直至1997年,许多东南欧国家的国内年生产总值仍为负增长,其中罗马尼亚为-6.6%,保加利亚为-6.9%,阿尔巴尼亚为-15%。伴随着经济衰退,各国在1989~1992年都出现了恶性通货膨胀,有些年份的通货膨胀率高达200%以上。南联邦等处于战争状态下的国家,情况更为严重。"1989年前南斯拉夫的年通货膨胀已达四位数(2500%),1990年南联邦政府实行反通货膨胀和向市场经济过渡的改革纲领和紧缩的经济政策措施,使上半年通货膨胀率迅速下降,下半年国家分裂趋势加剧,通货膨胀反弹,但全年仍明显低于上年(为121.7%)。1991年国家分裂,南联邦全年通货膨胀率开始上升,但仍保持了三位数(221%)。1992年4月南联盟正式成立,随后遭到国际制裁,全年通货膨胀率重新达到四位数,并呈迅速上升趋势(全年为9236.9%,12月与上年12月相比为19810.2%)。1993年南联盟的通货膨胀率上升趋势加剧,从1月的101%上升为7月的432%,8月达到四位数,9月因暂时冻结物价使月通货膨胀率降为643%,但此后又直线上升,10~12月分别为四位、五位和六位数(1896%、20190%和178882%)。"[2] 显然,1990年开始的经济大滑坡不仅加大了原本已经存在的经济危机,而且进一步激化了政治斗争。为了政治斗争的需要,为了转移群众的注意力,许多国家的政府和党派都走上了煽动民族主义情绪的道路。

二 民族纠纷骤然再起与巴尔干国家间关系的紧张

自1989年下半年开始,伴随着政治经济危机的发展,东南欧的民族

---

[1] 蔡祖淼:《阿尔巴尼亚旧经济体制弊端初析》,《东欧中亚研究》1992年第4期。
[2] 汪丽敏:《浅析南联盟的恶性通货膨胀》,《东欧中亚研究》1994年第3期。

纠纷和民族矛盾再次显露出来，冲突事件频频发生。这既涉及一国之内民族之间的问题，也涉及某些跨国界的民族问题。

保加利亚的大批土耳其族人出走事件是东南欧最早发生的跨国家的民族纠纷。这一事件的发生是保加利亚长期对土耳其族实行歧视和同化政策的结果。自1989年5月29日至8月22日，共有36.2万保加利亚的土耳其族人越过边界到土耳其定居。这不仅导致保加利亚同土耳其之间的关系紧张，也引起了保加利亚国内严重的社会和经济问题。1989年5月，在自由化趋势日益发展的形势下，保政府宣布开放保土边界。在边界开放后的短短三个月内，大批穆斯林人举家迁入土耳其。30多万难民的涌入给土耳其政府带来许多实际问题。土耳其政府一方面抗议保加利亚实行的民族歧视政策，另一方面关闭了土保边境，保土关系骤然紧张起来。

1989年5月美国国会发表了《关于保加利亚当局对土耳其少数民族不人道的行为》的公报，西方国家也纷纷对保施加压力，把这一问题同对保的经济援助联系起来。10月底，土耳其族借欧洲国家在索菲亚举行生态会议之机，举行游行集会，要求享有人权，使事态进一步扩大。12月，保共中央纠正了日夫科夫的错误，改变了对土耳其族的态度，作出《关于纠正对土耳其族居民和穆斯林所犯错误的决定》，放弃了要土耳其族改名换姓的做法，实行尊重土耳其族的利益、风俗、习惯和语言的新政策。1991年2月，保当局决定在国立中小学中设立土语课。第二次世界大战前，保全国共有1600所土族学校，"二战"后保当局逐步减少这种学校，后来干脆并入保族学校。1969年土语被宣布为外国语，1974年正式决定停止一切土语教学。现在恢复土语课，保族很反感，又举行集会、游行、绝食，甚至占领学校、堵塞交通以示抗议，迫使议会于1991年3月决定将土语课推迟实行，事态才逐渐平息下来。

在保加利亚大批土族人出走事件之后，1990年底至1991年初又发生了阿尔巴尼亚南部地区的阿尔巴尼亚人强行越境前往希腊和南斯拉夫的事件，这也同样引起了阿希关系的紧张。鉴于大批阿尔巴尼亚人涌入对希腊社会的压力不断加大,希腊当局采取了"扫帚行动",强制驱赶阿尔巴尼亚难民回国。这一纠纷成为冷战后阿希关系紧张的一个重要原因。

在罗马尼亚,匈牙利族是最大的少数民族,占罗全国人口的7%。1989年罗马尼亚实行多党制后,匈族人成立了自己的政党——匈牙利族民主联盟,并在议会的参众两院中获得席位。长期以来,罗当局对境内匈牙利人实施的某些狭隘的民族主义政策,曾不断导致境内的族际关系紧张。更为严重的是,这一民族问题也是构成罗匈两国关系紧张的部分原因。在历史上,罗匈历来不和,其中的一个重要原因就是两国间存在一个现属罗马尼亚和曾属匈牙利的特兰西瓦尼亚(匈称埃尔代伊)的领土争端,以及在该地区生活的近200万匈牙利族人。1940年8月,德国和意大利根据维也纳仲裁裁决迫使罗马尼亚将特兰西瓦尼亚北部4.2万平方公里的土地划归匈牙利。1947年在巴黎签订的《五国和约》废除了上述决定,特兰西瓦尼亚北部重归罗马尼亚。① 但罗匈之间的紧张关系不是短时间内靠条约或外部推动就会迅速解决的。

塞尔维亚境内的伏伊伏丁那自治省中有不少匈牙利族居民,这一地区在历史上曾归匈牙利,因此,塞尔维亚与匈牙利也出现了摩擦。

三 独立浪潮此起彼伏与南联邦的解体

在政治经济危机加深和政权内部斗争激烈的条件下,民族主义势力抬头。它的一个表现是跨国界的民族要求联合,建立更大的单一民族国家。这不仅引起国内的族际冲突,而且导致相关国家的关系紧张。民族主义的另一个也是更为突出的表现是,一国内的不同民族集聚区纷纷要求独立,从而引发了新的独立浪潮和族际冲突。在民族独立的浪潮中首当其冲的是

---

① Mirijana Morokvasic, "The Relationship Between the Majority and the Minority in a Composed Region——the Case of Vojvodina", in Andreas Klinke, Ortwen Renn and Jean - Paul Lehners eds., *Ethnic Conflicts and Civil Society--Proposals for a New Era in Eastern Europe*, Hants, England: Ashgate Publishing Ltd., 1997, p. 154.

民族结构复杂的南斯拉夫,独立浪潮直接导致南斯拉夫联邦的解体。

当时南斯拉夫联邦的主要民族矛盾是塞尔维亚族同克罗地亚族、塞尔维亚族同斯洛文尼亚族以及塞尔维亚族同科索沃的阿尔巴尼亚族之间的矛盾。首先,斯洛文尼亚和克罗地亚是南联邦中经济最发达的两个共和国。斯洛文尼亚独立前人口不足南联邦的10%,面积约占南联邦的8%,但社会产值却占南联邦的20%。斯洛文尼亚每年将社会产值的25%上缴联邦,因此认为自己过多地承担了联邦的义务,因而妨碍了自己的加快发展。脱离南联邦的情绪不断累积,到1989年9月,斯洛文尼亚议会通过宪法修正案,明确提出斯洛文尼亚有脱离南联邦的自决权。同样,克罗地亚也认为塞尔维亚在许多地方遏制了自己的权利,因此,该共和国不断向联邦施加压力。其次,当时的科索沃自治省中一些人提出建立共和国,以平息其中阿尔巴尼亚族的不满;他们要求在政治上得到平等对待,塞尔维亚族则认为这样会威胁到塞尔维亚族的权利。

1990年1月,南共联盟在第14次代表(非常)大会上公开分裂。党的分裂加速了联邦解体的过程。最早提出脱离南斯拉夫联邦的是斯洛文尼亚。1990年4月,斯洛文尼亚举行首次多党议会选举,民主反对派"德莫斯"获胜。12月23日斯洛文尼亚就独立问题举行全民公决,88%以上的居民投票赞成独立。1991年6月25日斯议会通过《斯洛文尼亚共和国独立和主权的基本宪章》,并正式宣布独立。当时,南人民军曾试图武装干涉,但在欧共体的调解下,南人民军于10月25日全部撤离。1991年12月23日,新的斯洛文尼亚共和国宪法被议会通过。1992年1月15日,德国等西方国家首先宣布承认斯洛文尼亚共和国。1992年5月22日,斯洛文尼亚加入联合国。从此,斯洛文尼亚的独立得到了国际社会的确认。1992年6月25日,斯洛文尼亚发表独立宣言;6月26日,斯洛文尼亚举行独立仪式;6月27日,南联邦军队与斯洛文尼亚军队爆发冲突。此后直到7月初各地不断地有零星的战斗。7月7日,南斯拉夫联邦和斯洛文尼亚共和国双方在欧洲共同体的调停下达成停火协议。南斯拉夫联邦军队从斯洛文尼亚撤军,而斯洛文尼亚暂缓三个月独立,双方都遵守了协定。

克罗地亚与塞尔维亚本来就水火不容。克罗地亚自1990年起就开始为独立作准备。1990年12月克罗地亚共和国制定宪法,规定克罗地亚拥有自决权和主权。官方语言从塞尔维亚—克罗地亚语改为克罗地亚语,禁止西里尔字母,使用拉丁字母。克罗地亚还创立了克罗地亚警察军。1991年6月19日,克罗地亚实行独立公投,78%的公民认为克罗地亚应该独立。6月25日克罗地亚发表独立宣言后,克罗地亚警察军和留在克罗地亚境内的塞尔维亚族居民零星地发生冲突。9月22日,南斯拉夫联邦军袭击克罗地亚首都萨格勒布,后演变成克罗地亚和塞尔维亚正规军的战争。在战争过程中,克境内的塞族集聚区发生了民族清洗运动和武装冲突,从而不得不让联合国维和部队驻扎,以维持和平。直至1998年初,联合国派驻该地区的国际部队撤离,克罗地亚才真正实现了国家独立。

在斯洛文尼亚和克罗地亚宣布独立后不久,波黑议会于1991年10月15日在塞族议员抵制的情况下通过了《关于波黑问题的备忘录》,宣布波黑为民主的独立国家。1992年3月3日,根据全民公决的结果,波黑共和国宣布独立。波黑为实现独立,付出了历时三年多的战争代价。

马其顿是最贫穷的地区之一,它在斯洛文尼亚和克罗地亚宣布独立后也要求独立,并幸运地于1992年未经战争而获得独立。但那里种族隔阂严重,独立后民族冲突不断。马其顿人不仅与最大少数民族塞族人经常发生冲突,而且还不断受到阿族和科索沃阿族的武装干扰。在马其顿西部的阿族聚居区,阿族人不断挑衅,1994年阿族在泰托沃市非法设立了阿尔巴尼亚大学,引发了马阿两族的流血冲突。2001年2月,阿族非法武装"民族解放军"发动武装挑衅,导致马其顿严重的安全危机。

早在1991年9月,在斯洛文尼亚和克罗地亚宣布独立后,塞尔维亚和黑山就开始着手筹建新南斯拉夫。1992年1月,南联邦主席团、议会和政府领导人以及前南各地区百余个政党的代表签署了《新南斯拉夫公约》,但遭到波黑和马其顿的反对。1992年4月27日,在斯洛文尼亚、克罗地亚等正式独立后，南联邦的解体已势不可挡的形势下，塞尔维亚和黑山两个共和国组成的南斯拉夫联盟共和国正式成立，并通过了《宪法宣言》。1991年11月20日，马其顿也宣布正式独立，并于1993年4月7日以"前南斯拉夫马其顿共和国"的暂时名称加入联合国。1995年代顿协议签署，波黑政局逐步稳定。1995年11月，代顿协议为波黑制定新宪法，规定波黑的正式名称为：波斯尼亚和黑塞哥维那。

1980年5月，铁托逝世。铁托作为南斯拉夫的英雄，具有个人权威，由于他的铁腕政策，南斯拉夫联邦在他统治期间能够保持克制和稳定，但他去世后各共和国的分离倾向不断加强。1981年3~4月，普里什蒂纳大学的阿族大学生举行游行示威，要求建立独立的科索沃共和国，塞尔维亚当局派军队对科索沃实行临时军事管制。这导致科索沃的塞族同阿族之间的矛盾日趋尖锐，常常酿成流血冲突。塞尔维亚人认为，科索沃是塞尔维亚的圣地，是塞族文明的摇篮，出于历史的原因和民族的感情，塞尔维亚不能放弃科索沃。1987年米洛舍维奇访问科索沃时，呼吁当地塞族居民不要因为生活困难而离开这块土地。但在这一地区占人口少数的塞族人日益感到孤立和受到排斥，阿族人则努力争取政治上的支配地位，民族矛盾不断加剧。1988年，6000多名居住在科索沃的塞尔维亚人和黑山人指责阿族人对他们进行骚扰，并举行大规模的抗议活动，要求废除宪法，取消科索沃的自治地位。1989年，米洛舍维奇被派到科索沃省工作，他对民族分离主义分子采取强硬措施，同时，由于塞尔维亚族在科索沃是少数民族，他更加注意保护他们。1989年2月阿族煤矿工人举行大罢工，塞当局在科索沃实行戒严并逮捕罢工领导人。随后塞尔维亚议会通过宪法修正案，"收回"了科索沃自治省的宪法权力。科索沃再次发生大规模游行，并与军队发生冲突，22名示威者和两名军人在冲突中死亡。由于塞族的"大塞尔维亚主义"，阿族人在南斯拉夫联邦内部建立科索沃共和国的希望破灭了，塞、阿两族之间的对抗情绪越来越激烈，骚乱越来越严重。南斯拉夫当局向科索沃派驻军队、警察，并在科索沃实行宵禁。但此举并未消灭阿族的民族主义情绪,反而使塞、阿两族之间的冲突日益升级,矛盾日益恶化了。1991年6月,在斯洛文尼亚共和国发表独立宣言的同时,科索沃地区的阿族议会代表也发表了宣言,宣布"科索沃共和国"成立。塞尔维亚当局视其为非法并宣布解散科索沃议会,引起阿族人的总罢工。1990年9月塞尔维亚通过新宪法,修改了1974年的宪法,取消了科索沃的自治省地位,把科索沃改名为"科索沃和梅托希亚",或简称"科斯梅特",但阿族人仍称该地区为科索沃。宪法明确科索沃省仍然是塞尔维亚共和国的一部分,仍然直接参加联邦的决策,在国防、内务、司法、计划等七个方面的决策要通过塞尔维亚共和国。阿族人的学校被取消,阿族人的组织机构,包括新闻机构都被取缔。阿族人同警方发生了暴力冲突和枪战,20多人死亡,许多人被捕。1991年3月塞尔维亚议会"收回"科索沃议会的职权,同年9月30日,阿族人就科索沃主权和独立问题举行全民公决后,于1992年5月举行"大选",鲁戈瓦当选为"科索沃共和国总统"。1994年,阿尔巴尼亚族的民族主义分子组建了科索沃解放军。1999年2月6日,迫于美国和北约的强大压力,塞尔维亚共和国和科索沃阿尔巴尼亚族代表在法国朗布依埃举行和平会谈。3月18日,阿尔巴尼亚族代表签署了和平协议,而塞尔维亚代表拒绝签字。北约于3月19日向塞尔维亚发出最后通牒,但塞尔维亚仍然拒绝回应。3月24日,北约对南联盟实行空中打击。

南联盟成立后,在塞尔维亚和黑山这两个主体共和国之间,矛盾不断发生,民族主义者不断发出要求解散联盟的呼声,联盟的稳固性遭到挑战。更为复杂的是,在已获独立的国家内,主体民族与非主体民族之间的矛盾和冲突不断发生,非主体民族集聚的地区要求独立的呼声不断,建立国中之国的势头不断高涨。2003年2月4日,南联盟议会通过《塞尔维亚和黑山宪章》,改国名为"塞尔维亚和黑山"。根据该宪章,两个共和国在2006年2月之后有权通过全民公决确定是否独立。2006年5月21日,黑山举行全民公决,参加投票的选民中55.5%支持独立,超过黑山全民公决法案规定的独立标准——55%。2006年6月3日,黑山宣布独立。南斯拉夫社会主义联邦共和国的解体进程至此基本结束。而科索沃地区自1999年科索沃战争结束以来,就脱离了塞尔维亚的实际管辖,并且成为联合国的保护地,但其主权仍属塞尔维亚共和国所有,其未来状况仍不确定。2008年2月17日,科索沃单方宣布从塞尔维亚独立。第二次世界大战后建立起来的多民族的南斯拉夫磕磕绊绊地走过40多年,又历经十几年的战争和冲突,终于四分五裂,解体进程告一段落。

第三节 武装冲突的加剧与族际战争的爆发

如上所述,南联邦的解体并不意味着民族矛盾的化解,也不意味着民族冲突的结束。事实上,许多共和国脱离了南联邦成为独立国家后并没有实现稳定与发展,相反,许多国内的族际冲突进一步演变为残酷的民族战争。其中,克罗地亚的克塞两族的战争和波黑的塞克穆三族的混战(波黑战争)最为激烈。

克罗地亚的族际战争是前南地区最早发生的战争。1990年6月25日,克罗地亚宣布独立,克境内的塞族要求自治和继续留在南联邦,为此准备举行全民投票。克罗地亚当局为制止公决而与塞族发生武装冲突,战争实际上从此开始。1991年初,南联邦主席团为制止武装冲突的进一步发展,决定让南人民军进行干预,以隔离冲突的双方。但派去的南人民军中塞族官兵占绝大多数,他们实际上站在塞族一边,从而使民族之间的冲突演变成以克军为一方和南人民军及塞族武装为另一方的战争,战场也从克罗地亚东北向西南沿海扩展。1990年10月,人民军和塞族武装发动全面进攻,经一个多月的激战后,攻克了东部与塞尔维亚共和国交界的重镇伍科瓦尔。此期间,在欧共体调停下签署的14次停火协议均遭破坏。1991年11月23日,在联合国和欧共体的调停下在日内瓦再次签订了停火协定,1992年2月21日,联合国安理会通过向南斯拉夫地区派驻维和部队的决定。此后，克罗地亚境内的大规模族际战争总算平息，但小规模的武装冲突仍然不断。直至1995年8月，克罗地亚政府军在美国的支持和帮助下发动了"风暴行动"，占领了境内的克拉伊纳塞族控制区。至此，克罗地亚境内的战事才算真正结束。

波黑战争是继克罗地亚战争爆发后的最大一次族际战争，历时三年半，堪称第二次世界大战后欧洲发生的最大和最残酷的战争。波黑战争始于1992年。早在1991年4月，塞尔维亚族便成立了波黑克拉伊纳自治区，此后在波黑境内共成立了四个塞族自治区。10月15日，波黑议会在塞族议员抵制的情况下通过了《关于波黑问题的备忘录》，宣布波黑为民主的独立国家。波黑境内的塞族坚持"波黑脱离南斯拉夫，塞族就脱离波黑"的立场。1992年1月9日，波黑的塞族议会发表了成立塞尔维亚共和国的宣言，声称当前的波黑政府已不能代表塞族人民。同年1月15日，由欧共体法官组成的仲裁委员会建议波黑政府就"波黑是否要成为独立的主权国家"举行全民公决。塞族对此进行抵制。在酝酿独立的过程中，波黑的民族关系日趋紧张。穆斯林、塞尔维亚和克罗地亚三个民族各自成立准军事组织，并不时发生零星的流血冲突事件。

根据全民公决的结果，1992年3月3日，波黑共和国宣布独立。在国际组织代表的斡旋下，波黑三个主体民族的领导人就未来国家宪法制度达成原则协议。3月18日发表的《关于波黑新的宪法解决办法原则声明》确定，未来的波黑为按民族原则划分的三个自治区组成的松散联邦，未来国家机构由三个平等的、享有制宪权的民族代表组成，并原则规定了国家机构的职权范围。当三方代表决定组织专门工作小组商讨民族地区划分的问题时，欧共体国家和美国以及克罗地亚于1992年4月6~8日先后宣布承认波黑为独立的主权国家。在此形势下，伊泽贝特戈维奇立即改变立场，反对成立由三个按民族划分的自治区组成的松散联邦，坚持波黑应是完整统一的主权国家。于是，波黑局势骤然紧张，当局立即宣布"紧急状态"。三个民族为争夺战略要地的武装冲突日趋频繁，规模也日益扩大。7月2日，波黑的克族控制区自行宣布成立"赫尔采格—波斯尼亚共同体"（1993年8月28日该共同体改称"赫尔采格—波斯尼亚克罗地亚共和国"）。1992年9月27日，波黑主席团成员阿布迪奇（穆斯林）在比哈奇地区宣布成立"西波斯尼亚穆斯林自治省"（后改为共和国）。至此，统一的波黑四分五裂，"国中之国"丛生的局面开始形成。分裂局面出现后，各方为争夺地盘展开了激烈的混战，战火遍及波黑85%的领土。

在交战期间，国际社会多次调停无效。1994年底，五国联络小组促使波黑各方达成停火协议，但四个月后，波黑重新发生激战。在此期间，塞尔维亚共和国领导人为免遭更严厉的制裁，要求波黑塞族领导人接受五国联络小组的和平计划，但遭到塞族领导人的拒绝，塞尔维亚共和国与波黑塞族之间的关系中断，这大大有利于战争的平息。但结束波黑战争的决定性因素应当说是"风暴行动"。1995年8月，克罗地亚军队在美国的支持和帮助下发动了以"风暴"为代号的军事行动。在此之前，克罗地亚军队于5月1日和5月2日攻占了克境内塞族区西斯拉沃尼亚，随后秘密越过边界进入波黑，同那里的克族军队会合，占领了波黑西部格拉莫奇等重镇，切断了克境内塞控区首府克宁通往波黑塞控区的通道。8月6日，克罗地亚军队正式开始"风暴行动"，对克宁地区发动全面进攻，三天后占领了克宁全境。在克政府军占领了克拉伊纳塞族控制区和波黑克军占领了西波斯尼亚后，塞族武装基本被击败，从而形成了以战逼和的局面。11月1日，在美国特使的主持下，前南三方代表团在美国代顿空军基地进行谈判。11月21日，波黑和平协议在代顿草签，12月14日在巴黎正式签署。历经三年半的波黑战争结束。

自1988年底开始，阿尔巴尼亚政府针对屡次在科索沃发生的冲突向国际组织呼吁，从此，科索沃问题国际化。1991年9月30日，科索沃的阿族举行全民公决，宣布科索沃为独立国家。科索沃的阿尔巴尼亚族为了独立，进行了大量的破坏活动。后来，阿族极端主义分子和伊斯兰狂热分子成立了科索沃解放军，袭击塞尔维亚。在欧美一些大国的怂恿下，科索沃的恐怖活动不断升级。1998年，科索沃危机加深，3月，由美、英、德、法、意、俄六国组成的原南问题国际联络小组，在伦敦举行的会议上，确定了对南实施包括武器禁运、冻结对南出口和投资贷款等内容的制裁措施。① 面对西方大国的经济和武力威胁，南联盟同意和谈，但不久和谈破裂，北约旋即于3月24日对南联盟实施空中打击，持续78天，终于迫使南联盟同意签署科索沃和平协议。

这三场战争的爆发具有以下几个特点。

第一，复杂的民族构成与民族纷争。

波黑的民族构成十分复杂，可以说是南斯拉夫联邦的缩影。据1991年人口普查，波黑人口为436.5万，其中穆斯林190.58万，占43.66%，塞尔维亚族人136.36万，占31.24%，克罗地亚族人75.59万，占17.31%。除此三大民族外，境内还有许多少数民族，包括：阿尔巴尼亚族、马其顿族、斯洛文尼亚族、乌克兰族、吉普赛人等。波黑的穆斯林又称波斯尼亚人或波桑人。其族源是古斯拉夫人同化当地土著伊利里亚—色雷斯人而形成的族种。15世纪下半叶，土耳其占领波黑地区后，强迫当地信奉东正教的塞尔维亚人和信仰天主教的克罗地亚人皈依伊斯兰教，形成了斯拉夫穆斯林群体。1878年波黑成为奥匈帝国的领地，1908年被奥匈帝国占领。1918年第一次世界大战结束，成立了塞尔维亚人—克罗地亚人—斯洛文尼亚人王国，波黑是其中的一部分，被划分为几个行政省。第二次世界大战结束后成立了南斯拉夫联邦，波黑是其中的一个加盟共和国。在1971年以前的人口普查中，这里的居民均以穆斯林—塞尔维亚人或穆斯林—克罗地亚人，或者以穆斯林—南斯拉夫人进行登记。1971年，南联邦领导人为了制约塞尔维亚族，正式给予生活在波黑共和国的穆斯林以南斯拉夫制宪民族之一的地位，称之为"波黑穆斯林民族"。波黑境内的塞尔维亚人主要分布在东部和西部，以信仰东正教为主，使用塞尔维亚

---

① 马细谱：《巴尔干纷争》，北京大学出版社，1999，第373页。

语。克罗地亚人主要生活在波斯尼亚的中部、波萨维那的东部和黑塞哥维那的南部，信奉天主教，使用克罗地亚语。

波黑不仅有着复杂的民族构成，而且在国家形成的过程中各民族间不断争斗，从而结下了不解的冤仇。特别是在外族统治时期，在统治者别有用心的民族政策下，各民族之间的矛盾和冲突不断加深。例如，在奥斯曼土耳其帝国统治时期，占领者在波黑推行伊斯兰化政策，凡皈依伊斯兰教的人均被允许保留土地和封建特权，而信奉天主教和东正教的居民则遭受压制和排挤。深受土耳其入侵者和封建领主压迫的农民曾多次举行武装反抗，规模最大的是1875～1878年的黑塞哥维那起义。又如，1941年德意法西斯入侵南斯拉夫王国后，扶植成立了傀儡国"克罗地亚独立国"。"克罗地亚独立国"管辖波黑全部领土，并拉拢穆斯林，鼓动武装恐怖组织乌什塔沙对塞尔维亚人、犹太人和吉普赛人进行大规模屠杀，制造民族仇恨。而塞族的切特尼克部队则对克族和穆斯林实行报复，从而加深了各民族之间的仇恨。

在科索沃，"塞尔维亚人称对该地区拥有'历史权利'，它是中世纪塞尔维亚国家的摇篮和发祥地，是塞尔维亚领土不可分割的一部分；阿尔巴尼亚族人则称对其拥有'种族权利'，他们的人数在该地区占据绝对优势"[①]。第二次世界大战快要结束时的1944年初，在阿尔巴尼亚举行的科索沃人民解放委员会会议上，阿共决定将科索沃并入解放后的阿尔巴尼亚，但南共中央提出反对。1944年11月，南共人民军先于阿共的游击队解放了科索沃。在镇压了科索沃的阿尔巴尼亚族起义后，1945年7月，科索沃正式以塞尔维亚的一部分加入南斯拉夫联邦。1946年，南斯拉夫联邦颁布的宪法规定，在科索沃设立梅托希亚自治省，归属塞尔维亚共和国。在这一时期，科索沃的阿尔巴尼亚族始终谋求与塞尔维亚的分离，要求与塞尔维亚平起平坐，成为加盟共和国，但遭到塞尔维亚的坚决反对。

---

① 马细谱：《科索沃危机与北约的军事干预》，《世界历史》1999年第4期。

德涅斯特河沿岸地区原本是罗马尼亚的比萨拉比亚的一部分，1812年，整个比萨拉比亚并入俄国。俄国在 1856 年的克里米亚战争中失败，比萨拉比亚重归罗马尼亚，到 1878 年这一地区再次划归俄国。1918 年该地区脱离俄国并入罗马尼亚，而 1939 年苏联迫使罗马尼亚将比萨拉比亚还给苏联，建立了摩尔达维亚共和国。但这一地区的居民始终没有被苏联同化，反而对俄罗斯人有无法消除的仇恨，最终于 1990 年宣布改国名为摩尔多瓦。摩尔多瓦独立后，其境内一部分居住在德涅斯特河沿岸地区的俄罗斯居民，宣布成立德涅斯特河沿岸共和国，以对抗摩尔多瓦。

第二，境外母体民族的介入。

冲突的复杂性和难以遏制的另一个重要原因是，在交战各方的背后有母体民族和国家的支持。波黑的塞族认为，"波黑早就是塞尔维亚国家不可分割的组成部分"；在波黑居住的本来是塞族，历史上人为地分裂为塞族、克族和穆族；这个地区的居民历来就表示愿意跟塞尔维亚合并。波黑克族则强调，自古以来"波黑就是克罗地亚的一部分"①。相应地，南联盟塞尔维亚共和国在波黑战争爆发前和爆发初期，作为塞族的母国对波黑塞族给予了多方面的全力支持。原驻扎在波黑地区由塞尔维亚人组成的原南斯拉夫人民军很快就被改编为塞尔维亚人的武装。由于他们装备精良、训练有素，在战争初期占据了主动。经过半年的战斗，塞族占领了波黑 70% 的领土。同样，在波黑克罗地亚人的背后，有母国克罗地亚共和国。克罗地亚共和国始终是波黑克族的全力支持者和谋划者，并不时派出武装力量协同波黑克族作战。在波黑穆族人的背后虽然没有具体的母体国家，但他们却得到伊斯兰世界和某些西方大国的支持。特别是在美国 1994 年底单方面解除对穆斯林的武器禁运后，穆族也得到了外部支持者的大量援助。

阿尔巴尼亚已故领导人霍查生前曾多次声称：科索沃属于阿尔巴尼亚，黑山、科索沃、马其顿和塞尔维亚南部也都是属于阿尔巴尼亚的领

---

① 马细谱：《巴尔干纷争》，北京大学出版社，1999，第 368 页。

土。20世纪80年代初，霍查公开宣称：我们不是一个300万人的国家，我们是一个700万人的民族。1992年阿尔巴尼亚总统阿利雅也声称，南斯拉夫境内的阿尔巴尼亚人问题是整个阿尔巴尼亚民族的问题。阿尔巴尼亚前总统贝里沙执政时提出了"五国700万"的口号，即阿尔巴尼亚人囊括巴尔干五国共700万人口。1999年，时任总统迈达尼在一次讲话中说：塞尔维亚人和阿尔巴尼亚人已不可能共处，塞尔维亚人最好离开科索沃。迈达尼还着重强调阿尔巴尼亚人的民族轴心，并希望随着欧洲一体化而实现阿尔巴尼亚民族的无疆界。①

在科索沃战争爆发之前，阿政府授意阿尔巴尼亚科学院出版了《解决阿尔巴尼亚民族问题纲领》，同时再版了科索沃学者乔塞撰写的《阿尔巴尼亚统一战略》一书，大力宣扬"大阿尔巴尼亚"思想。该纲领认为：所有的阿尔巴尼亚人都希望尽快把他们的土地统一到唯一的阿尔巴尼亚国家之中。②从这时开始，阿尔巴尼亚对周边国家中阿族分裂势力的支持力度不断加大。科索沃危机爆发后，阿尔巴尼亚对科索沃的阿族进行声援和人力、物力的支持，同时，大力借助欧盟和北约的力量，试图将科索沃从南斯拉夫分裂出来。科索沃战争期间，阿尔巴尼亚为北约空袭提供机场和其他方面的支持。科索沃的阿族得到了阿尔巴尼亚政府的大力支持，西欧的阿尔巴尼亚侨民和国际伊斯兰组织也都给予其经济支持；阿尔巴尼亚和马其顿的许多组织还私下向科索沃运送武器。战争结束后，又进一步支持科索沃阿族的分裂活动。

第三，疆界的难以划分。

无论是为了建立国内各民族的自治体制，还是为了建立隔离带，都需要进行疆界划分。而民族混杂的状况使得疆界的划分难上加难。"波黑地区的三个民族长期混居，即使在某一民族占绝对优势的地区中，往往也有

---

① 王国梁：《巴尔干的"大阿尔巴尼亚"：地缘政治关系与演化》，《人文地理》2003年第2期。
② 王国梁：《巴尔干的"大阿尔巴尼亚"：地缘政治关系与演化》，《人文地理》2003年第2期。

不少村镇是其他民族的聚居地。据有的学者研究，穆族和塞族混居的有53个区，穆族和克族共居的有15个区。在24个区里，穆族甚至不超过10%的人口比重。"①

为结束波黑冲突，国际社会曾提出多种方案，但都因得不到各方的一致同意而被搁置。例如，1993年1月初，联合国秘书长特使万斯与欧共体代表欧文提出一个方案：按民族聚居状况将波黑划分为十个省，其中占领土43%的三个省由塞族管辖；占总面积27%的三个省归穆斯林族管辖；克族管辖两个省，占总面积的15%；萨拉热窝及其周围地区为非军事化开放区，由三族共管；第十个省由穆克两族共管。该和平计划由于塞族的拒绝而破产。又如1993年8月，国际调解人欧文与斯托尔腾贝格提出，将波黑建成一个由三个民族国家组成的联盟，版图的划分是：塞族占52%，且各部分相连；穆族和克族分别占31%和17%。该计划得到塞、克两族的支持，但穆族表示反对。1994年5月五国联络小组提出了新方案：鉴于1994年3月穆克联邦已经成立，波黑划分为两个部分，穆克联邦占领土的51%，塞族占49%。该方案虽被波黑议会和穆克联邦议会所接受，但被塞族议会拒绝。②在强大的压力下，代顿协议于1995年12月14日在巴黎正式签署，协定对疆界的划分虽有原则规定，但也遗留下许多有争议的问题。

从历史上看，巴尔干（东南欧地区）并不是从一开始就是"火药桶"，而是柏林会议之后，欧洲列强为了各自的利益瓜分巴尔干、扩大自己的势力范围所致。在冷战期间这里出现过暂时的平静，但民族之间的矛盾也时有发生；随着冷战结束，国际和国内形势都发生了重大变化，巴尔干地区不可避免地再一次爆发了冲突。

---

① 马细谱：《巴尔干纷争》，北京大学出版社，1999，第373页。
② Leo Tindemans eds., *Unfinished Peace—Report of the International Commission on the Balkans*, Aspen Institute Berlin; Carnegie Endowment for Internaitonal, Washington D. C., 1996, p. xix.

第二章 民族冲突及其在东南欧爆发的根源

冲突与战争历来是国际关系理论研究的重要课题。而冷战前与冷战后相比,冲突的构成模式发生了重大变化。冷战前,世界冲突主要以国家间的冲突为主,国家间冲突一直占世界冲突的大部分。冷战后,国内冲突或内部的冲突迅猛发展,成为世界冲突的主体。据统计,自 1500 年以来的 500 多年间,世界上 60% 的历史时期处于大国交战状态,其中有九次是大的甚至是"世界性"的战争。① 另据有关资料统计,在 1945~1989 年的 45 年中,世界各地发生的武装冲突和局部战争约有 190 起。其中,20 世纪 60 年代是爆发地区冲突最频繁的高潮期,达 70 多起,平均每年七起(主要原因是民族独立运动的兴起);20 世纪 80 年代发生了 28 起,平均每年不到三起。这也说明在冷战结束前,地区冲突的数量和频率已大幅度下降。但是,冷战结束后冲突和战争的数量和频率显著上升。据统计,从 1990 年到 1999 年,世界上共发生 118 次武装冲突,其中有十次被严格地界定为国家间冲突。虽然它们常常被关注,但这只是冲突的一小部分。另五次武装冲突被认为是要求独立的战争。而其他约 100 次战争是国内战争和内部冲突,其中有相当一部分是民族冲突。在 20 世纪 90 年代初爆发的冲突中,欧洲地区(包括俄罗斯、土耳其)的冲突比冷战前增长了 2/3,

---

① 潘忠歧、谭晓梅:《试论世界冲突的变化趋势》,《国际问题论坛》1997 年第 3 期。

主要的冲突地区在巴尔干和高加索。另据统计,进入20世纪90年代后,世界各地的武装冲突和局部战争逐年增多。在1990年1月至1995年6月的五年半时间里,世界上新旧武装冲突和局部战争高达83起,其中除了20世纪80年代遗留下来的24起外,其余59起都是20世纪90年代新爆发的,占冲突总数的70%。① 在1999年的冲突中,有66%的冲突已经持续五年以上,30%的冲突持续了20年。这些冲突持续的时间越长就越难结束,世界也就越难和平。欧洲大部分的冲突是在20世纪80年代末或90年代初爆发的,这些冲突都是以民族冲突为导线,直至达到建立民族国家的目标。

第一次世界大战随着美国的参战而从欧洲的战争转化为全球性战争,四年大战使参战国的直接经济损失高达1805亿美元,使欧洲工业生产水平至少倒退了八年。然而,战争的另一面却是,沙皇俄国、德意志帝国、奥匈帝国和奥斯曼土耳其帝国覆灭了,在巴尔干半岛和中东地区建立了许多民族国家;在战争的废墟上出现了第一个社会主义国家——苏联。还有一个重要的结果就是,许多新技术在战争中得到应用,如飞机和化学合成技术等。

第二次世界大战是历史上破坏性最大的一次战争。仅在欧洲,据不完全统计,战争破坏造成的物资损失就达2600亿美元(按1938年价值);各交战国的直接军费支出占其国民总收入的60%~70%。军人死亡1690余万人,居民死亡3430余万人,合计死亡5120余万人,仅苏联就死亡2000余万人。但第二次世界大战也推动了文明进程,科学技术飞速发展,人类进入宇航时代和核时代。第二次世界大战首次使用了雷达和其他无线电电子器材、火箭炮、喷气式飞机、飞航式导弹和弹道火箭,在战争的最后阶段使用了核武器和雷达等。空军、国土防空军、潜水舰队、空降兵、工程兵和技术兵的作用增大了。更为重要的是,许多被法西斯占领的国家

---

① 潘忠歧、谭晓梅:《试论世界冲突的变化趋势》,《国际问题论坛》1997年第3期。

纷纷获得解放，东欧大部分国家推翻了资产阶级和地主的统治，走上了社会主义道路。因此，有名人就曾这样说过：战争重要的是求取政治的成果，而不是军事上的成功。

第一节 关于冲突、民族冲突和民族主义的一般论述

一 冲突与战争

"冲突通常指的是这样一种情形：某一可认同的人群（不论是部落群体、种族群体、具有相同语言的群体、具有相同文化的群体、宗教群体、社会经济群体、政治群体还是其他群体）有意识地反对一个或几个其他可自我认同的人群，原因是他们追求的目标相互抵触或看上去相互抵触。"① 双方的利益和目标互不相容，同时又都要追求这样的利益和目标，因而就构成冲突。

一般来说，暴力形式的冲突就构成战争，如冷战后在苏联和东欧国家出现的一系列暴力事件已经形成战争，但有些冲突并不直接表现为暴力，如冷战时期的大国或军事集团之间的冲突，它的具体表现形式为外交抗议、最后通牒、经济制裁等。战争开始之前会有不断的冲突发生，这些冲突有政治上的、经济上的和种族上的；有大规模的冲突，当然不时还会有小规模的冲突。

各国之间的利益冲突与实力不均等使国家间的权力斗争不可避免，第二次世界大战后形成了美苏两个超级大国对峙的世界格局。而冷战的结束打破了这个均势，同时对民族国家提出了挑战。苏联的解体使被两极格局深深掩盖的各种矛盾纷纷暴露出来，特别是当经济普遍恶化时，人们往往

---

① 〔美〕詹姆斯·多尔蒂、小罗伯特·普法尔茨格拉夫：《争论中的国际关系理论》，阎学通、陈寒溪等译，世界知识出版社，2003，第200页。

倾向于以种族、宗教或家庭为纽带的集团。在民族矛盾由来已久的前南斯拉夫土地上首先激化成为军事对抗，不同民族同国内现政权进行武装对抗以期获得独立的主权国家的权利；大国又利用民族自决权原则插手巴尔干的事务，为各民族争取独立提供合法的借口。新建立的国家以当地主体民族为主，对境内的敌对民族进行排挤和压迫，导致新独立国家内部的族际冲突加深，出现再分离。一些少数民族建立自己的主权国家之后，内部多数民族和其他少数民族都担心自己的权益受损，纷纷要求在这些新独立国家的内部再分离出来，或与母国合并或建立自己的独立国家，因此，在原南斯拉夫联邦的版图上，分裂成数个主权国家。

　　无疑，冲突的变化与世界格局和世界形势的根本改变密切相关。冷战对峙局面的消失，一方面有利于缓和两个超级大国因争霸而形成的国际紧张局势，减少了爆发世界大战和核战争的因素；但另一方面，随着两个超级大国争霸的这一世界主要矛盾的消失，许多被掩盖和被制约的矛盾开始表面化和进一步发展。民族矛盾就是其中之一，在原苏联东欧地区爆发的民族主义浪潮，导致了第二次世界大战后欧洲最大、最残酷的战争——波黑战争、科索沃战争，而且这种民族之间的冲突还在继续。冷战后发生在原苏联东欧地区的冲突首先表现在国家分裂上，如南联邦的分裂，捷克斯洛伐克联邦的分裂，苏联范围内的波罗的海三国以及乌克兰、白俄罗斯、中亚等国的独立；其次，地方少数民族的分裂活动，如俄罗斯的车臣，南联盟的科索沃；再次，跨国界的民族联合问题，如罗马尼亚和匈牙利之间关于匈牙利族的问题，保加利亚和土耳其之间的土耳其族问题，阿尔巴尼亚、南斯拉夫之间的阿尔巴尼亚族问题，原苏联范围内俄罗斯族的问题等。鉴于冷战后冲突构成的这一重大变化，国内冲突或内部冲突开始从全球视角被关注。从1990年开始，大部分学者都较少关注国家间冲突，而更多地关注于国家的内部冲突，特别是民族、环境、政治和经济因素造成的冲突。随着冲突的不断出现和升级，许多学者认为这是纯粹的民族冲突，是因为久远的"民族仇恨"导致，由于苏联解体、东欧剧变而把这个"仇恨的盖子打开了"①。但也有许多学者观察到，这一次民族冲突的浪潮还有它内部体制、经济、社会文化和历史的深层原因。

二 民族冲突及其对国际政治的意义

1. 民族冲突的定义

"民族冲突"这个词的定义比较宽泛，如果依照冲突的定义，可以这样说，它是不同的民族群体之间不相容的利益的冲突。

政治、社会或经济环境使民族性得到体现，这样的环境使以相近的文化为特征的团体成为以政治和社会为特征的团体。民族性在当今社会不是消失或重要性减小了，而是对政治组织来说越来越重要了；它是政治组织重要的原则，也是个人认同感的表现。所以说，民族性既是一种强烈的情感上的感召力，又是强烈的政治鼓动力量。因此，观念的不同可能导致现实的冲突，也能够解释民族团体政治和社会的冲突行为。

从当前世界上各种冲突看，民族、宗教的冲突最为典型和普遍。民族在发展过程中逐渐形成宇宙观和人生观，也就是说，任何民族在其发展进程中都有其宗教观念，虽然民族与宗教有各自的发展规律，但民族与宗教又相互依托而无法分开。当民族之间能够和平相处的时候，即使他们的宗教信仰不同，也基本能相互宽容、理解并能相互协调；而当民族之间发生争端时，宗教可能是诱因，即使同一宗教，也会因教派不同而水火不容。波黑战争和科索沃危机的激化都是因为宗教不同而导致民族之间的仇恨。

在东南欧国家还有一个很典型的现象，就是由于历史上的移民和外部势力的插手，一个国家内部常常是民族混杂，甚至主体民族是其他一

---

① Jack Snder, "Nationalism and the Crisis of the Post–Soviet State", in Michael E. Brown ed., *Ethnic Conflict and International Security*, Princeton, New Jersey: Princeton University Press, 1993, p. 11.

个或几个少数民族。这在国家不稳定的时候,很容易产生或强化原有的诸如"大塞尔维亚主义""大保加利亚主义""大阿尔巴尼亚主义"等思想。

2. 民族冲突的特点和类型

(1) 民族冲突的特点。

首先,它是民族认同和利益冲突的结合。苏联东欧集团的解体使得国家权力减弱,共产主义意识形态消失,社会的认同感也随之丧失。经济的恶化、社会问题的增多、国家控制能力的削弱、以重新分配或调整政治权力和经济资源为背景的国家结构,使得某一受压制的群体可以利用政治权力或经济优势,鼓动民族或宗教认同,来达到自己的目的,并实现其利益。社会群体特别是那些卷入冲突的群体倾向于在一种有时是很模糊的种族、文化或宗教感情基础上的认同,而且经常是过分估计了这种认同的重要性。因此应该说,这种以民族认同为标志的冲突并不是冲突的根源,它只是个借口。当然,多年来,彼此之间确有相互仇恨,例如,塞族、克族、阿族之间有不可调和的矛盾和历史仇恨,但冷战后的民族主义浪潮之所以迅猛发展,是因为被经济恶化、社会问题困扰的人民很容易被民族认同的口号所激励。

其次,它是民族认同与追求国家权力的结合。一个民族为了追求和保卫它的利益需要增强权力,特别是国家权力。而国家为了维持和增强它的权力也需要依靠民族认同和民族精神。"民族的同质性和种族的纯洁因此作为国家权力的实质而出现,并且为了国家权力的缘故,少数民族必须被同化或被驱逐。"① 冷战后的东南欧民族冲突明显地反映了这一点。一方面是感到受侵害的少数民族为维护其利益纷纷要求独立,实际上是要求拥有国家权力;另一方面,主体民族利用国家权力竭力同化或驱逐

---

① 〔美〕汉斯·J. 摩根索:《国家间政治——寻求权力与和平的斗争》,徐昕、赫望、李保平译,中国人民公安大学出版社,1990,第215页。

少数民族。

因此，总的来说，冷战后的巴尔干冲突，不只是简单的民族间冲突，它有历史、政治、社会和经济的背景。它同时也是各行为体之间的差距、不同的利益与目标、复杂的边界、少数民族要求自治或独立等多种因素的综合性问题。

(2) 民族冲突的类型。

冷战后的民族冲突具有与过去的冲突不同的新特点，许多学者将它分成三种形式：边界问题、少数民族问题和状态（自治，独立）冲突。[①]

领土和边界争端：国与国之间的领土和边界争端历来是紧张关系和爆发冲突的原因之一。在东南欧，除了历史遗留下来的国与国之间的领土和边界争端以外，还出现了更为复杂的联邦国家之内的各共和国之间的疆界划分问题。它与国家对其各个地区（如原苏联各共和国之间）民族的安置有关。随着冷战后独立浪潮的兴起，在新独立的国家内部又引起新的疆界划分问题，特别是某些民族要求与境外的母体民族或母国组成新的国家时，这种争端就变得更加复杂。1991年3月初，"塞尔维亚克拉伊纳自治区"在克罗地亚宣告成立，这是塞尔维亚族和克罗地亚族公开冲突的开始。6月克罗地亚宣布独立后，克罗地亚境内的三个塞族自治区于12月宣布成立"塞尔维亚克拉伊纳共和国"，脱离克罗地亚，想同塞尔维亚合并或统一，克罗地亚族和塞尔维亚族原有的矛盾顿时升级并演变为武装冲突。国际社会多次调解无效，其中一个难点就是疆界的划分。1991年6月，由于斯洛文尼亚宣布独立而引发的武力冲突结束后，克罗地亚同塞尔维亚之间的冲突也升级为战争。南人民军动用飞机、坦克、火箭等向克罗地亚进攻，目的是占领尽可能多的地盘。在确定科

[①] Ursel Schlichting, "Conflicts between Different Nationalities—Chances for and Limits to Their Settlement", in Andreas Klinke, Ortwin Renn and Jean-Paul Lehners ed., *Ethnic Conflicts and Civil Society—Proposals for a New Era in Eastern Europe*, Hants, England: Ashgate Publishing Ltd., 1997, p. 78.

索沃、伏伊伏丁那、桑贾克等地位问题时，也存在争论。特别是在解决某些地段的争议时，往往以行政命令"目测""指地为界"，在高压政策下，边界纠纷被掩盖下来了，但为今后争端埋下了祸根。罗匈之间的特兰西瓦尼亚问题，匈南之间的亚得里亚海岸和伏伊伏丁那北部问题，南阿之间的科索沃问题，保罗之间的南多布罗加问题，南、保和希腊之间的马其顿问题，斯洛伐克南部匈牙利人聚居区问题中，都存在着尖锐的领土争端。

少数民族冲突：从20世纪50年代中期到80年代末，巴尔干地区的国家领导人不承认本土上的少数民族，也不承认民族间的差异，主张建立单一民族国家，对少数民族采取限制和同化政策。保加利亚始终不承认境内的马其顿人是一个民族；罗马尼亚则不承认自己是多民族国家，只承认国内有一些"共居民族"，在"社会同质化"理论和其他有关"共产主义""民族融合"的借口下进行实质上的强制同化。① 苏联解体、东欧剧变以后，这些地区的各民族纷纷要求在经济、社会和政治上的更大权利，最后又上升到要求独立。冲突和战争往往就是在这些要求遭到拒绝之后爆发了。

状态的确认和分离的冲突：少数民族要求自治或独立，这种要求的提出就意味着冲突将要发生。俄罗斯的车臣问题、南联盟的科索沃问题、斯洛文尼亚和克罗地亚提出独立时与南联盟军队的交战等，都属于这个类型的冲突。

3. 民族冲突对国际政治的意义

与国家崩溃和国家建立（重建）有关的民族冲突经常是伴随着暴力，而且暴力冲突往往呈上升的趋势。如果几个国家都存在民族分离主义或强烈的民族主义情绪，同时一个国家的少数民族是另外一个国家的多数民族，则冲突往往会扩大。这时，如果再有外国势力的插手，分离

---

① 穆立立：《欧洲民族概论》，中国社会科学出版社，1998，第155页。

倾向就会越来越强。"某一国家的不稳定可能会使外部势力试图干预这些冲突，以追求他们自己的利益，因此他们会促使冲突的升级并导致大规模的战争。"①

少数民族群体要求自治或建立自己的国家，往往会遭到所在国主体民族的镇压，通过"种族清洗"、大屠杀灭绝境内的少数民族群体。另一方面，那些有共同语言、宗教、文化的民族群体会愿意更加紧密地联合在一起，而不只是分享仅有的一些民族认同的标志。因此，有强烈民族联系的群体得到军事支持的可能性很大。

由于这样的民族冲突会造成边界的改变，它就不只是国内问题了。因为一国的冲突会"溢出"，最终演变成地区性的冲突。

从国际政治的角度看，冷战后的民族冲突具有某些新的特点，例如，一方面许多少数民族纷纷要求独立，另一方面在沉寂了很长一段时期后的排外情绪和纯洁本国民族的要求重新抬头，某些在历史上曾出现的诸如"大塞尔维亚""大阿尔巴尼亚"等思想再次复活。它们导致国家体制与人民之间的紧张状态。又如，冷战结束和两极格局的消失，打破了原有的国际秩序，而新国际秩序尚在建立的过程中，这给国家间关系和国际关系处理准则带来许多不确定性，当然会影响到如何看待、评判和处理冷战后发生的种种民族冲突，反过来这又给许多民族冲突带来不确定性和不稳定性。再如，冷战时期，联合国和区域性组织对民族冲突的干预态度是模糊的，在两个超级大国的左右下，它们也很难发挥作用。冷战后，尽管当今世界的唯一超级大国美国仍然能左右国际事务，但许多国际组织和区域性组织都调整了自己的职能。从1991年开始，联合国扩大了它的职能，并在维持和平方面起到了重要的作用。因此，在多极化的趋势下，为民族冲突的解决增加了某些合理性。

---

① Stephen Ryan, *Ethnic Conflict and International Relations*, Aldershot, 1990, pp. X – XVII.

三 民族主义

1. 民族

中国古代没有民族这个词，只用"民、族、族类"等概念来表达相同或相似的含义。日本明治维新以后，借用汉语文的"民""族"两字翻译西方语言中的"nation"一词，并于19世纪末20世纪初传入中国，随着中国民族民主革命运动的兴起而被普遍使用。

在英语中有几个词与"民族"的定义有关，如"ethnic group""race""nationality"。"ethnic group"可以翻译成"民族群体"，"race"译成"种族"。从词源上看，"nation"一词并无多少政治含义，但其语义在演变过程中，逐渐与政治相联系。特别是法国大革命后，该词的政治色彩日益浓厚。

民族是一个共同体，每个人都有民族的归属。自有民族以来，它不只是世界历史的重大问题，也是人们生活的重大问题。在一个多民族国家里，民族问题关系到国家主权、领土完整、社会稳定、边疆巩固、经济发展和国内各民族的团结。民族成为问题，必然引起冲突，它不仅影响国家自身的发展与稳定，也影响周边国家，导致地区的不稳定。巴尔干的民族问题就是一个典型的例子。20世纪以来，民族和民族主义成为这个世纪具有深刻意义的重大问题，它一方面极大地推动了世界历史的发展和近代欧洲形成的国际体系向全世界扩张的历史进程[1]，另一方面又引发民族沙文主义，造成民族之间的仇杀，导致国家的分裂。因此，古今中外有大量研究民族和民族主义的学术著作，它们都在探究到底是什么原因使不同民族团结起来，又是什么原因能使某些民族相互敌视。关于民族和民族主义的话题随着历史的推进在不断发展，笔者没有能力对这两个问题进行理论创造，在浩瀚的文献中，只是依据自己所能得到的资料，就能够理解和认

---

[1] 陈林：《论民族主义对20世纪历史的重构》，《欧洲》1995年第5期。

可的问题作一简单的论述。

王缉思教授在众多的有关民族定义的基础上总结得比较清晰明了,使我们能够顺着这条线将民族定义的争论作一个归类:"归纳起来不外是从社会群体的主观归属感和划分群体的客观标准两个不同角度出发,区别民族与非民族。"①

主观派代表人物是19世纪法国历史学家、文学家勒南(Ernest Rennan, 1823~1892年),他认为,一个民族是一个灵魂、一种精神原则;共同受苦、共同欢乐、共同希望——这些就是形成民族的东西。②

英国现代民族学家科本(Alfred Cobban)说:没有任何一位民族学理论家能够从客观角度提供民族的定义。我们所能提供的最好回答就是:任何一个地域共同体,只要其成员意识到自己是该共同体的成员,并希望保持对它的认同,就是一个民族。③

当代英国学者塞顿-沃特森(Hugh Seton-Watson)认为:当一个共同体中相当一部分人认为自己构成了一个民族,或他们的行为如同已经形成了一个民族时,该民族就诞生了。

客观派代表人物、意大利近代民族主义者马志尼(Giuseppe Mazzini, 1805~1872年)是民族解放运动的领袖。他毕生献身于意大利的统一,提出阿尔卑斯山和地中海规定了意大利民族的界限,凡是说意大利语的地方,就是意大利人民的家园。④

斯大林的定义是较被普遍采用的,特别是在我国。他认为:"民族是人们在历史上形成的一个有共同语言、共同地域、共同经济生活以及表现

---

① 王缉思:《民族与民族主义》,《欧洲》1993年第5期。
② Ernest Renan, "What Is A Nation?" in John Hutchinson & Anthony D. Smith ed., *Nationalism*, Oxford: Oxford University Press, 1994, pp. 17–18.
③ 王缉思:《民族与民族主义》,《欧洲》1993年第5期。
④ 王联主编《世界民族主义论》,北京大学出版社,2002,第13页。

于共同文化上的共同心理素质的稳定的共同体。"① 他认为这四个要素缺一不可。但是，有的西方学者认为，如果认为只有具备斯大林提出的民族四大特征的共同体才能称为民族，那就会把许多公认的民族排除在外了。可以肯定的是，由于民族构成的多样性和论述民族问题的人容易产生的偏见，目前还不可能出现在世界各地被普遍接受的民族定义。②

关于民族起源的说法同样复杂，但大致的观点是按照恩格斯在《家庭、私有制与国家的起源》中提到的："住得日益稠密的居民，对内和对外都不得不更紧密地团结友爱。亲属部落的联盟，到处都成为必要的了；不久，各亲属部落的融合，从而分开的各个部落领土融合为一个民族〔volk〕的整个领土，也成为必要的了。"通常的理解为：人类社会的发展是由氏族到部落再到部落联盟的过程。随着氏族社会的解体，氏族社会以血缘关系为基础的共同体也随之瓦解，新的以地域为基础的共同体逐渐形成，这就是民族。同时，各个部落为了保护自己的财产和势力范围，或是为了生存或增加财富，战争就是不可避免的了。由此可以说，战争就是伴随民族的发展而出现的。

民族并不是只有血缘关系的人们的共同体，在其发展过程中，一个民族人口数量多，文化相对比较发达，因而通过自然的或强制手段能同化另一个民族。还有一种是民族融合，是几个民族都发生变化，部分或大部分改变其民族特点的同时形成新的民族。由民族的发展进程看，并不是相同起源的民族就能团结在一个大家庭内。在民族的发展进程中还有众多因素在起作用，如民族的迁移和同化、不同文化的影响等。从南斯拉夫王国到南斯拉夫联邦，这一点表现得尤为突出。同属南部斯拉夫人，分属不同的帝国，逐渐形成宗教、语言直至文化上的差别，甚至相互仇恨，这样的民族就难以相互包容地生活在一个大家庭中，一件微小的事件也会导致彼此

---

① 《斯大林全集》第2卷，人民出版社，1953。
② 以上观点参见王缉思《民族与民族主义》，《欧洲》1993年第5期。

之间的冲突。

卡尔·多伊奇提出将民族划分为"文化民族"和"政治民族"。前者指历史形成的文化共同体，后者是"拥有国家的群体，或已经产生准政府功能，有能力制定、支持、推行共同愿望的群体"①。这些政治民族对于国家内部关系和国家间关系非常重要。

2. 民族主义

同"民族"这个概念纷繁复杂一样，"民族主义"也是一个非常复杂的概念，时至今日，对这一概念并没有一个明确的、统一的界定。据美国学者路易斯·斯奈德研究统计，近代以来至少存在有200种以上的不同含义的民族主义。

英语的"nation"一词，既有民族的意思，也有国家的意思。经过不断演变，到了波兰被瓜分和法国大革命时，"nation"开始成为"country"（国家的同义词）。②也就是说，民族在发展和演变的过程中，只有在民族有了自觉意识并争取自己的权利时，特别是自法国资产阶级革命开始，民族才有了它的政治含义，且与国家、组织等密切相关。可以说，民族与国家的结合构成了民族国家，但由于民族的形成与发展受多种因素的制约，因而并非所有民族与民族国家都发展成单一民族的国家。有学者统计，在联合国的180个国家中，单一民族集团占总人口九成以上的国家为23.3%；超过总人口一半的国家为49.7%；哪个民族都不满总人口一半的国家为27%。世界上有70%的国家，每十个人中就有一人生活在多民族以外的民族集团中。③

有的学者认为民族主义是属于民族的一种感情以及坚持区域和民族单元与自治统一关系同时存在的一种政治意识形态。美国学者汉斯·科

---

① 王辑思：《民族与民族主义》，《欧洲》1993年第5期。
② 转引自王联主编《世界民族主义论》，北京大学出版社，2002，第4页。
③ 以上内容参见王联主编《世界民族主义论》，北京大学出版社，2002，第22页。

恩认为:"民族主义首先而且最重要的是应该被看做是一种思想状态。"①英国学者爱德华·卡尔认为:"民族主义通常被用来表示个人、群体和一个民族内部成员的一种意识,或者是增进自我民族的力量、自由或财富的一种愿望。"英国民族学家安东尼·史密斯认为:"民族主义是一种意识形态运动,目的在于为一个社会群体谋取和维持自治及个性,他们中的某些成员期望民族主义能够形成一个事实上的或潜在的民族。"王逸舟先生提出:"民族主义表达了一种强烈的、通常已经意识形态化了的族际情感。它有时作为一种思想状态,吸引着族内每个人的忠诚和报效热情;它有时变成一种系统化的理论和政策,为实际的民族成长过程提供原则和观念;它有时充当一种运动的口号和象征,起着支持或分裂民族国家的巨大作用;它还可以有多种变形,一切视具体的条件和场合而决定。"②

从以上关于民族主义的各种观点来看,民族主义反映的是:它们在语言、宗教、文化、种族等方面将自己看做是某一民族,但它们还有共同的历史和发展过程,可以是不同种族,但有共同的憧憬。民族主义更多地具有感情色彩。美国学者卡尔顿·海斯作了一个归纳:民族主义是一种历史进程——(人们)在此进程中建设民族国家;"民族主义"一词意味着包含在实际的历史进程中的理论、原则或信念;民族主义是某种将历史进程和政治理论结合在一起的特定的政治行动;民族主义意味着对民族和民族国家的忠诚超越于其他任何对象。③

对民族主义定义进行概括,大体有两个基本的表达:一是民族主义是一种意识形态;二是民族主义是一种政治形态和政治运动。在冷战后的原苏联东欧地区,民族利益取代意识形态形成强大的民族主义浪潮。从这次

---

① 王联主编《世界民族主义论》,北京大学出版社,2002,第10页。
② 王逸舟:《当代国际政治析论》,上海人民出版社,1995,第96~97页。
③ 黄现璠:《试论西方"民族"术语的起源、演变和异同(四)》,甘文杰、甘文豪整理,《广西社会科学》2008年第4期(总第154期)。

浪潮的特征来看，我倾向于认为这个地区的民族主义更多的是一种政治运动，尤其在东南欧。首先，个体成员对自己的种族或民族团体表现出忠诚，这种忠诚超过了对其他群体的忠诚；其次，这些种族或民族团体要求建立自己的国家以实现其政治和经济目标。

民族主义目标之一是建构本民族的国家。这种国家有可能是在否定现实国家的基础上建立的，我们称这种构建国家方式的民族主义为否定型民族主义；也有可能是在肯定现实国家的基础上，对之进行改造而建立的，我们称这种民族主义为发展型民族主义。一种民族主义所设计的构建国家的方式到底为哪种，或者说这种民族主义到底是哪种类型，取决于该民族是否认可现实国家的合法性，特别是国家共同体的合法性。①

民族主义是近代的产物，它是同民族国家联系在一起的。真正意义上的民族主义兴起于近代欧洲，到法国大革命，民族主义的政治含义得到了全面的体现。"对暴政的反对已不仅仅是针对国内的压迫者，而是面对外国的敌人。对自由的崇敬也不是仅仅因为个人的自由权利，而更因为民族的独立和权力。"② 这种民族主义的思想逐渐被其他国家的人民所接受，第二次世界大战后，一大批亚非拉国家掀起民族解放运动，并最终脱离殖民体系而获得独立。

讨论民族主义，不能不提民族性。在影响国家权力的具有定性性质的三项人的因素中，民族性格和国民士气是突出的因素。这是因为人们难以对它们进行合理的预测，而它们对国家在国际政治天平上的重量却有着持久的并经常是决定性的影响。③

民族性格不能不影响国家权力，因为那些在和平和战争时期为了国家而行动，制定、执行和支持国家政策的人，那些选举人和被选举人，那些

---

① 周丕启：《民族主义与国家建构》，《欧洲》1999 年第 4 期。
② 刘靖华：《全球化背景下的民族主义问题初探》，《现代国际关系》2001 年第 8 期。
③ 〔美〕汉斯·J. 摩根索：《国家间政治——寻求权力与和平的斗争》，徐昕、郝望、李保评译，中国人民公安大学出版社，1990，第 175 页。

塑造公共舆论的人，那些生产者和消费者，所有这些人都在或大或小的程度上带有那些构成民族性格的文化和道德品质的烙印。① 而"民族意识的进一步发展则为民族主义意识形态"②。

有的学者将"民族群体"定义为"一个具有实名的人群，他们有共同传说的祖先、历史和文化；曾有历史边界或土地；以及将他们凝结在一起的方式"③。一个团体被称为"民族群体"必须有六个标准：第一，这个团体必须有它自己的名称，因为没有一个具体的名称就无法有效地进行民族的认同；第二，在这个团体内的人们必须相信有共同的祖先；第三，团体内的成员必须有共同的历史记忆，如口口相传的神话或传奇；第四，这个团体必须有共同的文化，这种文化是基于语言、宗教、法律、风俗、惯例、服装、音乐、工艺、建筑以及食品的基础之上；第五，这个团体必须有具体的、明确的疆界，他们可能在这里居住或实际上没有居住过；第六，这个团体里的人们必须认为他们是个民族，也就是说，必须有民族认同感。

民族性使这个民族与其他民族区别开来，不管这种区别是大还是小，它常常鼓舞着人们对本民族的信念。"长期以来东欧各族人民把死的历史当做现时的政治。他们歌颂往昔的某些英雄事迹，念念不忘某项独一无二的民族使命，缅怀某位爱国的祖先，凡此种种，都使他们把历史陈迹变为活的史诗。"④ 1389年在科索沃，塞尔维亚首领拉扎尔大公率领的由阿尔巴尼亚人、保加利亚人、克罗地亚人和匈牙利人组成的部队，被土耳其人战败于"黑鸟坪"。这段惨烈的战争历史成为塞尔维亚民族传奇的一部分，由战争事迹写成的民歌被广泛传唱。而这也是塞尔维亚人始终不愿意

---

① 〔美〕汉斯·J. 摩根索：《国家间政治——寻求权力与和平的斗争》，中国人民公安大学出版社，徐昕、郝望、李保平评译，1990，第180~181页。
② 周丕启：《民族主义与国家建构》，《国际政治研究》1999年第1期。
③ Anthony Smith, "The Ethnic Sources of Nationalism", in Michael E. Brown ed., *Ethnic Conflict and International Security*, Princeton, New Jersey: Princeton University Press, 1993, pp. 28–29.
④ 〔英〕艾伦·帕尔莫：《夹缝中的六国——维也纳会议以来的中东欧历史》，于亚伦、王守义、王爵鸾、冯世则、张蓉燕、赵振远译，商务印书馆，1997，第26页。

放弃科索沃的原因。罗马尼亚人纪念反抗土耳其人的勇敢的米哈伊尔和阿尔巴尼亚英雄斯坎德培等,都被描绘成神话般的人物。

"保持国民性格,尤其是发展它的创造能力,是民族的最大任务。为了完成这一任务,民族需要能够保卫它免遭其他民族侵害的权力和刺激它自身发展的权力。换言之,民族需要国家。因此,'一个民族一个国家'是民族主义的政治主张;民族国家是它的理想。……但是,虽然民族因保持和发展的缘故而需要国家的权力,国家为了维持和增长它的权力也需要民族共同体。……民族性或民族精神作为民族共同体的灵魂而出现,国家的政治组织作为躯体而出现,而民族共同体为了完成它在其他各民族共同体中的使命则两者都需要。亲近感、对共同文化和传统的参与、对共同命运的认识,这些是民族感情和爱国主义的实质性的东西,它们被民族主义特化为政治神秘主义。民族共同体和国家在这种政治神秘主义中成为超人的实体,它们脱离并高居于个人成员之上,有权要求绝对的忠诚……"[①]

从欧洲最近的形势发展可以看出,国家与民族的联系是多么紧密。在东欧,不管是由单一民族组成的地区,还是民族混杂的地区,只要有民族主义情绪,都要与建立国家相联系;在西欧,欧洲的统一到目前为止仍然是以民族国家为单位。

3. 民族主义与民族冲突

民族主义与冲突之间总是有着某种联系,民族主义出现的地方,冲突总是难免。从以上对民族性和民族主义的分析可以看出,现代意义上的民族主义有两个本质特征:一是对本民族的认同和忠诚高于一切;二是民族都有追求主权国家的愿望,这是生存的需要。因此,作为一个少数民族的某个民族,如果它力量足够大,同时再有触发因素,它一定会离开母国寻

---

① 〔美〕汉斯·J. 摩根索:《国家间政治——寻求权力与和平的斗争》,中国人民公安大学出版社,1990,第215页。

求独立，这种寻求独立的需求一般来说会引发冲突。"1815~1989 年，创建民族国家是世界上引发国际暴力冲突的首要因素。在它所出现的场合，有 50% 以上最终导致或促成了国际暴力冲突。"①

民族主义在以下四个方面会触发民族冲突。

（1）无自己民族国家的民族对国家的追求。

（2）民族主义者追求将所有本民族的人都包括在一个国家并不惜为此进行兼并。

（3）追求霸权。

（4）对本国少数民族的压迫。

民族主义触发民族冲突需有发生的条件。

首先，从结构因素来看有以下几点。

（1）无国家民族一旦有达到自由的充分机会而本国政府却拒绝这个要求。

（2）民族混杂程度越高，冲突的危险性就越大；其中，混杂区域越小，冲突危险性越大；对国家以外的本民族有机会进行统一但困难较大，冲突的危险性也很大。

（3）边界的防御能力和边界比较合理，这些政治边界和社区范围的联系越多，冲突的危险性就越小；其中，正在形成的民族国家的边界的安全和防御能力越小，冲突的危险性就越大；边界在国际上的合理性越大，冲突的危险性就越小；国家的边界和民族的范畴越接近，冲突的危险性就越小。②

其次，从政治因素来看有以下几点。

（1）一个民族对另一个民族过去所犯下的罪行越大，冲突的危险性就越大；其中，受害者对所受政治迫害的记忆越深，冲突的危险性就越

---

① 邱美荣《民族主义与国际冲突》，《世界经济与政治》2000 年第 12 期。
② Stephen Van Evera, "Hypotheses on Nationalism and War", in Michael E. Brown, Owen R. Cote, Jr., Sean M. Lynn-Jones and Steven E. Miller, eds., *Nationalism and Ethnic Conflict*, The MIT Press, 1997, p. 30.

大；作为统治阶层的民族对罪行的责任越大，冲突的危险性就越大；犯罪的民族表示悔悟和悔改的态度不好，冲突的危险性就大；权力与犯罪成正比，冲突的危险性就大。

（2）对本国的少数民族的压迫程度严重，冲突的危险性就大。

最后，从观念因素来看有以下几点。

（1）政府与民族主义者在观念上的差别越大，冲突的危险性越大。

（2）民族对其共同的历史和目前的行为、特征认同的差异越大，冲突的危险性就越大，它包括：第一，政府或民族主义运动领导人的合法性越小，他们追求本民族信仰的倾向就越明显，那么战争的危险就越大；第二，国家对其国民的要求越多，以及这些民族追求本民族信仰的倾向越明显，那么战争的危险就越大；第三，如果经济状况恶化，公众越来越成为替罪羊，那么冲突的危险性就越大；第四，如果独立的审议制度（evaluative institutions）比较弱或不称职，社会上的传言就会很多，因此战争就更容易发生。

从整个欧洲来看，民族主义在西欧很少有引发战争的危险，而在东南欧却形成巨大的战争威胁。目前西欧的民族主义比较温和，因为那些曾造成1870~1945年激进民族主义高潮的条件现在已经不复存在。与此相对照的是，在许多东欧国家，却出现了大规模的民族主义浪潮，形成一定的威胁。

四 民族主义在欧洲的发展

在中世纪，欧洲人对宗教的认同与忠诚度远远超过了模糊不清的民族或君主国。在西欧的大部分地区，人们首先承认自己是教徒，然后才是某个民族的一员。中世纪的欧洲是领主与封臣的关系，虽然有国家，但没有真正的民族意识，没有归属感和对国家的忠诚，而基督教才是被普遍认同的，对上帝的信仰和忠诚超过了其他所有感情。封建领主们信奉基督教，而教会认为教廷的权威是至高无上的，因此，民族国家在当时是无从谈起的。

14世纪开始出现资本主义萌芽，商品经济发展，出现了市民阶级。他们为了自己的利益要求稳定市场，需要正常的经济秩序，反对不断地割据和混战。对于他们来说，他们需要统一的法律与行政制度。而国王也需要建立强大的国家，战胜内部的割据势力和教会的力量。这样，市民阶级与王权结合，为绝对王权的新兴国家的诞生奠定了基础。

16世纪开始的宗教改革，使以宗教为标志的国家产生动摇，加上都市化、现代化的发展，人们的认同方式也开始发生变化。虽然在公元8~9世纪，西欧社会民族意识开始明确，但对民族主义的真正出现起决定作用的是西欧的资产阶级革命。资产阶级革命的胜利标志着民族国家的形成。从法国大革命开始，民族主义在欧洲迅速发展并盛行。

巴尔干半岛是欧洲遭受异族压迫最残酷的地区，民族反抗也非常激烈。由于奥斯曼帝国统治这个地区长达五个多世纪，阻隔了巴尔干地区同欧洲大陆历史和社会经济发展主流的联系，资本主义发展缓慢，到18世纪中期以后，民族主义才逐渐兴起。19世纪中期以后，巴尔干半岛的民族主义运动的中心任务是反对异族封建统治和压迫，争取民族独立。在这一时期，巴尔干各民族以创建本民族语言作为唤起民族意识的手段，逐渐使人们有了民族和国家的归属感。在这一时期，民族主义起到了积极的作用。20世纪出现企图恢复曾经的大国辉煌的现象，比如"大塞尔维亚""大希腊""大保加利亚""大阿尔巴尼亚"等，对邻国提出非分要求，导致纷争不断，民族主义呈现出相反的一面。这时候的民族主义是不理性的，是诉诸情绪和情感的一种表现。它会在许多情况下被各种各样的政治力量所支配或利用。

第一次世界大战和第二次世界大战是民族主义运动的高潮，许多多民族的帝国瓦解了，取而代之的是多民族的国家，特别是在欧洲。

冷战结束后，民族主义在全球再次兴起，由于民族主义类型不同，使许多国家共同体呈现出不同的变化方向。在原苏联、前南斯拉夫等地区，民族主义与国家相结合，一些民族纷纷建立起了民主化、自由化的政体。

(一) 宗教和语言在民族形成中的作用

语言和宗教是民族性的一部分,西欧国家在民族形成过程中,语言虽然有许多不同,但在文字上有较大的共性,都使用拼音文字,而东欧使用斯拉夫语的各民族在文字上缺乏西欧民族的趋同意识。西斯拉夫各民族使用拉丁字母;东斯拉夫各民族使用基里尔字母;南部斯拉夫中斯洛文尼亚人、克罗地亚人使用拉丁字母,塞尔维亚人、黑山人、马其顿人、保加利亚人使用基里尔字母。塞尔维亚人和克罗地亚人说的是同一种语言,却使用不同的拼写字母。

巴尔干半岛民族意识的觉醒首先是从民族语言文化的兴起开始的。希腊在 18 世纪后半期率先发起传播民族独立思想;保加利亚的帕伊西·希伦达尔斯基(1722~1798 年)于 1762 年写成的《斯拉夫—保加利亚史》提出了民族的教会、民族的语言和民族的国家的口号,鼓舞人民谋求民族的自主、自立与宗教、文化、教育和经济上的解放;1814 年,塞尔维亚语言学家武克·卡拉季奇(1787~1864 年)出版《塞尔维亚民间口语语法》,简化了塞尔维亚语的语法;克罗地亚主教约·什特罗斯马耶尔(1815~1905 年)于 1867 年在萨格勒布创办南斯拉夫文理学院,1847 年创办萨格勒布大学,主张南斯拉夫各民族的联合,消除信奉不同宗教的克罗地亚人和塞尔维亚人之间的分歧;斯洛文尼亚的瓦·沃德尼克(1758~1819 年)于 1797 年在卢布尔雅那创办了第一份斯洛文尼亚语报纸,1808 年,耶·科皮塔尔(1780~1844 年)出版了第一部科学的斯洛文尼亚语语法书。

语言是区分民族性的一个特征之一,在巴尔干,即使是同一宗教团体的不同民族,有时也有冲突。如布拉索夫市的两个浸礼会教堂,一个属于说匈牙利语的信徒,另一个属于说罗马尼亚语的信徒,在星期日的礼拜时经常发生冲突。[1]

---

[1] F. W. Carter and H. T. Norris, eds., *The Changing Shape of the Balkans*. London: UCL Press, 1996. preface.

西欧除了英国等一部分国家仍然会因为宗教发生冲突导致民族关系紧张以外，宗教在西欧国家不再是民族的分界线，东欧由于历史的原因，宗教似乎仍然代表了民族性。值得一提的是在前南斯拉夫，信奉东正教、天主教还是伊斯兰教已成为区分塞尔维亚人、克罗地亚人和穆斯林这三个民族的最基本的标志。塞尔维亚人、克罗地亚人和波斯尼亚人（特指现居住在波黑地区的穆斯林人）的族源、语言相同，风俗习惯也无多少差异，只是在不同的外来影响下信奉了不同的宗教。波斯尼亚地区在奥斯曼帝国时期被强迫改信伊斯兰教，1945年南斯拉夫联邦人民共和国成立时，那里的穆斯林被视为一个宗教团体。1968年，南共联盟中央提出，应承认穆斯林为一个民族，1971年修改宪法时正式确认这一事实。波黑穆斯林被承认为南联邦的第六个民族，当时，这遭到了塞尔维亚人和克罗地亚人的强烈反对（见表2-1）。

表2-1 东南欧的穆斯林人口占总人口的百分比

单位：%

国　　家	百分比	人口普查时间	百分比	统计时间
阿尔巴尼亚	68.0	1930年	70.0	1967年
保加利亚	13.4	1946年	13.0	1991年
罗马尼亚	1.0	1948年	*	1991年
南斯拉夫	12.3	1953年	8.5	1992年

注：*表示没有数据。

资料来源：D. Turnock, Eastern Europe, a political and economic geography, 120 (London: Routledge, 1989) (census figures); Hellenic Foundation for Defence and Foreign Policy, The southeastern European yearbook 1991 (Athens: Eloamep, 1992); 313 - 351 (estimate figures)。

（二）东西欧在民族国家形成过程中的不同

东欧民族通过拜占庭帝国和教会接受希腊文明，是在公元10世纪前后，比西欧许多民族晚了近一千年。它是导致东西欧社会进程和文化发展不同的因素之一。

民族主义的最早发源地是在18世纪的英国和法国，此后扩展到欧洲和美洲,到20世纪以后遍及整个世界。法国民族国家的形成是所谓"从国家到民族"(from state to nation)。公元6世纪上半叶,西欧境内已建立起一些王国,如意大利的东哥特王国、伦巴第王国,西班牙的西哥特王国,高卢的法兰克王国等。民族意识沿着民族的分界线开始慢慢明确。1789年法国大革命,把民族主义同爱国主义结合起来,使人们的认同感转移到了对国家的忠诚之上。"对暴政的反对已不仅仅是针对国内的压迫者,而且是面对外国的敌人。对自由的崇敬也不是仅仅因为个人的自由权利,而更因为民族的独立和权力。"① 这时所建立的国家是基于自由、平等、博爱的基础之上,每一个国民享有平等的政治参与权,在社会制度上则通过以基本人权思想为基础而制定的实证法将社会作重新的秩序整合。法国民族国家是在既有的领土国家基础上,通过革命瓦解封建阶级统治,其民族意识的形成主要并不基于对过往历史的重新建构,而是由革命过程中对国家的效忠来凝聚人民的向心力。法国大革命所建构的民族乃是由政治上自觉的国民基于人人自由、平等及国民主权的理念所组成的政治群体。

相对于法国,德国及中东欧民族国家的形成走的是另一条道路即"从民族到国家"(from nation to state)的过程,这是东欧资本主义工业化与西欧相比相对缓慢造成的。当时,中东欧地区封建阶级的社会制度尚能维持一定的平稳,虽然日耳曼人曾建立了神圣罗马帝国,但在政治上从来就没有实现过真正统一,经济上也不曾有过统一的国内市场。直到19世纪初,法国的入侵一方面促进了德国资本主义的发展,另一方面也促进了当地民族意识的觉醒。东欧各民族在10世纪初建立起早期封建制国家。它们是由部落、部落联盟开始发展成为民族和民族国家的。由于东欧的地域关系,历史上处在日耳曼人、奥斯曼土耳其人和俄罗斯人等多方面的争夺中,各大国为了自己的利益,肆意分割这个地区的土地,造成这个地区边界不断

---

① 刘靖华:《全球化背景下的民族主义初探》,《现代国际关系》2001年第8期。

改变、民族关系复杂的局面。巴尔干国家的民族主义是在19世纪中期同欧洲大国的霸权主义和殖民主义的斗争中形成和发展起来的。在反抗奥斯曼帝国的斗争中，一些民族建立了自己的民族国家。但这样的国家并不是他们所希望的。因为在中世纪，一些民族曾有过短暂的辉煌的历史，因此，他们渴望重新恢复昔日的大国，并怀有强烈的想把居住在其他地方的本民族的人统一到自己国家里来的愿望。在东南欧出现的典型的大民族主义，如"大塞尔维亚主义""大阿尔巴尼亚主义""大克罗地亚主义""大罗马尼亚主义"，时至今日仍在这些国家领导人的脑海里徘徊，有的已经将其付诸行动。

（三）东西欧民族关系的差异

相比之下，西欧的民族关系比较缓和。由于地域优势，西欧的文明开始较早，资本主义的发展也早，因此，各国的社会发展较平衡。"在西欧地域上直到中世纪前期，由于不断有蛮族进入，构成民族特征的诸种要素迟迟难以定型，民族并未形成。然而，从社会进程来看，西欧资本主义因素萌芽较早，而到中世纪后期资本主义经济就在封建社会中成长起来了。这样，资本主义制度的形成过程和民族形成的过程就重叠在一起，形成了一种相辅相成的同步关系：资本主义经济的发展，各地区间经济联系的加强，资产阶级为消除封建割据、形成国内统一市场而对王权的支持，就有助于把一国之内的居民结合为一个统一的民族国家。民族和民族国家的形成以及政治的统一又有助于封建割据状态的进一步消除和国内市场进一步的统一。民族过程与社会进程这种相辅相成的同步关系就使社会的多种作用力——政治的、经济的、宗教的、语言文化的——都以同一中心为方向，在同一地域上重合起来，成为一种合力，有效地推动社会进程和民族进程的前进。"[1]

而巴尔干地区历来遭到英、法、德、俄、美等列强的掠夺，每一次战争的结果就是巴尔干各国被瓜分。在这种形势下，巴尔干地区的领土和边界争端频繁，民族之间的关系往往不融洽。

---

[1] 穆立立：《欧洲民族概论》，中国社会科学出版社，1998，第116页。

第二节　东南欧民族冲突的根源

20世纪90年代从斯洛文尼亚独立而引发的武装冲突，到克罗地亚独立爆发的战争，再到波黑战争和科索沃战争，这四次战争一次比一次严酷，损失一次比一次惨重。目前，东南欧的战事虽已平息，但形势依然严峻。在波黑，脆弱的政治均势主要是靠代顿协议和北约维和部队维持。在80万流离失所的波斯尼亚人中，只有一两千人回到了战前自己的家园，许多地区仍为不同的种族集团所控制。在科索沃，和平计划始终没有得到真正的贯彻和执行，塞阿两族的仇恨不仅没有消除，反而更加激烈，占人口少数的塞族人成了阿族报复的对象。据南联盟外交部2000年1月21日的消息，在联合国接管科索沃七个多月来，共有793人被杀，其中705人是塞族和黑山族。35万非阿族居民被赶出家园，其中25万人为塞族和黑山族[①]。总之，战争虽然结束了，但复杂的民族冲突及其根源依然存在，难民问题、疆界问题、家园重建等许多棘手问题尚待解决，只要国际和国内形势发生较大的变动，冲突和战争仍会再起。

冷战后的东南欧民族冲突既有历史的渊源，也有新的时代因素；既有民族冲突的一般特征，也有其独特的表现。从类型上来看，第一节中论述的三种民族冲突类型，在东南欧都存在。从触发的条件来看，它们在东南欧几乎全部具备。正因如此，冷战后的东南欧冲突来势凶猛，造成的后果也极其严重。分析其根源不外乎以下四个方面。

一　地理和历史因素

冷战结束后，原本看起来比较平静的东南欧突然像火山爆发一样不断发生冲突。随着西方记者在这一地区发回的大量报道，许多西方领导人和

---

① http://www.chinanews.com/2000-1-21/26/16306.html.

学者当时都认为这是民族仇恨的又一次大拼杀，是民族主义的恶性膨胀。显然，导致民族冲突的根源之一是极端的民族主义思想。而那里的民族主义的发展有其独特的地理和历史渊源。

正如艾伦·帕尔莫在《夹缝中的六国——维也纳会议以来的中东欧历史》中所说："欧洲各族人民截然不同的命运是地图预先注定的。……比利牛斯山脉与阿尔卑斯山脉并非不可逾越的屏障，但正像英吉利海峡那样，只是很少被入侵的军队跨越过。而中东欧的情况则截然不同。把德国和意大利两国分隔开来的那些国家缺少天然疆界……不多的几条山脉都被河流切断，便不能阻绝游牧部落，也抵挡不了一支所向披靡、攻无不克的军队；唯有那一望无垠的灰绿色波涛起伏似的草原构成的海洋，延绵不断地伸入欧亚大平原。这一辽阔的地区，既对东方游牧民族敞开门户，又吸引着西方人前来殖民……"① 由于地理上缺乏抵御外族进入的天然屏障，东欧地区成为游牧民族向西进攻的通道，外来民族在此地往来穿梭，进而造成民族成分极为复杂。欧洲人称它为"民族的马赛克"②。还有一条重要的地理因素。由于东南欧所处的独特的地理位置使其成为黑海地区能源供应的重要运输中心，这对大国尤其重要，特别是美国。这也是20世纪后期在东南欧热战中美国积极介入的原因之一。

地理因素导致民族混杂，进而产生仇恨，这与历史发展不无关系。如艾伦·帕尔莫所说："这个（巴尔干）半岛是中东欧中唯一为群山和海洋维护的地区，但从古至今，它不但没有成为亚洲与西方之间的障碍，反而是一座桥梁。保加利亚人与塞尔维亚人的军人统治者分别于10世纪和12世纪建立起来的中世纪帝国只有一个短暂期间在巴尔干称雄，主要是这地区易于进入。"③

---

① 〔英〕艾伦·帕尔莫：《夹缝中的六国——维也纳会议以来的中东欧历史》，于亚伦、王守义、王爵鸾、冯世则、张蓉燕、赵振远译，商务印书馆，1997，第3页。
② 穆立立：《欧洲民族概论》，中国社会科学出版社，1998，第122页。
③ 〔英〕艾伦·帕尔莫：《夹缝中的六国——维也纳会议以来的中东欧历史》，于亚伦、王守义、王爵鸾、冯世则、张蓉燕、赵振远译，商务印书馆，1997，第20页。

东西罗马帝国之间的争夺、天主教和东正教之间的争夺、基督教与伊斯兰教之间的争夺等，都在这块土地上发生过。拜占庭帝国、奥斯曼帝国和哈布斯堡帝国都曾占领过这个地区。本来是共同起源的民族，却由于上述原因说不同的语言、信仰不同的宗教，从而彼此仇恨。"拜占庭（对巴尔干）的主要影响是在文化方面。巴尔干各族人民，也像俄罗斯人那样，接受了君士坦丁堡的教会、艺术、音乐，大多数民族还袭用其字母。塞尔维亚与保加利亚的中世纪文明便是将拜占庭原则强加给原始的斯拉夫社会的一种尝试；而塞尔维亚人与黑山人（他们的基督教与文化来自拜占庭）和克罗地亚人与斯洛文尼亚人（他们的基督教与文化来自西方）之间的界限却始终是根深蒂固的障碍，妨害了南斯拉夫各族人民的团结。值得注意的是将希腊基督教与拉丁基督教分隔开来的这条线恰恰符合公元385年划定罗马帝国东西两部分之间的行政区域的分界线。这条线尽管并没有地理基础，却成为欧洲交界地区的边界线中最持久的一条。"①

正因为地理和地缘政治的原因，巴尔干自14世纪起就成为大国争夺的对象。14~15世纪，奥斯曼土耳其人入侵并占领了巴尔干半岛，统治长达五个世纪。19世纪，希腊、塞尔维亚、黑山、保加利亚和罗马尼亚摆脱了奥斯曼帝国的奴役和压迫，获得了独立。19世纪下半叶，巴尔干半岛的西部地区及波斯尼亚和黑塞哥维那被奥匈帝国统治。1878年的柏林会议后，圣斯特法诺保加利亚被分割；1912~1913年的巴尔干战争之后，奥斯曼帝国全部撤出巴尔干，它在该地区的属地由参加战争的巴尔干国家瓜分，马其顿被希腊、塞尔维亚和保加利亚瓜分。同保加利亚一样，俄罗斯把这两个地区看做是自己安全和扩张的保障。19世纪前半期，罗马尼亚就是俄罗斯帝国扩张的一部分，而法国也开始对这个公国施加影响。这种影响既涉及知识界也涉及政治领域。第一次世界大战后，由于俄

---

① 〔英〕艾伦·帕尔莫：《夹缝中的六国——维也纳会议以来的中东欧历史》，于亚伦、王守义、王爵鸾、冯世则、张蓉燕、赵振远译，商务印书馆，1997，第24页。

罗斯国内的革命，罗马尼亚得到了从未有过的领土范围，使它在欧洲事务中有了一定的位置。从此以后，罗马尼亚不管在后来的多次战争中领土如何变化，它的"大罗马尼亚主义"已经扎根，并时刻准备恢复过去的辉煌。

大国的争夺和领土与居民的迁移也导致这个地区更为复杂的民族混居状况，保加利亚民族状况见表2-2。

表2-2 1987年保加利亚对民族的统计

民族	人数(万人)	占总人口的百分比(%)	民族	人数(万人)	占总人口的百分比(%)
保加利亚族	764.4	85.3	亚美尼亚族	2.7	0.3
土耳其族	76.2	8.5	俄罗斯族	1.8	0.2
吉普赛人	23.3	2.6	其他	5.4	0.6
马其顿族	22.4	2.5			

资料来源：F. W. Carter and H. T. Norris, eds., *The Changing Shape of the Balkans*, 1996, London: UCL Press, preface。

第一次世界大战前，巴尔干有940万塞尔维亚族人，其中只有300万人生活在自己的国家里，其余分布在奥地利、黑山、马其顿、克罗地亚和波斯尼亚。第一次世界大战后，塞尔维亚国王宣布成立塞尔维亚人—克罗地亚人—斯洛文尼亚人王国；第二次世界大战期间，包括波黑在内的"克罗地亚独立国"在德国和意大利的保护下成立；黑山是意大利的保护国，斯洛文尼亚和克罗地亚的一部分以及达尔马提亚海岸大部分岛屿都归黑山。意大利侵吞了占斯洛文尼亚2/3的南部地区，匈牙利占领了斯洛文尼亚的一部分和伏伊伏丁那的大部分；保加利亚几乎占领了整个马其顿；科索沃和马其顿西部被划归意大利统治下的"大阿尔巴尼亚"；德国霸占了斯洛文尼亚北部地区。南斯拉夫被彻底肢解。[①]

表2-3和表2-4显示了19世纪上半叶至巴黎和会后巴尔干国家的领土和居民变动情况。

---

① 王义祥：《科索沃冲突与地缘政治》，《今日东欧中亚》2000年第1期。

表 2-3 巴尔干国家领土情况

单位：千平方公里

年份 国家	1832	1855	1913	1919
	1	2	3	4
阿尔巴尼亚	—	—	28.5	27.5
保加利亚	—	96.3	114.4	103.1
希腊	48.9	64.6	120.1	127.3
罗马尼亚	—	130.2	137.9	294.9
塞尔维亚	24.4	48.3	87.0	—
黑山	4.5	9.0	14.2	—
南斯拉夫	—	—	—	248.0
土耳其欧洲部分	526.0	180.0	29.0	27.0

资料来源：马细谱：《巴尔干纷争》，北京大学出版社，1999，第 20 页。

表 2-4 巴尔干国家人口情况

单位：百万人

年份 国家	1832	1855	1913	1919
阿尔巴尼亚	—	—	0.8	0.8
保加利亚	—	3	4.5	5.1
希腊	0.6	2.1	5.0	5.4
罗马尼亚	2.0	4.9	7.3	15.9
塞尔维亚	0.6	2.0	4.5	—
黑山	—	—	0.4	—
南斯拉夫	—	—	—	12.0

资料来源：马细谱：《巴尔干纷争》，北京大学出版社，1999，第 20 页。

然而，更多严谨的、负有责任感的学者通过对这个地区的历史和现状的考察，得出的结论远不是这么简单。民族仇恨只是其中的一个因素，最根本的原因存在于内部，民族情绪和民族仇恨的产生还有其政治、经济和文化的渊源。

二 政治因素

这里所说的政治因素主要是指东南欧国家在政治体制方面存在的引发

或加剧民族冲突的诸因素。而体制方面的问题也可分为两个部分：一是集权体制的问题；二是以主体民族划分的联邦制问题。

1. 集权体制问题

一个国家是否容易产生冲突，也取决于它的政治体制的形式和公平程度。东南欧国家在第一次和第二次世界大战后建立起来的国家基本上都不是真正的议会民主制国家，它具有许多集权或极权体制的特征。在这种政治体制下往往会出现对一个民族有利而践踏另一个民族的利益的情况。这种隐藏着的矛盾在国家转型期间极易爆发，即使是在推行民主化的进程中，情况往往也是如此。

第一次世界大战后建立起来的南斯拉夫王国充分证明了这一点。它在宪法中宣扬"一个国家、一个民族"的论点，确认了塞尔维亚资产阶级在王国里的主导地位，而无视其他民族的存在。在经济政策上，当局尽量照顾塞尔维亚人，大力扶植塞尔维亚中产阶级，歧视和排挤具有较强实力的克罗地亚和斯洛文尼亚资产阶级。例如，1919年，南斯拉夫王国统一全国货币，进行币制改革，规定原来在克罗地亚和斯洛文尼亚流通的克朗按4:1的比率兑换第纳尔，可是按实际购买力1第纳尔还不及1克朗。这就使得克罗地亚和斯洛文尼亚的资产阶级和广大人民受到巨大损失。1919年2月政府实行土地改革，1100万农村居民中只有21.2万农户获得土地，其中绝大多数是塞尔维亚人。1919~1929年修建的铁路、公路和桥梁，4/5在塞尔维亚，一小部分在马其顿和科索沃。[①] 正因为如此，克罗地亚人与塞尔维亚人的矛盾开始尖锐起来，导致第二次世界大战中两个民族相互仇杀，从此成为互不相容的两个民族。

东南欧大部分国家在第一次和第二次世界大战之间大都采用君主代议制政治体制，但在民族政策上都实行同化政策，如罗马尼亚在第二次世界大战前实行"罗马尼亚化"政策，使境内的罗马尼亚族和匈牙利族的矛盾日益尖锐。

---

① 赵乃斌、汪丽敏主编《南斯拉夫的变迁》，广东人民出版社，2002，第13页。

第二次世界大战结束后在东南欧国家建立的新政治制度具有以下几个基本特点。

（1）在政党制度方面，实行的是一党体制。虽然在第二次世界大战结束后，东欧国家没有像苏联那样由共产党一个政党执政，而是政府中有多个党派，如1944年9月成立的保加利亚第一届联合政府中就有工人党、农民联盟、社会民主党等，但在苏联的影响下，在与其他党派进行的权力斗争中，各国共产党开始掌握政权并逐渐过渡到一党执政。1947年，罗马尼亚过渡到一党制；1949年，保加利亚的其他党派宣布自动解散，形成工人党和农民联盟，而事实上是工人党掌握政权。直到1989年民主浪潮掀起后才允许其他政党存在。

（2）在政权体制方面，实行的是"以党代政"和"议行合一"的体制。尽管在宪法中规定，议会（人民代表机构）是国家政权的最高权力机构，是唯一的立宪和立法机构，但宪法也规定共产党或工人党是社会的领导力量和政治体制的核心。议会的作用只是把党的决定转变成国家的法律。在实际政治生活中，党不仅领导政府，也领导议会。

（3）在选举制度方面，国家元首、议长和最高行政长官都是由共产党或工人党提名，通过间接选举产生。

1989年东欧政局剧变后，东南欧国家也受到民主化和自由化浪潮的冲击。虽然从长期看，民主化有利于稳定，而短期内还是会导致动荡和冲突。1989年以后东南欧形势的发展也说明了这一点。"巴尔干国家议会民主制的传统脆弱，实行多党制的时间短，法制不健全，此外，有的政党还得到欧美大国不同利益集团的支持，所有这些国家的党派在争权夺利的斗争中，往往视对方为仇敌，政治上表现得很不成熟。一方面进行议会辩论，另一方面又通过街头施压、暴力、甚至暗杀等恐怖手段一心想搞垮对手，致使社会不能持续稳定，经济不能持续发展。"[①] 这种体制存在着某

---

① 马细谱：《巴尔干纷争》，北京大学出版社，1999，第250页。

些集权因素，在民族矛盾尖锐和政治情况复杂化的情况下，很容易受某些具有民族情绪的领导人左右，作出不恰当的政治决策。

巴尔干各国的事例表明，在国家处在混乱时期，政治精英们为了摆脱国内的危机而煽动民族主义情绪，挑起本民族对其他民族的仇恨，对内部冲突的激化起了推波助澜的作用。南联盟的米洛舍维奇和克罗地亚的图季曼都扮演了鼓动民族主义情绪的角色。米洛舍维奇在20世纪90年代实行"让所有塞尔维亚人生活在一个国家内"的"大塞尔维亚主义"政策，他成功地迎合并利用了塞尔维亚民族主义情绪，成为南斯拉夫强有力的政治家并取得了政权。米洛舍维奇上台后取消了科索沃在铁托时期所享有的自治地位，极大地伤害了科索沃阿族居民的感情，这是科索沃危机爆发的最直接原因。

在斯洛文尼亚争取独立的过程中，精英政治也起到了重要作用。1990年1月，南斯拉夫联邦主席团倡议修改联邦宪法，并提出由联邦政府制定宪法修正案草案。由于一些共和国对宪法修正案存在较大分歧，导致修正案条款未获通过。但各共和国却相继制定或修改了各自的宪法和法规，特别是斯洛文尼亚。7月，斯洛文尼亚议会通过"国家主权宣言"，宣称斯洛文尼亚共和国的政治、经济和法律等制度完全独立自主，是国际法的完整主体。9月，斯洛文尼亚议会通过一批宪法修正案和法规，其中强调斯洛文尼亚拥有经济主权和民族自决权。接着，米洛舍维奇号召塞族企业界与斯洛文尼亚断绝一切经济联系。12月，克罗地亚共和国也通过了自己的新宪法，其中规定议会可以2/3多数作出分离或结盟的决定。

上述情况说明，集权体制和精英政治是东南欧民族冲突爆发的政治因素之一。

2. 以民族划界建立的联邦制问题

第二次世界大战后，南斯拉夫作为一个多民族的国家，仿效苏联建立了联邦制。南斯拉夫联邦制的一个最大特点是：以民族划界成立联邦主体和其他不同层次的自治实体，并以某个主体民族命名。以民族区域自治为基础的联邦制，在理论上和实践中都遗留下了许多问题。在理论上它导致了双重主权的矛盾，在实践中它助长了狭隘的民族主义思想，导致主体民族与非主体民族之间的矛盾加剧，并诱发非主体民族在集聚地区也力图谋求独立和同样的特殊地位。

南斯拉夫联邦从形式上看，是"自上而下"建立的，而不是根据宪法所规定的程序——由联邦的主权成员联合为联邦国家的。南共从一开始就强调南斯拉夫各族人民完全平等的原则，并实际制定了在军事结构和政治结构方面的民族主权，在战争时期特别是受到外部侵略的情况下这还能够暂时将各民族团结起来，但在和平时期，这却容易造成不稳定和冲突。1974年南共联盟"十大"通过的新章程中提出："各共和国共盟和自治省根据南共联盟纲领及其各机构所确定的政策立场，独立地制定自己的立场和作出决定。"1974年联邦宪法生效以后，南斯拉夫开始实施以下原则：共和国共盟和自治省共盟在自治制度范围内，自主地安排内部关系，并共同地和平等地决定联邦事务。联邦越来越松散。20世纪80年代末，南斯拉夫面临政治和经济危机，人民对现状越来越不满，各自治共和国与自治省的共盟领导人打着"维护民族利益"的旗号，要求自治，并为独立作准备。

显然，这种联邦制与美国、瑞士等西方国家的联邦制不同。西方的联邦制与南斯拉夫联邦制的不同主要表现在关键的两点上：第一，它是以地方为标志的区域自治（是地方自治，而不是民族自治；强调全体公民自治，而不是主体民族自治）；第二，各自治州或主权州均不享有主权国家的地位，国防、外交、关税等重大立法权属于联邦，各州只是在联邦没有制定相应的法规时才有权立法，宪法也不赋予各州自由退出联邦的权利。因此，可以说这种联邦国家在立法方面是中央集权为主的国家，而在地方管理方面则是以分治为主的国家。

历史实践证明，以民族为特征的联邦制国家存在不少弊端和隐患，民族区域自治并不是实现民族自决权的最好形式，它在多民族国家容易引发民族矛盾。

这些问题在铁托时期就已存在。铁托去世之后,特别是在国际和国内局势发生大变动时期,这些隐藏的问题迅速爆发,各民族纷纷要求独立,导致领土与边界纷争乃至民族灭绝行动和复杂的难民问题。首先是斯洛文尼亚和克罗地亚的独立,然后是从种族清洗开始的波黑战争和科索沃战争。

3. 民族自决权问题

与这种以民族划界的联邦制相联系,民族自决权的滥用也是导致南联邦解体和民族冲突加剧的一个重要方面。南斯拉夫联邦宪法中明确规定,各共和国有退出或要求联合的权利,这实际上就是承认民族自决权。在苏联和东欧一些国家的解体过程中,各民族以民族自决权为由提出脱离原来的联邦,而西方国家也以尊重这些国家的民族自决权为由很快承认了它们。民族自决很容易转变为民族主义热情而要求更改边界,从而燃起种族冲突之火。从南联邦的解体,到波黑战争、科索沃危机,都是在民族自决权的旗帜下进行的。民族自决权已成为分离(分裂)主义的庇护伞和政治工具。

民族自决权的概念来源于西欧,是17~19世纪资产阶级民主革命的产物。1789年法国资产阶级革命颁布的《人权宣言》,明确提出了民主主义、民族主义和民族自决权的口号,反对封建专制的王权和罗马教皇的神权。第二次世界大战后,社会主义国家的力量日益发展壮大,世界上许多殖民地和附属国人民反对帝国主义统治的斗争日趋高涨,争取民族解放和独立的运动已成为世界主要潮流。联合国在《联合国宪章》中开始承认民族自决权,宣布"要以尊重人民平等权利和自决权为依据发展国际间友好关系"。在现代国际法上,民族自决权是受国际法保障的法律权利。

在社会主义国家实行民族自决权的首先是列宁。1916年3月,列宁发表《社会主义与民族自决权》一文,指出世界各民族均应享有决定自身命运的权利,被压迫民族应从帝国主义和殖民主义宗主国中解放出来。列宁认为,在帝国主义时代,民族自决权是被压迫民族争取解放和独立运动的革命原则,而在社会主义制度下也必须承认民族自决权,承认各民族拥有安排自己命运的平等权利和民主权利。他提出根据民族自决权的原则，苏维埃俄国给予各民族人民在其地区内实行自治的权利，并支持他们建立地方共和国。但是，他同时也指出：民族自决权并不等于分离、分散、成立小国家的要求，它只是反对一切民族压迫的彻底表现。斯大林也说：不应当把分离的权利理解为分离的义务、分离的责任。每个民族都可以行使这种分离权，但是也可以不行使这个权利。

南斯拉夫在东欧国家中民族混居情况最为典型，它以苏联为模式建立了以民族自治为主的联邦国家，同时，南斯拉夫1974年的宪法赋予各共和国对联邦政策的否决权，加入联邦的共和国享有国家主权，可以自由退出联邦。而与此相对应的是，"世界上其他联邦制国家实行的是以地方为标志的区域自治，而不是以民族为标志的区域自治，在国家宪法中没有赋予联邦主体以主权国家地位，更没有规定可以自由退出联邦的权利……如美国、瑞士等联邦制国家的各个州只是地方自治单位，不享有主权国家的地位，国家宪法更没有规定各州可以自由退出联邦"[①]。

事实上，民族自决权与国家主权是两个不同性质的政治概念。拉丁美洲、亚洲和非洲等国家是在反抗少数帝国主义的压迫中从殖民统治下脱离出来的，这种方式在联合国宪章中是有明确区分的。联合国宪章中有对内自决权和对外自决权的分别，实际上已经考虑到多民族国家与反殖反帝斗争的民族主义运动的区别。对外的民族自决权是全体人民的自决权，而对内的自决权是尊重国家内少数民族的权利，而不是主体民族或某个大民族的自决权。1993年世界人权大会通过的《维也纳宣言和行动纲领》强调说："实现民族自决权不得被解释为授权或鼓励采取任何行动去全面或局部地解散或侵犯主权和独立国家领土完整或政治统治。"

1991年6月25日和26日，南斯拉夫经济最发达的斯洛文尼亚和克罗地亚

[①] 许新、陈联璧、潘德礼、姜毅：《超级大国的崩溃——苏联解体原因探析》，社会科学文献出版社，2001，第38页。

两个共和国以实行民族自决权为由，自行宣布独立，这标志着南斯拉夫联邦解体的开端。1991年12月23日，德国以尊重斯洛文尼亚和克罗地亚的民族自决权为由率先承认斯洛文尼亚和克罗地亚为主权国家。德国以即将于1992年成立的欧盟应统一对外为由，大力游说欧共体其他国家承认斯洛文尼亚和克罗地亚。这不能不使世人怀疑刚刚统一的德国企图重建其传统势力范围，因斯洛文尼亚是其近邻，而克罗地亚在第二次世界大战期间则是德国的傀儡国。

此时，美国也开始行动起来，力促"波黑共和国"独立并得到国际社会的承认。美国在1992年4月7日同时承认波黑、斯洛文尼亚和克罗地亚为主权国家。

苏联东欧的历史实践表明，以民族自决权为指导原则，以民族划界建立联邦主体，建立不同层次的民族区域自治实体为国家行政区划，实际上起到强化民族自我意识和激发民族独立自主情绪的作用，它不利于解决复杂的民族矛盾和维护多民族国家的统一。[①] 以一个主体民族为单位成立的自治共和国，这个主体民族往往认为这个区域是自己的领地，可以为所欲为。特别是在前南斯拉夫联邦，几个民族都有世袭的仇恨，如在塞尔维亚的克罗地亚族、在克罗地亚的塞尔维亚族，尤其是在波黑，民族之间的矛盾更加激烈。

另外，精英对民族冲突的促进作用也不容忽视。当社会发生危机时，社会成员没有安全感，如果有精英人物出来号召，民众就会追随，利用民族主义宣泄他们的不满情绪。第二次世界大战中受希特勒蛊惑的日耳曼民族对犹太人的屠杀，冷战结束后发生在前南斯拉夫土地上的种族清洗和大屠杀，都是在社会出现政治和经济危机时发生的。

三 经济和社会因素

1. 贫困化

经济和社会因素是引起冲突的深层次根源之一，其中贫困是导致社

---

① 陈联璧：《民族自决权新议》，《民族研究》2001年第6期。

会动荡的最明显和最严重的问题。按欧洲的一般标准来看,东南欧国家基本上属于贫困国家。1998年,罗马尼亚、保加利亚和阿尔巴尼亚三国职工的月平均工资仅为100美元左右,退休人员只有30~40美元,将近30%的人口生活在贫困线以下,60%的人接近社会保障线。① 在南斯拉夫联邦,除斯洛文尼亚外,基本上也都属于贫困国家,其中科索沃自治省是前南最贫困的地区,其建设现代化、高效经济所需的基础性结构非常落后,经济从未出现过较为稳定的发展。同时,人口迅速增长使得失业以及半失业人口进一步增加。科索沃的经济主要靠南斯拉夫联邦和联合基金的资金维持,但在1950~1980年间与其他地区的差距还是不断拉大。1954年,科索沃的人均收入大致相当于南斯拉夫联邦人均收入水平的48%,而1980年仅为27%多点。失业人数呈现上升的趋势,1971~1981年,科索沃的失业率从18.6%升至27.5%。20世纪80年代,用于服务领域的开支下降约47%。1987年,登记失业率达到55.8%。②

根据世界银行的调查,东南欧国家自20世纪70年代开始,贫困化的趋势进一步加剧。当时这些国家强制实行普遍的工业化,偏离了正常的符合本国国情的经济轨道。从那时开始,这些国家的经济增长极其缓慢。导致贫困化的主要原因:一是经济发展长期停滞不前,与之相伴随的是通货膨胀和实际收入降低;二是经济发展和贫富差距的日益扩大。20世纪80年代下半期,经合组织国家同期的经济年增长率为3.6%,而罗马尼亚仅为0.7%,南斯拉夫联邦是0.5%。1973年第一次石油危机后的第一个十年内,东欧国家的贸易普遍有20%的下降,有些国家甚至下降了26%~32%;外贸赤字急剧增加,几乎所有东欧国家都陷入了严重的债务危机。东欧剧变期间,保加利亚的债务将近100亿美元。

---

① 马细谱:《巴尔干纷争》,北京大学出版社,1999,第255页。
② 〔奥〕赫尔穆特-克拉默、维德兰-日希奇:《科索沃问题》,苑建华译,中央编译出版社,2007,第7页。

随着经济的大幅度下滑，失业率增高，社会福利严重恶化。东欧剧变期间和转型期间，各国都出现了严重的生产下滑和恶性通货膨胀，导致社会的贫困化。苏联东欧国家的贫困人口占总人口的比重由剧变前的3%猛增到1992年的25%，贫困人数由剧变前的700万人增加到8800万人（1993~1995年的平均数），也就是说，出现了8100万的新贫困人群。贫困带来生活水平下降、食品数量减少和营养不良的现象，儿童则是最大的受害者。其中，罗马尼亚和俄罗斯的情况比较严重。1989年，在中东欧、东南欧和波罗的海国家，就业人口平均下降16%，一般来说，妇女的失业率比男性高出很多。在转轨过程中，各国的公共社会福利状况恶化，许多公共服务中断。例如，许多国家停止了对学校设施的维修，保加利亚、摩尔多瓦和马其顿等国的学校冬天供暖中断，俄罗斯、斯洛伐克和保加利亚学校的食堂供应大幅度减少。教育经费的减少，导致教育质量下降，再加上公共管理不善，使许多适龄儿童的入学率相应减少。当时，在东欧国家中，每十个儿童当中就有一个无法上学。[①]由于社会环境的恶化，这些国家的出生率下降幅度很大，死亡率显著上升，人们普遍缺乏安全感，严重的犯罪现象甚至导致资本的抽逃，腐败非常严重。

2. 经济发展长期停滞不前

巴尔干国家在历史上就是经济发展滞后的国家，是欧洲最落后的农业国。从中世纪开始，东南欧的农业就与西欧拉开了距离。首先，奥斯曼帝国的集权统治，使经济发展受到束缚；其次，英、法等新兴资本主义国家崛起，对烟草、谷物和棉花的需求大增，开始对奥斯曼帝国统治下的巴尔干地区进行经济上的掠夺；再次，奥斯曼帝国与哈布斯堡王朝连年征战，使这个地区遭到劫掠和毁坏，经济发展更加落后。奥斯曼帝国对巴尔干的统治，使保加利亚的政治和经济都没有得到实质上的改善；阿尔巴尼亚不管是自然资源，还是生活和健康水平都是欧洲地区最低的。阿尔巴尼亚一

---

① 联合国儿童基金会的报告：*Education for All?* (Florence, 1998), pp. 20 – 21 and p. 111.

直是个农业国,全国人口的87%从事农业,农业占国民收入的92.4%,但整个农业却十分落后。20世纪70年代开始,阿尔巴尼亚经济长期处于停滞、倒退状态。20世纪80年代,阿只有三年完成计划。1987~1990年,阿社会总产值平均每年下降16%左右(见表2-5,表2-6)。[①]

第二次世界大战后,南斯拉夫曾经在经济上有过一段辉煌的时期:从20世纪50年代起进行经济改革,走上了具有本国特色的社会主义发展道路,在不到30年的时间内,从落后的农业国变成了中等发达国家。1953~1965年经济发展迅速,社会总产值和工业产值年均增长率分别为8.5%和12.7%。1966~1980年为中速发展时期,社会总产值年均增长5.5%,工业为6.4%。20世纪70年代末,南斯拉夫经济增长速度放慢,失业人数增加,通货膨胀加剧,外贸逆差扩大,外债迅速增加。1965年以前,南斯拉夫经济的迅速发展主要是靠压缩消费和大量增加投资实现的。1953~1965年,南斯拉夫社会总产值年均增长8.5%,固定资产投资年均增长10%,总消费的年均增长率只有4.6%。1965年以后,投资增长速度放慢,但历年的总投资和总消费之和都超过了当年的社会总产值,而且差额不断扩大,社会总产值的不足部分只得靠国外资金弥补。1965年以前南斯拉夫曾用获得的战争赔款以及西方国家的援助来弥补资金缺口。1965年以后靠借外债弥补。20世纪70年代石油价格上涨,使严重依赖借债的南斯拉夫外贸逆差迅速增加。1966~1980年,南斯拉夫商品进出口的逆差总额为391亿美元(平均每年26亿美元),劳务出口(交通运输和旅游等)顺差和在国外就业工人的汇款共270亿美元,因此对外收支逆差为121亿美元。1980年南斯拉夫的外债已达188.73亿美元,偿债率为26.1%,已超过25%的警戒线。[②] 20世纪80年代后期经济危机进一步加深,整个经济陷入滞胀,1980年企业亏损总额相当于职工全年工资。1981~1985年社会总产值年

[①] 蔡祖淼:《阿尔巴尼亚剧变的经济原因》,《世界经济》1992年第8期。
[②] 赵乃斌、汪丽敏主编《南斯拉夫的变迁》,广东人民出版社,2002,第76页。

均增长只有 0.7%，1986~1990 年则为零；通货膨胀从 1980 年的 30% 上升为 1989 年的 2665%（见表 2-7）。①

表 2-5 东欧国家 1999 年和 2000 年上半年经济发展情况（与上年同期相比）以及 1999 年的 GDP 与 1989 年水平的比较（1989 年为 100）

单位：%

国别	GDP 增长情况			通货膨胀率	
	1999 年	2000 年上半年	1999 年与 1989 年相比较	1999 年	2000 年上半年
波兰	4.1	5.7	121.5	7.3	10.1
捷克	-0.1	3.1	95.2	2.1	3.7
斯洛伐克	1.9	1.7	106.3	10.6	15.7
匈牙利	4.5	6.2	99.4	10.0	9.5
罗马尼亚	-3.2	2.1	75.0	45.8	19.0
保加利亚	2.5	5.2	68.1	1.8	11.1*
斯洛文尼亚	4.9	5.0	102.3	6.1	8.2**
克罗地亚	-0.3	3.8	85.8	4.2	5.4***
阿尔巴尼亚	7.3	7.1	90.6	1.6	-1.6

注：* 6/7 月份，** 8 月底，*** 零售价格。
资料来源：《世界银行发展报告——1996 年》，转引自玛丽娅·恰夫达罗娃《巴尔干国家：政治、经济和国际关系》。

表 2-6 1990 年阿、保、罗三国主要社会经济指标

方面 \ 国别	阿尔巴尼亚	保加利亚	罗马尼亚
人口（万人）	330	870	2320
发展水平	低水平	中等	中等
外债（10 亿美元）	0.09	9.9	0.6
工业占国内生产总值（%）	37	51	48.2
农业占国内生产总值（%）	40	18	18
自然资源	中等	缺少	丰富
预算赤字占国内生产总值（%）	3.7	12.9	1.2
小学生入学率（%）	85	97.1	99.4
儿童死亡率（%，5 岁以下）	44.1	20.9	30.3

资料来源：《世界银行发展报告——1996 年》，转引自玛丽娅·恰夫达罗娃《巴尔干国家：政治、经济和国际关系》，马细谱：《巴尔干纷争》，北京大学出版社，1999，第 252 页。

---

① 赵乃斌、汪丽敏主编《南斯拉夫的变迁》，广东人民出版社，2002，第 76 页。

表2-7　1947～1980年南斯拉夫工业各部门发展速度

单位：%

年　　份	1947～1952	1953～1956	1957～1960	1961～1965	1966～1970	1971～1975	1976～1980
机器设备生产部门	13.1	13.7	11.8	11.2	6.2	8.3	7.6
原材料生产部门	11.9	10.1	8.0	6.8	2.9	5.3	3.3
消费品生产部门	1.1	12.8	15.5	12.1	6.2	8.1	7.5
整个工业合计	13.0	12.8	14.0	10.7	6.1	8.0	7.3

资料来源：赵乃斌、汪丽敏主编《南斯拉夫的变迁》，广东人民出版社，2002，第72页。

1989年以后，东南欧国家开始进行政治和经济转轨。在此形势下，南斯拉夫联邦也开始向市场经济过渡。1992年新任总理安·马尔科维奇推出了他的新经济政策。这个政策的核心是形成统一的南斯拉夫市场，在完善国内市场机制的条件下，将国家经济纳入整个世界经济之中，加强联邦政府的宏观控制能力和手段，强调南政府应重建权威，对经济进行强有力的干预。但十多年来的经济危机已是积重难返，各共和国早已开始产生分离趋向，联邦政府的经济政策措施受到各共和国的攻击和抵制而未能全部实施。例如，斯洛文尼亚对西方出口比重较大，因此批评实行第纳尔的固定汇率使出口企业因通货膨胀而蒙受损失，并且反对规定通过发行内部股票实行私有化的行政办法；塞尔维亚的农业比重大，基础部门比较多，因此指责政府的紧缩政策不重视农业和基础部门，毁掉了许多企业，破坏了生产，并主张保留公有制，反对政府的私有化措施。①

20世纪90年代初，绝大多数巴尔干国家的经济形势恶化。以国民生产总值年平均增长速度为例，保加利亚1991年为-16.7%，1994年才停止负增长；罗马尼亚1991年为-12.9%，1994年增长1%；阿尔巴尼亚1991年降至-27.7%，1993年回升到3.5%。②

---

① 赵乃斌、汪丽敏主编《南斯拉夫的变迁》，广东人民出版社，2002，第72页。
② 马细谱：《巴尔干纷争》，北京大学出版社，1999，第205页。

3. 社会经济发展和贫富差距的拉大

民族间不平等的经济机会，对土地、资金等资源占有的不平等以及生活水平的巨大差距使社会成员产生不满。经济发展差距和贫富差距的拉大潜伏着社会冲突的最深刻的根源。

发展不平衡和贫富悬殊的最突出例子就是前南地区最发达的斯洛文尼亚与最不发达的科索沃之间的对比。1952年和1980年科索沃与斯洛文尼亚的社会总产值之比分别为1:7和1:8，人均社会总产值之比由1:4扩大至1:7。

在南斯拉夫联邦，斯洛文尼亚的经济一直领先，是南斯拉夫联邦内经济最发达的共和国。1990年南全国人均社会产值为4.0082万第纳尔（约合3580美元），斯洛文尼亚为8.5068万第纳尔（约合7590美元）；南全国职工平均月工资为4253第纳尔（约合600马克），斯洛文尼亚为5657第纳尔（约合800马克）。[①]

科索沃是南斯拉夫经济最不发达的地区，居民生活水平最低，失业率最高。科索沃人口占南斯拉夫联邦的7.9%，但社会生产总值只占南斯拉夫联邦的2.2%，出口只占1.4%。1979年，南联邦人均年收入为2635美元，而科索沃仅为795美元。1981年科索沃160多万人口中就有20万失业者。

在南斯拉夫联邦中，克罗地亚共和国的经济发展水平仅次于斯洛文尼亚，南联邦的经济主要依赖这两个共和国。克罗地亚独立并不像斯洛文尼亚那么容易，这是因为，斯洛文尼亚境内的斯洛文尼亚族占绝大多数，为89%，塞尔维亚族较少，民族构成较单一，而克罗地亚境内的克罗地亚族占78%，塞尔维亚族占12%。就是这部分塞尔维亚族人在克罗地亚宣布独立的时候，成立了塞尔维亚民族委员会，发表塞族的主权和自治宣言。塞尔维亚与斯洛文尼亚无共同边界，更重要的是，克罗地亚

[①] 赵乃斌、汪丽敏主编《南斯拉夫的变迁》，广东人民出版社，2002，第74页。

邻亚得里亚海，占有南联邦的大部分海岸线；克罗地亚旅游业的份额占南联邦的50%，在克罗地亚的伏库瓦（Vukovar，位于东斯拉沃尼亚）石油丰富，这是南联邦最依赖的重要资源，所以，克罗地亚的独立经过了艰难的过程。

南斯拉夫联邦各共和国在经济上闭关自守，各共和国的产品绝大部分用于满足本共和国的需要，20世纪70年代以来共和国之间的商品流通额所占比重呈下降趋势，但各共和国不平衡。斯洛文尼亚每年产品的35%左右销往其他共和国，其中销往塞尔维亚的产品占40%。塞尔维亚每年产品的20%左右销往其他共和国，其中销往斯洛文尼亚的产品不到1/3。斯洛文尼亚工业发达，产品价格属放开之列；塞尔维亚基础部门比重较大，价格往往受控制。1989年底，斯洛文尼亚与塞尔维亚在科索沃问题上发生分歧，塞尔维亚当局号召塞尔维亚公民中断同斯洛文尼亚的一切经济联系，并对斯洛文尼亚在塞境内的商品课以重税。1990年下半年，斯洛文尼亚宣布独立，塞尔维亚于10月决定再次对斯洛文尼亚实行经济封锁。由于内战升级，切断了交通线，中断了各共和国之间的经济联系，使南斯拉夫在经济上完全裂变。①

四 文化、宗教因素

巴尔干半岛是东西方文化和宗教的交会点。"……拜占庭的主要影响是在文化方面。巴尔干各族人民，也像俄罗斯人那样，接受了君士坦丁堡的教会、艺术、音乐，大多数民族还袭用其字母。塞尔维亚与保加利亚的中世纪文明便是将拜占庭原则强加给原始的斯拉夫社会的一种尝试；而塞尔维亚人与黑山人（他们的基督教与文化来自拜占庭）和克罗地亚人与斯洛文尼亚人（他们的基督教与文化来自西方）之间的界限却始终是根深蒂固的障碍，妨害了南斯拉夫各族人们的团结。值得注意的是将希腊基

---

① 以上内容参见赵乃斌、汪丽敏主编《南斯拉夫的变迁》，广东人民出版社，2002，第72页。

督教与拉丁基督教分隔开来的这条线恰恰符合公元385年划定罗马帝国东西两部分之间的行政区域的分界线。这条线尽管并没有地理基础，却成为欧洲交界地区的边界线中最持久的一条。"① 罗马天主教、希腊东正教和土耳其伊斯兰教三大教派在巴尔干都拥有众多的信徒和各自的势力范围。不同的宗教产生了不同的文化、社会心态、风俗习惯、价值判断，并影响着各自的社会经济的发展。因此，文化上对少数民族的歧视和教派的相互对立，显然是该地区民族纷争的根源之一。从18世纪末到20世纪90年代，有许多例子可以说明这一点。

1918年塞尔维亚人—克罗地亚人—斯洛文尼亚人王国成立后，宪法规定王国的国体是以塞尔维亚为首的中央集权制度。各民族在享受文化教育、就业和国民收入分配中是不平等的。少数民族地区禁止用本民族的语言办学，经济发展也被严重忽视。由塞尔维亚资产阶级执政的王国不承认马其顿人和黑山人的民族属性。首相以及国家和军队里的要员大都被塞尔维亚人占据。而经济比塞尔维亚发达的克罗地亚一直受到塞尔维亚的压迫，两个民族之间的矛盾日趋激烈。第二次世界大战中，两个民族分属不同的集团，相互屠杀。

在保加利亚，境内居住着不少土耳其族人。保加利亚的穆斯林人的文盲率很高，保加利亚当局曾使用各种手法要把土耳其少数民族"改变"成保加利亚人。如要求他们更改姓名，将所有带土耳其名字的城市和乡村都改成保加利亚名称。1984年12月，保当局又重新推行这项运动，结果导致南部地区的反抗和骚乱。由于实行一系列歧视性和强迫性政策，1989年5月就出现了保加利亚境内的土耳其族人大规模逃往土耳其的现象。超过33万的土耳其族人离开了保加利亚，大部分人在逃离之前已经变卖了家产。保加利亚也否认马其顿民族的存在，当局于1941年下令，马其顿

---

① 〔英〕艾伦·帕尔莫：《夹缝中的六国——维也纳会议以来的中东欧历史》，于亚伦、王守义、王爵鸾、冯世则、张蓉燕、赵振远译，商务印书馆，1997，第24页。

的所有行政机关和学校必须使用保加利亚语，当局还从居民中驱逐塞尔维亚人。

在罗马尼亚，1974年大国民议会颁布了《城乡地区规范化法》，试图通过减少全国原有的乡、村，把它们合并成较大的居民点的办法，加速城市化的过程，以形成更多更大的现代化设施齐全的经济中心，更快地消除城乡差别。这种做法在多民族混居的农村地区推行的结果是，让不同民族的几户人家共住在一栋楼房里，在居民点的学校里也都统一用罗语教学，此外，那里也没有适应各民族不同宗教信仰的教堂。20世纪80年代，特兰西瓦尼亚的匈牙利人、塞尔维亚人、克罗地亚人、斯洛文尼亚人为抗议农村规范化曾多次举行游行示威活动。

第二次世界大战期间，在克罗地亚，乌斯塔沙分子在德国和意大利的庇护下建立了"克罗地亚独立国"，对塞尔维亚族居民大肆报复，关闭和焚毁东正教教堂，强迫塞尔维亚人改信天主教，大肆迫害塞尔维亚人。他们在萨格勒布东南的亚塞诺瓦茨建立了南斯拉夫最大的集中营，先后关押过上百万人，在被迫害致死的人中，绝大部分是塞尔维亚人。

这些事例说明，文化（包括宗教）上的歧视和冲突直到20世纪90年代还时有发生，这显然也是导致东南欧民族冲突不断的重要原因之一。

五　国际环境的影响

除了上述国内因素外，国际的大环境对巴尔干地区民族冲突的爆发也具有催化作用。首先，冷战结束，两极格局消失，对这个地区的冲击很大。1989年开始，随着戈尔巴乔夫新思维的出台，苏联不仅宣布不再干涉东欧的事务，而且还敦促东欧各国进行改革。1990年11月19～21日，在戈尔巴乔夫的倡议下，欧洲安全与合作会议在巴黎召开了首脑会议。这时欧洲形势已经发生了急剧的变化，这次会议签署了《新欧洲巴黎宪章》，宣告"欧洲对抗和分裂的时代已经结束"，指出民主、自由经济和"各国平等享有的安全"是建立新欧洲的原则。1989年7月7日，戈尔巴乔夫在华沙条约组织首脑会议上指出，各国都应该自由地走自己的道路，应该尊重别国选择的发展道路。可以说正是戈尔巴乔夫的政策在某种程度上催生了东欧的变局。①

从1989年开始，东欧六个社会主义国家相继出现示威游行和罢工风潮，执政的共产党纷纷下台，各国名称也相继改变。各国新政府都实行西方的民主政治体制和自由市场经济体制。1990年剧变后，捷克斯洛伐克举行了第一次大选。在斯洛伐克，"公众反对暴力"组织取得了选举的绝对胜利。1992年第二次大选前，形势发生了变化，"公众反对暴力"组织发生分裂，取代它的是以麦恰尔为主席的左派民族主义党——争取民主斯洛伐克运动。该党派与捷克公民民主党主席克劳斯在向市场经济过渡、国家体制和联邦总统人选等问题上存在严重分歧，双方进行了多次会谈，但始终未能取得一致。1992年11月25日，联邦议会通过《捷克和斯洛伐克共和国解体法》，联邦于同年12月31日自动解体，从1993年1月1日起，捷克斯洛伐克一分为二。这对巴尔干国家，特别是南斯拉夫政治形势的走向提供了某种诱导因素。

由此可以看出，东南欧地区的民族冲突并不主要是民族仇恨造成的，民族仇恨只是冲突的表现形式而已。首先我们必须清楚的是，由于它表现为民族间的暴力，造成大量伤亡和对人权的严重破坏，那种试图建立纯民族国家的愿望在现实中是无法实现的；其次，民族之间的差异并不是造成冲突的主要因素，而是政治、经济、文化、历史以及国际等因素共同促成的；最后，正是由于民族冲突是多方面因素造成的，因此，它的解决是很困难的。

---

① 宫少朋、朱立群、周启朋主编《冷战后国际关系》，世界知识出版社，1999，第13页。

第三章 国际干预与《东南欧稳定公约》的出台

目前，冷战后在巴尔干爆发的一系列热战暂时告一段落，战火的熄灭主要靠国际调停和国际介入。其中，国际制裁、国际军事介入和国际维和部队的进驻起了关键性的作用。从实际情况来看，也正是在制裁的高压下，南联盟在难以维系的情况下停止了对克罗地亚塞族和波黑塞族的支持；也正是在北约对波黑塞族阵地进行了为期两周的猛烈轰炸之后，以及在美国的支持和帮助下发动了"风暴"行动，从根本上扭转了战局，代顿协议才得以签署。因此，也可以说，那里的和平是制裁压出来的，是轰炸炸出来的，是战场上打出来的。而所有这一切都与国际干预相联系。在当今时代，国际干预已日益成为解决许多争端和冲突的重要手段。

第一节 关于国际干预的一般论述

"国际干预是指一个国际组织或国家从外部对另外两个国家间的关系或另外一个主权国家的内部事务进行干涉的一种行为。狭义的国际干预专指暴力性的军事干预，广义的则包括从发表言论、实施经济制裁、部署人道主义救援、监督选举、进行预防性外交、派驻维和部队到采取军事行动等不同程度的干预行为。"① 国际干预是随着民族国家的诞生和国际交往的发展而出现的现象。它在殖民主义时代主要是强权国家对弱小国家施加影响的工具，有着许多不光彩的记录。进入当今时代，随着全球化的发展和国际新秩序的开始建立，国际干预日益成为国际事务中不可缺少的活动形式。由于它经常与国家主权的维护发生矛盾，由于它也会被大国用于追逐自己的目的，因此在国际干预这个问题上存在着许多争论，并成为当代国际关系理论中的一个重要的研究对象。本书的任务不是对国际干预这个概念作专门的、抽象的理论探讨，而是试图借用已有的理论观点和概念，对近十年来国际干预在东南欧的实施作一实证性的论述。为此，有必要在开头的一节对某些国际干预的概念、种类、性质作一简要的陈述，力求避免出现概念上的混乱。

一　国际干预的手段

《奥本海国际法》指出，干预包括干涉，要构成干涉就必须是强有力的或专断的，或者是胁迫的，在实际上剥夺了被干涉国家对有关事项的控制权。以此推理，某些干预行为并不会构成干涉，是可以在国际社会中推行的措施，但它仍对国家主权观念产生了实际影响。

《联合国宪章》第六章第34条指出："争端之和平解决得调查任何争端或可能引起国际摩擦或惹起争端之任何情势，以断定该项争端或情势之继续存在是否足以危及国际和平与安全之维持。"另外，在第八章区域办法中规定："本宪章认为派出区域办法或区域机关，用于应付关于维护国际和平与安全而宜于区域行动之事件者；单以此项办法或机关及其工作与联合国之宗旨及原则符合者为限。"但是，仅就联合国维和行动而言，现实的国际干预行为开始出现背离这些原则的趋势，它早已突破"临时办法"的界限而日益制度化、强制化。

---

① 王铁崖：《国际法》，法律出版社，1995，第107页。

第二次世界大战后,随着一批社会主义国家的成立和民族国家的独立,国家主权原则在国际法上也得到了前所未有的强化,甚至联合国都不能"干预本质上属于任何国家国内管辖之事件"①。

在前南地区的冲突中,越来越频繁地出现"人道主义干预"。在波黑战争中,参与国际干预的主体有联合国、欧共体/欧盟、北约、欧安会、西欧联盟、伊斯兰会议组织等,它们或发表声明、决议,或在波黑冲突中派出维和部队、施行人道主义援助。美、俄、德、法、英等国家或独自或集体采取了多种手段加以干预。可见,国际干预行为已经对国家主权造成冲击。

国际干预有五种形式:单边、双边、多边、地区和多极干预。单边既可以由相关的邻国也可以由地区强国或其他强国担任;双边干预是由干预国家和被干预国家之间的协定来决定;多边干预以某一组特定国家或一些长期的联盟形式出现;地区干预由地区性组织实行,因此它的定位带有边界性质;多极干预一般指由联合国领导或联合国实行的措施。

国际对冲突的干预第一步是劝告、建议、调解,对发生冲突的一方或各方进行劝说,并努力设计最佳解决方案以使冲突各方达成最终的谅解或妥协。当上述方式无效后,国际社会就会根据一定的规则对冲突一方实施强制性措施。这些措施首先从经济入手,如制裁、禁运等,以使受限制一方由于生活来源的减少而妥协。如果这样的措施再无效的话,国际社会(一般来说是联合国)就派驻维和部队隔离交战双方。由联合国组织或由联合国授权某个国家或某些国家进行的干预活动是合法的。干预的手段有多种,如联合国实施的人道主义救援,解决难民问题,监督一些国家或地区举行选举或进行全民公决,实施经济制裁,进行预防性外交等,这些基本上属于非军事行为;而采取维和行动,则属于军事行为。②

---

① 贺鉴:《论冷战后的国际干预——以米洛舍维奇事件为例》,《当代世界与社会主义》2005 年第 3 期。
② 本段内容参见王逸舟主编《单极世界的阴霾——科索沃危机的警示》,社会科学文献出版社,1999,第 334～335 页。

实施国际干预，一般先从劝说和调解入手，逐步升级。各种干预方式并不是单一执行的，在解决复杂的冲突时，通常是采用不同形式、不同程度的干预行为。

二 国际干预的形式

1. 外交调解

一般来说，在国际事务中，调解的典型形式是外交努力，比如使节谈判，诉诸斡旋，第三方调停或劝说，依照商定的规则进行仲裁，根据公认的国际法准则作出司法裁决，在认清现实形势和作出估计之后作出某些妥协，双边或多边经历反复的讨价还价以及显示武力或威胁使用武力迫使当事国当事方就范，等等。①

外交可以使用的手段有三项：说服、妥协和武力威胁。一般情况下，大国的外交代表为了能够既服务于本国的利益又服务于和平的利益，必须同时使用说服、提供妥协的好处、向对方强调自己国家的军事实力这三种方法。②

例如，在南斯拉夫危机中，西方各国支持梅西奇从联邦最高层分裂联邦的活动，结果，导致联邦主席团和联邦政府的分裂。以德、奥为首在外交上从南内战一开始就对欧共体和其他国家进行斡旋，说服各国承认斯洛文尼亚和克罗地亚独立。由于欧共体内部意见难于统一，德国决定放弃欧共体外交一致原则，单独承认这两个南斯拉夫联邦内的共和国独立。在德国要挟下，欧共体于1991年12月16日作出决定，宣布于1992年1月15日承认斯洛文尼亚和克罗地亚独立。

根据美国著名国际问题专家卡尔·多伊奇（Karl Deutsch）的分析，外交调解是通过正常的外交渠道进行谈判和讨价还价，这种类型的讨价还

---

① 王逸舟：《当代国际政治析论》，上海人民出版社，1995，第307页。
② 〔美〕汉斯·J. 摩根索：《国家间政治——寻求权力与和平的斗争》，中国人民公安大学出版社，1990，第653页。

价常常是一场按照双方根据他们的观点和利益事先估计好的规则所进行的外交游戏。人们惯常使用这种手段是因为它可能迅速使战争停止,通过一项停火协议瞬间之内得到和平,但最大的弱点仍然在于这样的停火协议,因为它们经常是在双方或各方暂时让步的条件下作出的临时决定,一般说来它并未使交战双方或各方的力量对比有任何根本性的改变,敌意或不信任仍然存在。有的交战方是为了暂时得到喘息才同意停火的,以使自己有时间积蓄力量进行更大的进攻。因此,"靠调解实现停火的地方,多半会朝两个方向进一步演进:一种是各方均希望巩固已有的成果,于是共同作出重大努力使表面的和平变为实在的和平,这类努力譬如讲有修改或重新制定宪法,举行全国大选,解除各派武装并组建统一的国家常备军,各派力量联手参与国内或本地区的经济和文化建设,推动民主化和现代化进程;另一种是某一方或双方违反停火协议,挑起新的冲突,打破脆弱的无战均衡,从而使国家再度陷入战乱状态"[①]。

1998年2月28日至3月5日阿族武装与塞族警察发生多次冲突,此后阿族和塞族的冲突日益频繁,引起了国际社会的广泛关注。以美、英、法、德、意、俄组成的六国联络小组于1998年3月9日在伦敦举行会议,一方面谴责塞族警察武装镇压平民;另一方面谴责科索沃武装分子的恐怖行为,要求联合国安理会对南联盟实行武器禁运,并对南联盟采取不给其高级官员签发入境签证、停止向塞尔维亚提供出口信贷等措施。六国联络小组要求塞尔维亚在十天内为制止暴力和通过对话解决问题,并提出从科索沃撤出特殊警察部队,允许国际红十字会、联络小组的代表进入科索沃,与联络小组合作,双方开始对话等几项原则。否则,国际社会将进一步采取冻结南联盟及塞尔维亚政府在国外的资产等制裁措施。联络小组主张在南联盟领土完整的基础上解决科索沃问题,不支持科索沃独立,指出应尊重科索沃阿族人及其他居民的权利,使他们在南联盟境内享有高度自治的地位。但塞族当局

[①] 王逸舟:《当代国际政治析论》,上海人民出版社,1995,第308页。

拒绝联络小组的上述要求。联络小组决定对南联盟采取新的制裁措施。

由于科索沃阿族人要求国际调解，不与塞族单独对话，塞族一方虽多次呼吁阿方谈判，但坚持科索沃问题是塞尔维亚的内政，不许外国插手，因此对话和谈判陷入了僵局。除联络小组决定对南联盟实行制裁外，美国还提出了延长在马其顿的联合国部队的任期、在阿尔巴尼亚北部部署北约军队和由北约舰队在南联盟黑山共和国的亚得里亚海域进行巡逻等建议。阿尔巴尼亚、保加利亚、马其顿、土耳其等国也就科索沃问题发表了联合声明。在南联盟内部，塞尔维亚就外国参与解决科索沃问题进行了全民投票，75%的选民参加投票，97%的投票者反对外国插手，但舆论界认为"靠暴力控制"的政策不是解决问题的办法，"拖延解决问题会付出更大的代价"，应尽快采取"明智的解决办法"。1998年5月初，塞族当局表示不反对联络小组的代表在不直接参加对话的情况下进行斡旋。美国特使霍尔布鲁克和格尔巴德在贝尔格莱德、普里什蒂那和地拉那之间进行了多次斡旋。鲁戈瓦终于接受了米洛舍维奇的邀请，于当年5月10日在贝尔格莱德与其进行了会晤。

2. 限制与制裁

在制止国际冲突方面，属于限制性范畴的手段主要有：要求裁减军备，武器管制，国际核查及监督，国际制裁及禁运等。

在不少情况下，联合国安理会最终通过的决议所要求的制裁与限制，与其说是对国际法和公认的国家间关系准则的维护和捍卫，不如讲是对少数西方大国的意志和要求的屈从与诠释。[①] 1992年5月22日，联合国大会通过决议重申关于禁止向南斯拉夫输送武器的713号决议。安理会757号决议谴责南联盟和塞尔维亚没有执行早些时候安理会要求它们从波黑撤军的决议；欧共体、美国以及其他一些国家对新成立的南联盟不予外交承认，撤回了驻南使馆人员；1992年5月21日，美国宣布停止美国与南斯

[①] 王逸舟：《当代国际政治析论》，上海人民出版社，1995，第310页。

拉夫之间的直接空中航行,责令南关闭在纽约和旧金山的领事馆;欧安会和联合国等国际组织停止南的成员资格;禁止南参加国际性的文化、体育交流活动和科技合作;根据安理会780号决议,南斯拉夫的海、陆、空交通全被切断。经济制裁:1992年5月27日,欧共体宣布对塞尔维亚和黑山实行贸易禁运。5月30日安理会通过757号决议,禁止南联盟除食品和药品外的一切对外贸易活动,冻结它在国外的资产。世界贸易组织、伦敦俱乐部和巴黎俱乐部等国际金融组织中断同南的一切经济关系。1993年4月27日生效的安理会820号决议规定,除用于人道主义救援的物资和经安理会批准的食品与药品外的一切进出南联盟的物资均被禁运。为保证禁运的落实,通往南斯拉夫的海、陆、空通道均被北约和西欧联盟的武装力量严格监视和检查。军事威胁和军事干预:当上述各种手段未达到制止事态的恶性发展时即求助于军事行动。1992年5月5日安理会通过752号决议,要求解散波黑的一切准军事组织,南人民军和克罗地亚共和国武装必须立即撤出波黑,否则将受到军事干涉。10月10日北约和西欧联盟分别作出向亚得里亚海派遣舰队的决定,并决定自16日开始对南联盟沿海水域过往船只实行监视。10月9日和11月9日安理会先后作出设立"禁飞区"和在南联盟、克罗地亚、波黑的机场派驻维和部队观察员和欧共体观察团的决定。7月中旬,北约、美国、法国作出决定,分别派出60架、40架和8架战斗机对维和部队和穆斯林进行空中保护。自1994年4月10日起,北约开始多次对塞族阵地实行空中打击,逼其从占领的安全区内撤出。11月,美国单方面取消了对穆斯林武器禁运的监察。1995年3月17日,美国总统克林顿在华盛顿会见克罗地亚、波黑和穆克联邦三国总统时许诺,向穆克联邦提供3000万美元的经济援助以及军事顾问。6月16日,安理会批准向波黑派遣1.5万名军人组成的快速反应部队。7月22日,伊斯兰会议组织无视联合国关于武器禁运的决议,决定向波黑穆斯林提供武器。8月1日,联合国秘书长加利授权联合国维和部队司令进行空袭的决定权。8月5~8日,克罗地亚发动了代号为"风暴行动"的军事攻势。

12月20日，北约开始实施代号为"1404"的协力行动，六万名多国部队人员开始进驻波黑执行任务，为期一年。12月21日，安理会通过1035号决议，决定成立一支由1700人组成的国际警察工作队赴波黑参与执行和平协议，监督波黑各方的警察工作和训练执法人员。

一旦联合国的制裁开始实施，它们就会变成不断施加政治压力的手段。

3. 军事行动（介入）

当外交和制裁手段没有达到预期的目的时，军事行动就开始了。军事干预是国际干预中争议最大的一种手段，它一方面涉及使用武力的问题，另一方面往往还涉及对国家主权的侵犯问题。在现有的国际法和国际公约中基本上都规定禁止使用武力解决国际争端和反对侵犯别国主权及坚持不干涉内政。例如，在1970年联合国通过的国际法原则宣言中，就规定禁止使用武力和以武力相威胁。

军事干预可以是直接的武力干涉，也可以是采用军事援助的方式予以干预。军事干预可分为威慑、预防、强制、惩罚、维和、作战、调停、重建国家、封锁、人道主义援助和营救。

冷战后，随着全球化在世界范围内的扩展，一国的事务越来越受到更多国家的关注，而且更多国际问题的解决需要世界多国的共同协作，国际干预应运而生。①

冷战后情况发生了很大的变化，在国际关系中使用武力的问题被提上了日程。1992年6月2日，德国外长金克尔说，为确保遵守联合国安理会对塞尔维亚实行禁运的决议不应排除使用武力的可能性。欧共体委员会主席也表达了同样的想法。6月18日，西欧联盟秘书长范埃克伦说："为了实行联合国的制裁，西欧国家应该准备力量以便在很短的时间内封锁塞尔维亚。"②

---

① 贺鉴：《论冷战后的国际干预——以米洛舍维奇事件为例》，《当代世界与社会主义》2005年第3期。
② 汪徐和编著《血洗伊甸园——南斯拉夫内战大曝光》，时事出版社，1994，第66页。

尽管在现代国际关系史中曾出现过军事介入，但一般都是在当事国（至少是名义上）的请求下实施的。而冷战后，北约对南联盟科索沃的轰炸，却是在主权国家南联盟的反对下进行的。这里还提出了另一个问题：除联合国这个世界性的权威组织以外，其他国家集团或国家是否也有权实施军事干预，不管它是否正义。对此，美国前国务卿亨利·基辛格在2000年发表于《洛杉矶时报》上的一篇文章中说："北约放弃了它作为严格的防御性联盟的历史定义，坚决认为它有权占领一个未与之交战的国家的省。它还要求赋予北约军队在南斯拉夫自由调动的权力，以此加强了这种前所未有的最后通牒。这种突然放弃国家主权概念的行为，加上粗暴的外交，标志着一种由国内政治和通用的说教口号推动的对外政策新风格的出现。但是永久性地实行这样的政策不会像沾沾自喜的言论所暗示的那么简单。根据这种新风格，北约必须采取行动，因为它是西方唯一的武装部队，而且它的动机是单纯的。这不仅与防御联盟的概念不相容，而且与联盟的概念可能也毫不相容。联盟向来反映着成员国共同的国家利益。通常情况下，战争的起因是其他力量跨越了联盟成员国的国界，或者在联盟看来至关重要的一个国家的国界。"

尽管在如何确定北约对科索沃的轰炸和干预的性质与合法性方面还存在着意见分歧，但这种军事干预已成为现实，而且被当今世界大多数国家所接受或默认。但是，军事行动在通常情况下能够迫使一个国家同意签订和平协议或实施某项计划，但它并不能够达到和平建设的愿望，而且它的毁灭性影响是巨大的。

第二节　冷战后对东南欧的国际干预

自1989年东欧国家政局剧变后，西方国家立即开始积极发展与东南欧国家的关系，并介入东南欧的事务。通过接待东南欧国家的领导人和派遣高级官员访问，频繁商讨双边关系和巴尔干问题。1990年11月19~21日欧安会在巴黎召开第二次首脑会议，宣告冷战正式结束，并签署了《新欧洲宪章》。宪章称，欧洲"冲突"和"分裂"的时代结束，开始进入"民主、和平和统一"的时代。随着前南地区民族冲突的爆发，西方国家加强了对东南欧事务的干预。自1991年6月克罗地亚和斯洛文尼亚议会相继通过主权宣言宣布为主权国家后，欧共体和西方大国就开始介入南斯拉夫的民族冲突。1992年2月21日联合国安理会通过743号决议，决定向南斯拉夫地区派遣联合国维和部队，从而开始了联合国对这个地区的干预行动。鉴于该地区的冲突最为突出，对东南欧的国际干预基本上就是对该地区的干预。虽然到1999年随着《东南欧稳定公约》的签署，这里的局势逐渐稳定，但小规模的冲突仍在继续。从冷战结束到1999年这段时间，随着事态的发展，干预的程度越来越深，干预的手段也从调停逐步升级到直接使用武力。本节拟就干预的发展过程、手段和结果作一简要的论述，以说明十年来的干预既导致该地区的冲突进一步复杂化，也最终抑制了战争。但是，战火的熄灭并不意味着冲突和冲突根源的消失。

一　干预的三个发展阶段

从1991年直接参与调停至2000年对科索沃进行轰炸，西方国家对东南欧（主要是对前南地区）的干预持续了十年之久。这十年的干预基本上可划分为三个阶段。尽管各阶段之间有所交叉，但总体上看，这三个阶段是分明的，它反映了干预的程度越来越深、干预的手段越来越升级。

1. 调停阶段

自1991年南斯拉夫出现独立浪潮时，西方各国的干预就已开始，但当时主要采取的是外交手段。1991年6月斯洛文尼亚和克罗地亚宣布独立并因此导致与南人民军的冲突，欧共体立即派出"和平使团"赴南调解，力图通过谈判制止暴力行动，并促使各方于1991年8月签订了停火协定。为了监督各方停火,欧共体向斯洛文尼亚和克罗地亚派出了观察员。8月14日第一批观察员抵达克罗地亚的危机地区。此后,停火协议签了又打,打了又签,到9月17日在欧共体调停下已签订了13个停火协议。当时,欧共体和美国领导人多次表示希望保持南斯拉夫联邦国家的统一和领土完整。经过"和平使团"三次赴南调解,斯洛文尼亚实现了停火,斯洛文尼亚和克罗地亚同意推迟三个月独立。在卡林顿勋爵的主持下,就南斯拉夫未来体制问题开始举行由南联邦的六个共和国总统参加的海牙会议。当时,欧共体还通过关于南斯拉夫问题的决议,明确表示不支持南联邦的共和国单方面宣布的独立。1991年7月欧共体的《和平解决南斯拉夫冲突的布里俄尼宣言》(*Brioni Declaration on the Peaceful Resolution of the Yugoslav Conflict*)表示,希望南斯拉夫保持完整,反对斯洛文尼亚的独立。① 1991年7月5日的海牙宣言清楚地写道:"欧共体和它所有的成员国希望各方为了南斯拉夫的前途进行无条件对话。这项对话必须基于赫尔辛基最后条款和巴黎新欧洲宪章,必须对尊重人权,包括少数民族权利和根据联合国宪章中规定的民族自决权以及有关国家领土完整予以特别的重视。"② 在卡林顿勋爵提出的建议基础上,签署了多项协议。但是,没有一项被交战双方真正执行。与此同时,在欧共体内部也发生了分歧。欧共体内的某些国家表现出对民族自决权的无条件支持。德国和奥地利以南斯拉夫联邦各共和国有民族自决权为由,强调斯洛文尼亚和克罗地亚是通过民主方式实现独立的,应给予承认。事实上,它们出于对自己在东南欧地区的势力范围的考虑,故意混淆了"对内民族自决"和"对外民族自决"的含义。以法国和西班牙为另一方则主张维持南联邦的统一,担心南斯拉夫分裂造成的战乱会导致巴尔干半岛的不稳定,进而影响到欧洲的稳定。据1991年5月8日《泰晤士报》透露,图季曼就分裂南

---

① Leo Tindemans eds., *Unfinished Peace—Report of the International Commission on the Balkans*, Aspen Institute Berlin; Carnegie Endowment for Internaitonal, Washington D. C., 1996, p. 38.
② 1991年6月9日欧安组织的宣言和7月5日欧共体宣言。

联邦向英美发出呼吁,并把克塞两族的冲突描绘成共产主义与西方文明之间的斗争,但英国不为所动。在斯、克两个共和国准备独立的前几天,美国国务卿贝克访问南斯拉夫,公开支持南联邦统一。他说:"尊重人权原则、民主原则、统一原则以及南斯拉夫领土完整原则不仅极其重要,而且非常必要。"① 但海牙谈判的一次次失败,停火协议的一次次被撕毁,促使欧共体许多国家改变了态度。在德国的催促下,为了保持欧共体外交政策的一致性,1991年12月17日,欧共体部长理事会会议决定:如果南斯拉夫的各共和国在12月23日以前提出要求承认其独立并且具备一系列条件(尊重人权、民主、多党制、市场经济等原则),欧共体于1992年1月15日宣布承认其独立。② 这样,欧共体在第一轮调停失败后,为各共和国的独立打开了大门。在斯洛文尼亚和克罗地亚正式宣布独立之后,马其顿和波黑也相继宣布独立,由此引发了一系列的冲突。

从第一轮的调解中可以看出,西方国家在民族自决权问题上的态度发生了变化,并实行双重标准,对外的民族自决权变成了南斯拉夫内部各共和国的民族自决权。按同一个标准,对一个共和国的民族自决权的确认,也意味着给那些拒绝共享同一个边界的其他共和国同样的权利。但事实上是斯洛文尼亚、克罗地亚和波黑地位被承认,而那里的塞尔维亚人却不允许有同样的权利。欧共体不一致的政策还表现在对南斯拉夫国家的整体和对其某个部分(如波黑)的整体性的态度。1992年5月,联合国第755号决议确认波黑为联合国新成员国,虽然它从来就不是一个独立国家,甚至在被承认时还没有一个行之有效的政府和清晰的边界。然而,1992年4月27日成立的由塞尔维亚族和黑山族为主组成的南斯拉夫联盟共和国,虽然有经多党选举产生的政府、明确的边界和法律机制,美国和欧共体却都拒绝承认。5月11日,欧共体国家召回驻南斯拉夫大

---

① 孙恪勤:《南斯拉夫联邦危机与解体过程中的国际因素》,《东欧中亚研究》1994年第4期。
② 赵乃斌、汪丽敏主编《南斯拉夫的变迁》,广东人民出版社,2002,第326页。

使；9月，联合国第777号决议不承认南联盟政府，也不承认它有权继承前南斯拉夫在联合国的地位。①

在波黑战争中，国际干预主要是政治干预和军事干预。1992年3月3日，波黑共和国宣布独立，境内的塞尔维亚族反对独立并成立波黑塞尔维亚共和国，宣称继续留在南斯拉夫联邦。此后，民族间不断发生武装冲突，并愈演愈烈。在此情况下，西方国家和国际组织的代表开始了第二轮的协调，在三个主体民族的领导人之间进行斡旋。斡旋的重点是促使他们就未来国家宪法制度达成原则协议。3月18日三方达成原则协议，确定未来的波黑是按民族原则划分的三个自治区组成的松散联邦，其领导机构由三个平等的制宪民族选派代表组成。但是，4月6日和7日欧共体和美国相继承认波黑独立，从而打乱了谈判进程，致使武装冲突不断升级，并发展成三个民族的混战。1992年5月30日，联合国安理会通过第757号决议，对南联盟进行制裁，要求南联盟停止支持波黑塞族。6月10日，联合国驻前南地区维和部队首次将其使命扩大到波黑。1993年6月4日，安理会通过第836号决议，授权联合国维和部队在安全区遭到攻击时可使用武力，北约可使用空中力量支持维和部队。②

在这一轮的调解失败后，西方国家把调停的重点放到了停火和划分疆界方面，并呼吁联合国安理会讨论和介入南斯拉夫联邦的冲突问题。1992年6月29日，联合国通过了要求作战各方立即停火及给予人道主义援助的第761号决议，这是联合国对该地区的正式干预。此后，联合国采取了许多措施，包括对交战各方实施武器禁运，对塞尔维亚和黑山进行经济制裁，向马其顿派遣少量联合国维和部队，帮助防止危机进一步扩大。1993年1月初，在波黑问题日内瓦会议上，联合国秘书长特使万斯和欧共体代表欧文向冲突各方提出了一项和平计划，它由波黑宪法原则、波黑版图划

---

① Radmila Nakarada ed., *Europe and the Disintegration of Yugoslavia*, Institute of European Studies Belgrad, FR Yugoslavia (IES), p. 42.
② 王昉：《北约新战略》，当代世界出版社，1999，第111页。

分和停火协议三个部分组成。从此，三方在国际压力下就各种和平方案开始了艰苦的谈判。在西方国家接二连三提出的和平计划中，具有重要影响的方案有以下几个。

1993年1月初提出的欧文—万斯和平计划的主要内容为：第一，按民族聚居状况将波黑划分为十个省，其中占领土43%的三个省由塞族管辖，占领土27%的三个省归穆斯林族管辖，克族管辖两个省，占领土的15%，萨拉热窝及其周围地区为非军事化开放区，由三族共管，第十个省由穆克两族共管；第二，未来的波黑将成为分权制国家，大部分权力由各省行使；第三，塞、穆、克为三个享有制宪权的主体民族，制宪和立法等重大问题必须经三族一致同意。中央领导机构由各省选派同等代表组成。冲突三方就此方案进行了五个月的谈判，塞族因对版图划分不满而拒绝接受，波黑塞族议会否决了这项协议。

1993年8月提出欧文—斯托尔滕贝格和平计划。该计划的主要内容是：波黑将成为由三个民族国家组成的联盟，国家主席团由三族代表组成；版图划分：塞族占52%，且各部分相连，穆族和克族分别占31%和占17%。塞、克两族表示接受，但穆族反对。谈判未获结果，战争总体局势趋向恶化。

1993年11月22日在欧盟12国外长会议上，德国和法国提出一项新方案。该方案在欧文—斯托尔滕贝格方案基础上对版图划分作了适当调整，塞族和克族就再度让出部分领土达成协议，但穆斯林予以拒绝。

1994年5月提出由俄罗斯倡议的美、俄、英、法、德五国外长联合提出的"联合行动计划"，又称五国联络小组和平方案。与其他和平计划不同的是：在萨拉热窝、比哈奇、图兹拉、格拉日代等地区内设立保护穆斯林聚居的安全区；在波黑同南联盟边境派驻联合国维和部队和其他国际观察员；继续对南联盟实行制裁和在波黑实行禁飞区计划等。新方案提出的波黑领土划分原则是：塞族占领土总面积的49%，1994年3月成立的穆克联邦占51%。该方案被波黑议会和穆克联邦议会接受，但被波黑塞族议会拒绝。

1995年8月14日由美国单方面提出一个新的方案。这一方案在政治和军事高压下，于11月21日在美国代顿空军基地草签，于12月14日在巴黎正式签署。这就是著名的代顿协议，主要有以下几点内容。

第一，波黑是统一与领土完整的国家，并得到国际社会的承认；第二，波黑由占领土51%的穆克联邦和占领土49%的塞尔维亚共和国两个实体组成；第三，统一的波黑设主席团作为最高领导机关，由穆、塞、克三族各一名代表组成；第四，议会和总统的选举应在国际监督下进行；第五，三个主要民族各自拥有自己的军队；第六，塞控区的东部与西部由波萨维那通道连接，位于该通道咽喉位置的布尔奇科的归属由国际仲裁委员会裁决；第七，首都萨拉热窝由穆克联邦管辖，但塞族对学校和服务设施拥有行政权；第八，塞控区内的戈拉日代由穆克联邦管辖，设专门通道与首都连接；第九，保证难民尽快返回家园，居民可在全境自由通行等。

但是，代顿协议的签订与其说是外交调停的结果，不如说是制裁和军事打击的结果。从整个调停阶段看，外交调停之所以没有取得成效，一个重要的原因是西方国家之间存在着不同的利益追求和意见分歧，从而导致步调不一和前后矛盾。

2. 制裁阶段

在外交调停很难取得进展的情况下，欧共体率先于1991年11月8日通过了对南斯拉夫实行经济制裁的决定（后改为只对塞尔维亚和黑山进行制裁）。在欧共体和美国的建议下，联合国于1992年5月30日和1993年4月27日先后通过第757号和第820号决议，对南联盟实行全面的严厉制裁。主要内容是：禁止各成员国与南联盟的一切贸易往来，实行石油禁运，断绝同南联盟的一切空中联系，冻结南国外金融资产，降低驻南外交使团规格，禁止南参加体育和文化方面的国际交流。随后，欧美各国开始驱逐南外交人员，欧安会和联合国不承认南联盟有权继承南联邦的席位，中止了南联盟代表的与会资格。

在南斯拉夫联邦内战爆发之初，西方国家就对南联邦进行威胁和制裁。欧共体以冻结贷款相要挟，强迫塞尔维亚妥协，同意梅西奇担任联邦主席团主席。1991年7月5日，欧共体宣布冻结对南联邦十亿美元的经济援助和武器销售。9月25日，联合国安理会通过第713号决议，对南联邦实施武器禁运。11月8日，欧共体宣布对南联邦实行全面经济制裁。

1993年4月17日联合国安理会再次通过决议（第820号决议），进一步扩大了对南联盟制裁的范围，禁止除人道主义援助外的任何物品运往或运出南联盟，禁止南船只在其境外的多瑙河水域航行，禁止任何船只进入南海域，冻结南在国外的一切资产，并扣压南在国外的飞机、火车、船只，禁止向南提供除电讯、邮政和法律方面以外的一切服务。

直至1994年9月23日，国际社会才开始放宽对南联盟的制裁。当时，南联盟在长时期的严厉制裁下，经济陷入瘫痪，政治分歧也日益显露。1994年5月5日五国联络小组的和平计划提出后，南联盟塞尔维亚领导人与波黑塞族领导人之间出现分歧，前者敦促后者为了塞尔维亚全体人民的利益接受该和平计划。在波黑塞族领导人拒绝接受和平方案后，南联盟政府于8月4日作出决定，中断同波黑塞族的政治和经济联系，关闭同波黑塞族的边界，实际上就是停止对波黑塞族的支援。联合国安理会对此表示欢迎，并于9月23日作出决定，放宽对南联盟的制裁，恢复对南的国际航空业务，重开河流运输和文化体育交流。与此同时，决议要求各成员国对波黑塞族领导人采取制裁措施，对其停发签证，冻结其在国外的账户，限制其经贸活动等。

1995年11月22日，即代顿协议签署的第二天，联合国安理会通过决议，暂时停止对南联盟的制裁。长达三年多的制裁基本结束。

从整个对南联盟的制裁过程看，它对制止冲突起到了重要的作用，而之所以能起到如此的作用，其中最重要的一点是，这一制裁是由联合国安理会作出决定并实施的。原则上说，这一决定对所有成员国都有约束力，所有成员国也都参与了这一行动。从过去种种制裁来看，如果只是部分国家参与，制裁很难取得效果。

3. 军事介入阶段

早在1992年克罗地亚和波黑的武装冲突愈演愈烈、停火协定一再被撕毁的情况下，西方国家就开始酝酿进行军事干预。1992年6月，德国外长和欧共体委员会主席都先后表示，不应排除使用武力以确保遵守决议的可能性。11月9日，联合国通过了在波黑设立禁飞区的决议。1993年1月北约发出"必要时对有关方面进行空中打击"的警告，并开始在禁飞区巡逻。3月，联合国安理会允许使用包括武力在内的一切必要手段来确保禁飞区的实现。6月，安理会决定六个穆斯林聚居地区为受保护的安全区。1994年，波黑局势进一步紧张。联合国和北约警告各方必须恪守已签订的各项协议和撤走包围萨拉热窝的军事力量，交出重型武器。2月，北约飞机轰炸了克罗地亚境内的塞族机场，军事介入正式开始。

军事介入主要为轰炸和派遣维和部队。北约对波黑的干预从对塞族进行军事威胁升级到实施有限空中打击，于1994年2月上旬向塞族发出限期从萨拉热窝周围撤走所有重武器的最后通牒，2月下旬以"违禁"为由击落塞族飞机四架。4月，当波黑塞族武装进攻联合国划定的六个安全区之一戈拉日代时，北约开始对塞族阵地实行空袭。10月，穆族发动秋季攻势，攻占"安全区"比哈奇周围塞族的大片土地。塞族实行全民军事总动员，并得到克罗地亚境内"塞尔维亚克拉伊纳共和国"军队的支援，于11月中旬夺回全部失地并包围比哈奇。11月下旬，北约对克拉伊纳塞族控制的乌德比纳机场和波黑塞族的奥托卡导弹基地进行了大规模空袭。1994年底，穆、塞双方达成停火协议。1995年3月，战事又起。7月，塞族相继攻占斯雷布雷尼察和热帕两个"安全区"，并继续围困比哈奇。8月30日起，北约作战飞机对塞族阵地进行了为期两周的大规模空袭，出动飞机3200架次，投掷了1000多枚炸弹。这次大规模的连续轰炸使波黑塞族军队的导弹基地、雷达系统、弹药库等遭到重创，指挥系统瘫痪，从而丧失了进攻能力。最激烈和规模更大的轰炸是1999年北约对南联盟的78天狂轰滥炸，它最终迫使米洛舍维奇妥协，于1999年签署了和平协议。

在派遣部队方面，早在1992年克罗地亚爆发克塞民族冲突时，联合国安理会就于2月21日通过一项决议，向前南地区派驻维和部队，直至1995年驻克罗地亚的维和部队才在克总统和议会的要求下撤离。在1992年波黑三个主体民族之间的武装冲突不断升级的情况下，安理会于6月16日批准向波黑派遣由1.5万名军人组成的快速反应部队。12月20日，北约开始实施代号为"1404"的协同行动，六万名多国部队人员开始进驻波黑执行任务。1995年12月，代顿协议正式签署后，为使和平协议顺利实施，联合国安理会决定由北约部队取代联合国驻前南地区的部队，并把维和部队改名为和平协议实施部队。这支由六万名官兵组成的多国部队于当年12月进驻波黑。对平息战火和促成和平起重要作用的是1995年8月克罗地亚在美国直接支持和帮助下展开的代号为"风暴行动"的军事进攻。在这次军事行动中，克境内的克拉伊纳和波黑境内的西波斯尼亚塞族控制区被攻克，巨大的军事胜利直接促成了以战逼和的局面。

上述情况表明，尽管对军事介入是否与国家主权和国际法相抵触还存在着意见分歧，但从实际情况看，对前南地区的军事介入的确起到了制止武装冲突和实现和平的关键性作用。

二 各国的利益和态度变化

如前所述，西方国家在对东南欧进行干预的过程中，各国的态度不尽相同，并在若干问题上显露出意见分歧。这主要是因为各国之间存在着不同的利益，或者说各有各的打算。

1. 美国

美国在1993年以前并未采取实际的干预行动，而主要是针对塞族的军事行动发出警告和威慑。美国称南斯拉夫危机是欧洲人的事务，因而它对此"兴趣不大"。欧洲最初的想法也是"欧洲问题由欧洲解决",所以出面主持了一系列和谈。当波黑战争爆发时,美国意识到它应该争取在欧洲事务中发挥重要作用,因此转而积极促进和平协议的签署。另一方面,欧共体/欧盟在政治一体化的实践——统一的外交政策上的失败,表明欧洲还不能步调一致,并显得力不从心,从而不得不求助于联合国。由于联合国无实际力量运用安理会决议、威胁等手段制止连锁的分离运动,最后只能由美国来执行"世界警察"的任务。1993年5月以后,美国越来越多地直接干预波黑事务。首先,美国务卿克里斯托夫试图说服欧共体国家和俄罗斯对塞族实行军事干预。接着,同俄、英、法和西班牙提出"联合行动计划"。7~8月,向北约提供数十架飞机并建议北约必要时在波黑实行空中打击。进入1994年后,美国撇开了五国联络小组和联合国与欧盟的特使,逐渐夺取了在波黑问题上的主导地位。1994年3月,美国撮合的穆克联邦正式成立,签字仪式在华盛顿由美国总统主持。11月,美国总统宣布撤销对波黑武器禁运的监督。1995年3月,美总统会见克罗地亚、波黑和穆克联邦三国总统,允诺向穆克联邦提供3000万美元的经济援助以及军事顾问。美国国会通过了撤销对波黑武器禁运的提案和"大规模轰炸"的军事行动计划。8月,在以美国为首的北约援助下,克罗地亚"风暴行动"取得了重大军事胜利,从而改变了前南地区的整个军事和政治形势。

对美国来说,巴尔干的战略地位十分重要。从巴尔干向西可以加强它在地中海、北大西洋的安全体系;向南可以巩固北约的南部,与它的中东战略相衔接;向东可以向黑海、里海地区,即外高加索和中亚地区渗透、扩张,削弱和排挤俄罗斯的势力和影响;向北可以制约欧洲盟国,因此,美国把控制巴尔干地区视作它推行欧洲及全球战略的重要组成部分。①

---

① 王逸舟主编《单极世界的阴霾——科索沃危机的警示》,社会科学文献出版社,1999,第243页。

第三章　国际干预与《东南欧稳定公约》的出台

第一次世界大战后，欧洲出现革命浪潮，美国利用它强大的经济实力和积极的外交政策开始在巴尔干取代英、法的地位。美国看好亚得里亚海、黑海及其两个海峡的战略位置。为加强其在巴尔干的地位，美国的总统特使在1940年和1941年访问了希腊、保加利亚、南斯拉夫和土耳其；1944年，美国国务院成立了"巴尔干—多瑙河地区委员会"。1992年以来有近三万名美军官兵在维和名义下进入前南地区。美国在阿尔巴尼亚拥有空军和海军基地。①

第二次世界大战后美国在巴尔干国家的主要伙伴是土耳其和希腊。前者是针对苏联的军事基地提供者，后者可用来削弱英国势力。1947～1990年，美国向土耳其和希腊分别提供了100亿美元和70亿美元的各种援助。1948年后，美国还加强了对南斯拉夫联邦的援助。②

冷战期间，苏联是美国最大的对手，巴尔干是东西方两大军事集团对峙的前沿阵地。冷战结束后，美国极力挤压俄罗斯的战略生存空间，从根本上遏制俄罗斯东山再起。美国在巴尔干扩大了其政治、经济、文化和军事影响。政治上，美国支持巴尔干国家的右翼亲美政党掌权，收买工会组织并施加外交压力，在该地区建立针对俄罗斯和欧盟的战略基地；经济上，开设美国银行，控制大企业股份，在投资和贷款问题上附加政治条件；文化上，创办学校；军事上，建立军事基地。美国和北约在希腊有24个军事基地和设施，约有4000名美国驻军；美国在土耳其有120个军事基地和设施，驻军人数近5000人。

1989年后，美国的巴尔干政策主要反映在下列几个方面：（1）美国全力支持巴尔干国家的民主化进程；（2）美国及其西欧盟国对那些政治改革取得成就的国家提供经济援助；（3）美国力图避免卷入复杂的种族冲突之中，而让联合国和欧安组织去解决这些问题，但在关键时刻，美国

---

① 马细谱：《巴尔干纷争》，北京大学出版社，1999，第263页。
② 马细谱：《巴尔干纷争》，北京大学出版社，1999，第262～263页。

则"当仁不让",起仲裁和主导作用;(4)美国不会阻碍巴尔干国家"欧化",但要努力扩大自己在该地区的军事、政治和文化等方面的影响。[①]

在前南地区危机开始时,美国的态度并不十分积极,1994年开始直接干预前南冲突。在波黑战争中,美国站在穆斯林一方,削弱塞尔维亚族的实力,同俄罗斯明争暗斗。在强大的外交和军事压力下,波黑塞族接受了五国联络小组的和平方案,并于1995年11月21日签订代顿协议。科索沃战争爆发后,以美国为首的北约积极介入,塞阿两族发生流血冲突后,美国迅速作出反应,采取强硬态度,不断向南联盟施压,迫使南联盟让步。

美国在支持欧盟东扩的同时,又不希望欧盟在整个巴尔干地区占据主导地位。2010年10月11日,美国国务卿希拉里·克林顿访问波黑、塞尔维亚和科索沃。她表示,美国支持塞尔维亚加入欧盟,同时支持科索沃独立。

美国通过北约东扩,推行"和平伙伴关系计划"以及双边军事协定,与许多巴尔干国家进行军事合作,达到其军事渗透和军事控制的目的,将绝大多数巴尔干国家都纳入了北约范畴。

2. 德国

德国一直把巴尔干地区看做是自己通往中东的通道。同时,巴尔干的市场也是德国不能放弃的(见表3-1)。

表3-1 20世纪三四十年代德国在巴尔干国家出口贸易中所占的比重

单位:%

年 份	罗马尼亚	南斯拉夫	保加利亚	希 腊	土耳其
1929	28	8	30	23	13
1937	21	21	42	27	36
1938	31	38	53	33	42

资料来源:马细谱:《巴尔干纷争》,北京大学出版社,1999。

---

① 转引自马细谱《巴尔干纷争》,北京大学出版社,1999。

在第二次世界大战中，除土耳其外，整个巴尔干半岛都被德国占领。战后，德国是巴尔干国家重要的经济伙伴。

历史上，巴尔干的一些国家同德国和奥地利在文化传统和宗教上相近。第二次世界大战中，克罗地亚站在纳粹德国一边，依靠纳粹势力残酷屠杀塞尔维亚族人。

因此，在南联邦内分裂趋势日益明显的情况下，德国以尊重民族自决权为由，首先承认斯洛文尼亚和克罗地亚独立，试图把克罗地亚重新纳入自己的势力范围。在波黑内战中，德国向波黑派出4000人的维和部队。

德国还特别支持北约东扩，其目的之一就是想借助北约加强其在欧洲以及世界上的地位。①

3. 法国和意大利

法国同德国是宿敌。为了阻止德国向东南欧的扩张和苏联的影响，法国极力促进小协约国和巴尔干协约国的建立。法国对罗马尼亚和南斯拉夫的影响较大。南斯拉夫危机爆发后，它力主由欧洲人自己解决欧洲的事务，提议将巴尔干地区纳入欧洲的整体框架当中。

对东南欧影响较大的还有一个国家就是意大利。意大利一直是阿尔巴尼亚的保护国，冷战结束以后，它积极发展与阿尔巴尼亚的经济关系，使自己成为东南欧国家的主要贸易伙伴国之一。它一直希望重新控制阿尔巴尼亚。

4. 俄罗斯

1877年，俄土战争爆发，这对长期受奥斯曼土耳其帝国压迫的巴尔干各国人民来说，无疑是一剂强心剂，巴尔干各国视俄国为拯救者。1878年，在俄国强大的军事攻势下，奥斯曼帝国被迫签署《圣斯特法诺条约》。这个条约承认罗马尼亚、塞尔维亚和黑山完全独立，并同意按俄国方案成立一个"大保加利亚"，这是保加利亚历史上最辉煌的时期。俄国

---

① 中国现代国际关系研究院美欧研究中心编《北约的命运》，时事出版社，2004，第21页。

干涉巴尔干的目的是为自己寻找黑海和地中海的出海口。

俄罗斯在历史上是一个军事大国,同时也是一个强大的东正教国家。保加利亚、塞尔维亚、罗马尼亚和希腊也是东正教国家,宗教上的同一性使得这些巴尔干国家自然而然地倾向于俄国。它们把摆脱伊斯兰教束缚的希望寄托在俄国的身上。

第二次世界大战后期,苏联红军帮助解放了大部分东欧国家,英国害怕苏联的力量,先于1944年4月提出让苏联在所有有关罗马尼亚事务中居领先地位,而在希腊问题上得到苏联的部分让步,这是划分势力范围的开始。1944年秋天,苏联军队占领了罗马尼亚和保加利亚,这更使英国感到担心,生怕苏联在巴尔干地区扩大影响。为了确保英国在希腊的地位,丘吉尔决定承认苏联对保加利亚的领导权。经过进一步的讨价还价,达成"百分比协议":苏联在保加利亚的影响力从75%增加到80%,在匈牙利的影响力也从50%增加到80%。可见,第二次世界大战之后,苏联对东南欧各国的影响力极大。

东欧剧变后,俄罗斯在巴尔干处于不利地位。俄罗斯早已失去昔日的威风,北约对此一清二楚,对俄罗斯的强硬态度不予理睬,使俄罗斯备受屈辱。1993年5月,万斯—欧文和平计划由于塞族投票否决而流产,俄罗斯在华盛顿召开的五国外长会议上提出和平计划,建议在波黑设立安全区,但在实施过程中五个倡议国都有各自的打算,和平计划没有被真正实施。在科索沃战争爆发后,俄罗斯各派政治力量都对北约轰炸南联盟的行为进行了严厉的谴责,有的官员扬言,"如威胁到俄安全,不排除使用核武器的可能"。俄政府也采取了一系列同北约中断关系的措施。但是北约的轰炸没有停止。"美国政府在整个科索沃问题上实际上以蔑视的态度对待俄罗斯。"[①] 1999年3月30日,叶利钦总统在俄联邦委员会发表国情咨文时,表示不允许俄卷入武装冲突。

[①] 王逸舟主编《单极世界的阴霾——科索沃危机的警示》,社会科学文献出版社,1999,第224页。

他说:"俄罗斯不允许自己卷入南斯拉夫的冲突,但将尽一切努力制止北约对南联盟采取的军事行动。"苏联昔日的盟友匈牙利、波兰等国积极支持北约的武力行动,匈牙利阻止俄罗斯和白俄罗斯向南联盟提供人道主义援助物资的车队过境;保加利亚当局表示愿意为北约提供后勤支持和帮助,对俄罗斯的打击极大。自苏联解体后,俄罗斯国内政局始终动荡不安,频繁更换总理,内政外交方针难以统一,经济危机严重,无法与北约匹敌。

三 联合国的作用

联合国在欧共体的求助下,开始了对东南欧地区冲突的调解,它以最大的国际组织的名义作出了许多决议,这在政治上和道义上起到了不可替代的作用,但是在执行决议方面和采取实际行动方面则显得乏力。

1992年5月15日,联合国安理会通过了关于波黑问题的第752号决议,要求冲突各方立即停火,要求南人民军和克罗地亚共和国武装立即撤出波黑,并解散一切形式的准军事武装。这是联合国对该地区的首次正式干预。后因南联盟未采取措施执行第752号决议,5月30日安理会通过了第757号决议,提出要对其实行制裁。为保证人道主义救援物资的运送,联合国曾强制塞族和穆族武装撤出对萨拉热窝的包围,对他们的重武器实行监管,为平民进出萨拉热窝开辟三条安全通道,进而于1992年6月9日和29日相继通过第758号和第761号决议,决定向波黑派遣维和部队。随后,联合国在欧共体的求助下派秘书长特使万斯与欧共体解决南危机特使卡林顿一起对克罗地亚交战双方进行调解,使双方签订了第14次和第15次停火协议。1992年7月13日和9月14日又先后通过第764号和第776号决议,授权往波黑增派维和人员7100名,并设立隶属于前南地区维和部队总司令部的波黑分司令部。

为了防止战火蔓延,1992年8月26~28日由联合国秘书长加利和欧共体轮值主席、英国首相梅杰共同主持了关于南斯拉夫问题的伦敦国际会议，发表了原则声明和关于波黑问题的声明，并决定设立解决南斯拉夫问题委员会和六个专家小组——分别解决人权问题、民族问题、人道主义救援问题、对前南斯拉夫的继承问题、安全与核查问题等。要求前南地区实现全面停火，尊重各国现有边界和领土完整，各国相互承认，通过谈判解决争端，加速人道主义援助，让难民返回家园等。随后联合国通过决议在波黑设立禁飞区。①

1999年3月24日，联合国没有对北约轰炸南斯拉夫表示谴责，而只是表示"令人惋惜"，同时认为"有些时候为了争取和平，动用武力可能是正当的"。

1999年6月，南斯拉夫联盟接受了由"八国集团"提出的和平计划。计划还请求联合国秘书长建立暂时的国际平民行政局，使人们可以享受实质上的自治，拥有自治政府。在南斯拉夫军队从科索沃撤退之后，北约终止了轰炸行动，根据联合国第1244号决议，国际维和部队进入科索沃保障该地区的安全。联合国安理会授予科索沃临时行政当局特派团在科索沃地区享有特权。特派团保障大部分难民返回家园并妥善安置。特派团颁发了一系列法令，涉及法官的任命和罢免、许可证发放、建立一个财政权力中心和科索沃预算中心，等等。同时，特派团还与族裔社团的领导建立了对话关系，重建公共设施，开办学校。2001年9月，安理会取消了对南斯拉夫联盟共和国的武器制裁。11月，科索沃举行了选举，选出了120名立法大会成员。2002年3月，大会选举了该地区的首任总统和总理。2003年底，高级官员为联合国协管的科索沃制定了一套标准，包括自由、公平、正常的选举活动、自由新闻媒体报道、公正高效的司法系统等。2003年12月30日，科索沃临时行政当局特派团把一些特别责权转交给地方临时政府，保留了一些权力，包括安全、外交、保护少数民族的权利和能源等。

---

① 赵乃斌、汪丽敏主编《南斯拉夫的变迁》，广东人民出版社，2002，第327页。

从上述情况看，联合国一直扮演着维护和平、战后保障难民返回家园和战后重建的角色，但在实际运作上离不开美国。冷战结束后，作为世界唯一的超级大国，美国一方面谋求在联合国的主宰地位，另一方面不时推行单边主义，甚至甩开联合国单独行动。以美国为首的北约对南斯拉夫联盟共和国进行的大规模空袭，是北约成立50年来首次在没有得到联合国安理会授权的情况下，对一个不属于它防区内的主权国家的军事行动。《联合国宪章》第24条明文规定："各成员国间维持世界和平及安全之主要责任，授予安全理事会。"① 对此，联合国秘书长安南警告说："尽管地区组织应毫无疑问地发挥这种重要作用，但国际社会采取任何军事行动必须获得安理会批准。如果违背这个惯例，那将意味着倒退到一种划分势力范围的体制。"② 虽然如此，联合国仍然对美国在巴尔干冲突中的做法无能为力。

四 干预的结果

1. 国际制裁造成的经济损失与后果

对南联盟来说，制裁的结果是灾难性的，它遗留下的是深刻的、无法磨灭的印记。人民日益贫困，社会安全状况日下，犯罪率攀升，人民的健康状况恶化，死亡率上升。所有塞尔维亚和黑山的平民都受到超级通货膨胀带来的影响。由于制裁，造成国内生产无法正常进行，许多生活必需品，甚至是人道主义救援物资都无法得到。同时，南斯拉夫联盟已经是继克罗地亚之后欧洲第二个具有难民负担的国家，人数曾达60万。由于生活必需品的缺乏，黑市大量出现，出现许多犯罪活动，也出现了从衰退的经济中获益的一批超级暴发户。

西方国家禁止对南斯拉夫联盟投资，使其1997年通过出售电信系统

---

① 王逸舟主编《单极世界的阴霾——科索沃危机的警示》，社会科学文献出版社，1999，第273页。
② 王逸舟主编《单极世界的阴霾——科索沃危机的警示》，社会科学文献出版社，1999，第273页。

的资产而减少的经常项目下的对外收支逆差重新增加，影响到工业生产所需原材料的进口，工业生产和出口也随之下降。1998年下半年工业生产已出现明显下降的趋势，南联盟统计局统计，1998年全年工业生产增长3.6%，社会总产值增长2.6%，但1998年6月到1999年3月（北约轰炸前）工业生产的下降速度平均为0.85%。1999年北约轰炸前的1~3月工业生产比1998年同期下降9%。停止轰炸时的月工业生产水平已不及1998年月平均水平的45%，是近35年来的最低水平。①

2. 战争造成的损失与后果

在波黑战争中，波黑430多万人口中有27.8万人死亡，200多万人沦为难民（见表3-2、表3-3）；全国85%以上的经济设施遭到破坏，直接经济损失达450多亿美元。

历时70多天的轰炸中，北约出动飞机三万多架次，投下了1.3万吨炸弹，摧毁了34座公路桥和11座铁路桥。据南斯拉夫官员和经济学家估计，自1999年3月24日北约对南联盟实施空袭以来，南联盟所遭受的经济损失至少达1000亿美元，北约空袭炸毁的各项民用设施包括公路、桥梁、炼油厂、汽车厂、药厂、铁路线、民用机场和数百公顷的森林，1500多名无辜平民丧生，大量难民涌现，并与日俱增。据联合国难民署1999年4月25日的统计，自北约轰炸南联盟以来，已有60多万人逃离了科索沃，其中绝大部分是阿尔巴尼亚族人。1999年6月初，联合国难民署估计，这一数字已增至85.8万人。②

据南斯拉夫官方统计，自1999年6月联合国维和部队进驻以来，科索沃地区已有35万以塞族人为主的居民被赶出家园，有800~1000名塞族人被阿族人杀害，五万多所塞族人的房屋被焚毁。

---

① 参见中国社会科学院俄罗斯东欧中亚研究所东欧研究室汪丽敏老师撰写的有关科索沃战争后南联盟的经济形势的文章。
② 王逸舟主编《单极世界的阴霾——科索沃危机的警示》，社会科学文献出版社，1999，第51~52页。

表 3-2 1999 年东南欧国家居民被迫离开家园的人数

国　家	总人数(万人)	被迫离开家园人数(万人)	占总人口的比重(%)
克罗地亚	460	6.95	1.5
波黑	420	87.87	21.0
南斯拉夫联盟	1060	74.73	7.1
马其顿	200	2.19	1.1
阿尔巴尼亚	340	0.36	—
总　计	2380	172.09	7.2

资料来源：联合国难民事务高级专员公署，1999 年 11 月 15 日。

表 3-3 科索沃战争前后人口对比

科索沃总人口	195.6196 万人	1991 年人口普查结果
阿尔巴尼亚族人口	逾 160 万人	非官方统计
自 1998 年 3 月离开科索沃的人数	89.3 万人	1999 年 5 月 5 日联合国难民署统计
1999 年 3 月 24 日北约轰炸后难民的数字	87.5 万人	1999 年 5 月 4 日联合国难民署统计
在阿尔巴尼亚的难民人数	39.63 万人	1999 年 5 月 4 日联合国难民署统计
在马其顿境内的难民人数	20.407 万人	1999 年 5 月 4 日联合国难民署统计
在黑山共和国的人数	6.19 万人	1999 年 5 月 4 日联合国难民署统计
获准进入波黑共和国的人数	2.43 万人	1999 年 4 月 11 日联合国难民署统计
获准进入土耳其的人数	8900 人	1999 年 4 月 11 日联合国难民署统计

资料来源：王逸舟主编《单极世界的阴霾——科索沃危机的警示》，社会科学文献出版社，1999。

1999 年 6 月 10 日，在经过 78 天的轰炸之后，北约与南联盟签署了和平协议。由于协议中确认了南联盟的领土完整和科索沃实行自治而使南联盟终于在协议上签字，但协议同时规定，南联盟必须从科索沃撤出所有的军队、警察、准军事部队和立即部署国际安全部队。协议第 6 条规定："在所规定人员撤出后，一批人数经各方同意的南斯拉夫和塞尔维亚人员将被授权返回科索沃。"但北约最高司令克拉克在 1999 年 9 月 13 日却拒绝塞尔维亚治安部队返回科索沃。协议规定解除"科索沃解放军"的武装，但协议签订四个月后，只是象征性地收缴了他们的一些武器，"科索沃解放军"仍拥有大批重武器。在维和部队的袒护下，阿族武装不断袭击塞族村庄，已有 20 万非阿族居民被迫外逃。

北约的空袭对南联盟的周边国家也造成很大影响，仅阿尔巴尼亚、波黑、保加利亚、克罗地亚、马其顿和罗马尼亚六国的财政损失就达 22 亿美元，罗马尼亚和匈牙利的国内生产总值分别下降 2 个百分点和 0.5 个百分点。

科索沃战争后，南联盟投入了紧张的经济重建工作。到 1999 年 11 月初，南联盟官方宣布第一阶段的经济重建任务已经完成，关系国计民生的重要基础设施的重建已经完成，国内的交通网络已恢复正常。第二阶段经济重建的任务是增加生产，恢复失去的生产能力。这在国际制裁的条件下是非常困难的，因为南联盟难以获得经济重建所需的资本和设备。他们认为，在没有外援的条件下，南联盟不可能完成重建的任务。可以看出，南联盟的重建工作有很长的路要走。

3. 干预留下的一些有争议的问题

首先，关于法律授权问题。例如，在冲突初期，一些欧共体国家在没有任何法律授权下，断绝了与南斯拉夫的贸易协定，实施了一系列经济制裁，特别是在运输领域，这是对关贸总协定的公然违反。其次，关于对国际法的某些解释问题。例如，欧共体仲裁委员会使用"分解"（dissolution）这个非法律用语来解释南斯拉夫的问题，主要用意就是为了回避独立过程的不合法性。它使得一个国家内部的行政边界变成了国际边界。[①] 这些做法很明显地证明，国际法是如何被用来为政治利益服务的。再者，关于南斯拉夫战争罪犯国际特别法庭的公正性问题。根据 1993 年 2 月联合国第 808 号决议成立的南斯拉夫战争罪犯国际特别法庭表现了外部干预的模糊性。如果国际社会惩罚战争罪犯，它必须保持公正，而在南斯拉夫问题上，该

---

① Number 2 and 3 of the Arbitration Commission, *Review of International Affairs* (*Belgrade*), pp. 14 - 15.

法庭表现的不是法律行为而是政治行为,它只要求审判塞族有责任的领导人,而完全不提其他共和国的相关领导人。

第三节 《东南欧稳定公约》的出台及其主要内容

如上节所述,东南欧的战火目前虽已熄灭,但这主要是靠国际制裁压出来的,是靠军事干预打出来的,而那里潜在的冲突及其产生的根源依然存在。从历史来看,这一地区的冲突往往会演变成整个欧洲的冲突,甚至整个欧洲的战争。因此,在调停科索沃战争的过程中,欧盟开始进一步考虑东南欧如何保持得来不易的和平,以及真正实现稳定与发展的问题。1999年6月10日,在欧盟的倡议下,在科隆召开了巴尔干国际会议。参加会议的除欧盟各国和美国的外长外,还有俄罗斯和八国集团其他国家的外长、部分巴尔干国家的外长,以及联合国等重要组织和机构的代表。经多方协商,会议通过了《东南欧稳定公约》。接着,在同年7月30日,欧盟、八国集团和巴尔干国家的首脑在波黑首都萨拉热窝集会,研讨实施《东南欧稳定公约》的问题。欧盟倡导的这个《东南欧稳定公约》就是它为实现东南欧的稳定与发展所开的一个药方。它试图通过区域一体化把东南欧国家吸纳到欧盟的框架之内,在统一的政治、经济、安全体系内解决东南欧的政治稳定、经济发展和地区安全问题。本节所要论述的问题就是:《东南欧稳定公约》的主要内容、实质、运行机制和近些年来的实施情况。

一 《东南欧稳定公约》出台的背景

自1992年波黑战争爆发以来,北约及欧盟对东南欧地区进行了包括军事行动在内的强力干预,但这里仍然是战火此起彼伏,冲突连绵不断。有些学者推断,未来的巴尔干可能有三种前景:第一,冲突持续下去,整个地区长期陷入混乱;第二,出现强大的地区力量(如塞尔维亚的重新崛起），从而对该地区实行新的控制；第三，国际维和部队长期驻扎，以保持那里的基本秩序。显然，前两种前景不符合美国和欧盟的利益。第三种解决办法既不是长远之计，也不符合欧盟的心愿。面对这样的前景，欧盟提出了一个新的药方，即以《东南欧稳定公约》命名的药方，它既不是简单的"脱身"，也不是单纯依靠武装"维和"来实现该地区的稳定。这个药方实际上就是以欧洲一体化和欧盟东扩为依托，通过外部制约与内部改革双管齐下的方法来解决巴尔干"火药桶"的问题。这是一条迄今为止的全新的解决途径，它有可能为东南欧的稳定与发展提供一次历史性的机遇。

就西欧国家来说，它们希望欧洲能彻底从战争的阴影下走出来，并顺利地沿着欧洲一体化的道路实现整个欧洲的稳定与发展。作为深受战争和经济衰退之苦的东南欧国家及其各族人民来说，也希望能迅速加入欧盟，通过欧盟的"新马歇尔计划"和"保护伞"实现经济复苏和政治安全。这两方面的意愿也就导致了《东南欧稳定公约》的迅速签订，并构成了实施《东南欧稳定公约》的有力保障。

1999年6月10日，巴尔干国际会议在德国的科隆正式召开。参加的国家及国际组织有：欧盟各国外长，欧洲理事会外长，阿尔巴尼亚、波黑、保加利亚、克罗地亚、匈牙利、罗马尼亚、俄罗斯、斯洛文尼亚、马其顿、土耳其、美国等国外长，欧安组织（OSCE）、欧洲理事会（Council of Europe）代表，加拿大、日本、联合国（UN）代表，联合国难民署高级专员（UNHCR），北约（NATO）、欧洲合作与发展组织（OECD）、西欧联盟（WEU）、国际货币基金组织（IMF）、世界银行（The World Bank）、欧洲投资银行（The European Investment Bank）、欧洲复兴开发银行（The European Bank for Reconstruction and Development）、罗依蒙特进程（Royaumont process）、黑海经济合作组织（BSEC）、中欧倡议组织（CEI）、东南欧合作倡议（SECI）、东南欧合作项目（SEECP）的代表。

会议没有邀请南联盟派代表出席，因为当时的南联盟仍由米洛舍维奇当政,而他被许多西方国家指控为战争罪犯。发起者既不愿邀请米洛舍维奇的代表参加会议,也不愿援助米洛舍维奇执政的南联盟。但会议表示,欢迎南斯拉夫联盟成为稳定公约的正式和平等的一员,前提是南联盟应在八国外长会议原则的基础上,同时考虑到尊重所有《东南欧稳定公约》的原则和目标,政治解决科索沃问题。为了使南斯拉夫联盟更接近于这个目标,尊重其主权和领土完整,会议邀请了黑山共和国代表并考虑让黑山共和国早些从《东南欧稳定公约》中受益。

考虑到匈牙利同巴尔干在历史上有密切关系,且边界多次变化,与南联盟、罗马尼亚等邻国存在着民族和边界问题,因此会议把匈牙利作为东南欧的一部分,邀请其代表出席。

东南欧国家意识到,它们有责任与国际社会合作,设计出一项共同的政策以保证这一地区的稳定和发展。它们也意识到,应该互相提供帮助来实施这项政策,同时可利用这次机会解决东南欧国家结构上的弱点和一些待解决的问题,以加速这个地区的民主和经济发展进程。

二 《东南欧稳定公约》的目的和基本内容

1. 目的

《东南欧稳定公约》称,该公约的目的就在于加强在东南欧国家促进和平、民主、尊重人权和繁荣经济等方面的努力,以达到整个地区的稳定。① 根据《东南欧稳定公约》特别协调员博多·洪巴赫的说法,《东南欧稳定公约》是一个维护该地区和平的政治经济框架,设法通过一项全面的预防性外交政策来解决东南欧各国政治和经济上的机构性缺陷,并最终将这些国家纳入欧洲和欧洲—大西洋结构。他特别指出:和平与稳定要求经济复苏,而经济复苏要求和平与稳定。

为达到此目的,各国在以下方面加强合作。

---

① http://www.seercon.org.

第一，防止并结束东南欧地区的紧张状态和冲突，这是该地区达到持久稳定的先决条件。包括这些国家之间达成多边和双边协议，通过民主方式消除潜在的冲突因素。

第二，引入慎重周密的民主政治进程，该进程应建立在自主和公正的选举基础上，以法律规则和尊重人权及人的基本自由权利为基准（其中尊重人权包括尊重少数民族权利、独立与自由地发表见解、立法机构有向全体选民解释的义务、独立司法、反对腐败、深化和加强国内社团等）。

第三，在东南欧地区创建和平与睦邻友好的关系。为做到这一点，必须严格遵守赫尔辛基最终协议的原则；必须相互信任并相互和解，促进欧安组织和其他地区性的信任机制的建立，进行安全上的合作。

第四，维护这一地区各个国家的多民族和多种族，保护少数民族。

第五，建立有活力的市场经济。为此，必须制定有效的宏观政策，市场尽可能地开放，鼓励外贸和私人投资，有效和透明的关税和商业规则，发展强有力的资本市场，鼓励多种所有制形式，包括私有化，形成一个服务于大众的繁荣社会。

第六，促进地区间和该地区与欧洲、世界其他地区间的经济合作，包括自由贸易区。

第七，促进该地区人民之间毫无妨碍的交流。

第八，反对有组织犯罪、腐败和恐怖主义，以及所有犯罪和非法活动。

第九，防止由于战争、迫害和国内冲突，以及贫穷而移民造成的被迫的人口构成的改变。

第十，在帮助这一地区的国家减轻负担的同时，也要确保所有难民和被迫害的人自由和安全地返回家园。

第十一，为东南欧国家选择政治、经济和安全的全面一体化创造条件。

会议认为，只有当民主原则和民主的价值观在东南欧国家真正被实行，东南欧的持久和平和稳定才能在东南欧国家扎根。国际社会的努力必须关注于加强这一地区的稳定，为整个地区的和平和民主的未来奠定一个坚实的基础。

2. 《东南欧稳定公约》的原则和准则

《东南欧稳定公约》承认在联合国宪章、赫尔辛基最终协定、巴黎宪章、1990年的哥本哈根文件和其他欧安组织的文件中规定的所有原则与准则；同时，完全贯彻联合国安全理事会方案、欧洲理事会的相关方案、波黑和平总体框架协议以及为促进和平伙伴关系而制定的各项方案中所规定的原则与准则。在和平伙伴关系的基础上，达成双边和多边协议，它们由这一地区参加《东南欧稳定公约》的国家达成，并且寻求那些不包括在内的国家也达成这样的协议。这些都是《东南欧稳定公约》的基本要素。

公约认为，它应有对其公民说明该公约的义务，应尊重欧安组织准则和原则，欧安组织成员国所进行的人权方面的工作被认为是合理和正当的，对以上条款的承认构成了国际秩序的基础要素。

巴尔干地区的国家，特别是加入《东南欧稳定公约》的国家，承诺要继续进行民主和经济改革，同时在自愿的基础上，进行双边和地区合作，以促使它们加入到欧洲—大西洋框架当中去。欧盟成员国和其他参加国以及国际组织和机构承诺要尽最大努力帮助这些国家尽快地在一体化道路上取得进步。每个参加国都有其固有的权利自由地选择或改变其安全结构，包括它们参加的联盟条约，每个参加国在这方面要尊重所有其他国家的权利，不能在牺牲其他国家安全利益的基础上加强自己的安全。

3. 《东南欧稳定公约》的主要内容

根据《东南欧稳定公约》的条款、工作日程表和有关的论述，按政治、经济和安全三个方面将其主要内容概述如下。

第一，在政治方面，公约规定参加国要承诺进行民主和经济改革。在公约的第10条中进一步说明了对政治改革的要求。包括发展民主、促进人权、尊重少数民族权利、认同欧盟的政治制度和价值观以及引进欧盟法律制度等内容。关于民主和人权，公约称，只有当民主原则和民主的价值观在东南欧国家被真正实行，持久的和平和稳定才能在那里扎根。有关文件称，民主和人权包括对个人和少数民族权利的确认、媒体的独立和自由的权利、法律规则及法律的独立实施、有效的管理机构的建立和公正的治理，以及公民社会的建立等。

第二，在经济方面，除规定提供经济援助外，还规定了向市场经济转轨的要求以及市场经济规则的实施等。有关文件强调，经济改革和建立一个健康的商业环境是经济发展、一体化和创造就业机会的必要条件。与此同时，必须促进地区内和该地区与欧洲、世界其他地区间的经济合作，鼓励发展自由贸易区、跨国界运输和能源供应，以及加强环境保护等。

第三，在安全方面，规定了一些政策和措施，以结束紧张局势、强化地区安全氛围、增强在安全事务方面的共同合作，使该地区逐渐实现非军事化，并逐步把东南欧国家纳入欧洲—大西洋框架之中。

值得注意的是，公约特别强调维护这一地区各个国家的多民族和多种族的特点，反对建立单一民族国家。有关文件还指出，根据欧洲模式，划定许多民族边界的做法已没有现实意义了，单一民族的主权是战争的起源之一，实现单一性的企图会导致暴行和灾难。此外，文件还提出根据欧洲模式重新组合前南斯拉夫地区与逐步使整个地区纳入欧洲结构的问题。这实际上改变了欧盟国家过去支持一些地区的主体民族建立独立国家的做法（态度），而原来的做法不仅曾导致南联邦的解体，而且也导致一些新独立国家内民族冲突的加剧，甚至爆发了旷日持久的波黑战争。

4. 机制和日程表

关于实施机制，文件称，稳定公约的机制是制定出一套东南欧区域日程表。该日程表的任务是评估《东南欧稳定公约》的执行进度，推进公约的执行并为达到目标而提供指导。文件同时规定，由欧盟任命一个特别协调人主持区域日程表的执行，对促进《东南欧稳定公约》在各个国家的实施负责。该公约的实施也由根据需要而设计的相应的结构所支持，协调人应该与各国政府和各国的相关机构紧密合作，特别是与欧盟和其他对此关注的国家以及相关的国际组织和机构合作。协调人应定期根据程序，代表东南欧区域日程执行机构向欧安组织提供报告。

《东南欧稳定公约》还提出，欧盟要努力使这一地区完全加入欧洲一体化的框架。对于那些还没有与欧盟签订联系协定的国家来说，一旦符合哥本哈根标准，在《阿姆斯特丹条约》的基础上，通过新形式的协约关系，考虑各国的申请。欧盟非常希望把《东南欧稳定公约》的目标的完成（特别是发展区域合作）看成是评价这样一个政策好坏的重要因素。因此，在加入欧盟问题上，东南欧国家已与中东欧国家站在了同一条起跑线上。

从上述规定来看，所谓实施机制就是利用东南欧国家加入欧盟的迫切要求，在欧盟的主导下制定出一整套关于政治民主化、经济重建和安全保证的日程表，并由欧盟任命的特别协调人和相应机构主持日程表的执行，日程表的执行情况是欧盟评估和考虑吸收东南欧国家入盟的依据。

《东南欧稳定公约》的欧盟特别协调人，由欧盟与欧安组织执行主席和其他参与国协商之后，经欧安组织执行主席同意后任命。随后，欧盟委员会任命博多·洪巴赫为《东南欧稳定公约》的特别协调员，总部设在布鲁塞尔。由特别协调员主持区域日程表的执行，对促进《东南欧稳定公约》在各个国家的实施负责。协调人应该与各国政府和各国的相关机构紧密合作，特别是与欧盟和其他对此关注的国家以及相关的国际组织和机构合作。协调人应定期根据程序，代表东南欧区域日程执行机构向欧安组织提供报告。

为实现上述目标，1999年9月16日，在布鲁塞尔通过了《东南欧稳定公约》的工作日程，确定了三个工作时间表：关于民主化和人权，关于经济重建、发展与合作以及关于安全问题。

东南欧区域日程表由专家、机构根据各方的建议制定，并分成各个分项目：

- 民主化和人权的工作日程；
- 经济重建、发展和合作日程；

- 关于安全问题的工作日程。

东南欧区域日程执行机构是所有与《东南欧稳定公约》相关的原则问题的信息交换和讨论中心,这些原则问题包括稳定公约的实质及其实施问题,以及在实施过程中筹划的机制问题。区域日程是工作日程的指导。

工作日程要建设性地提出和促进解决问题的途径以保持和改善该地区的睦邻友好关系。工作日程的目标主要是:

- 在多边基础上讨论问题有助于找出不足之处,并制定不同的处理和协调的方法,吸收参与国、候选国、一些组织、机构、区域的倡议,特别是欧安组织和欧洲理事会的意见和支持;
- 各项项目的确认旨在使一些协议、安排和方法的达成与东南欧稳定公约的目标一致,对于那些有关该地区两个或更多国家的项目应予特别关注;
- 如有必要,对那些应作出更多成绩的地区给予更大的动力。

每一项工作日程都进一步具体化,例如以下几点。

(1) 关于民主和人权,讨论的主要有以下问题。

第一,民主和人权包括对少数民族权利的确认和承认自由并独立媒体的权利;公民社会的建立、法律规则及法律的实施;机构的建立;有效的管理和公正的治理;制定与边界有关问题的共同行为规则;参与国感兴趣的其他问题。

第二,难民问题,包括对难民和处理不当的人的保护和保证他们返回家园。

(2) 关于经济重建、经济发展和经济合作。

包括东南欧地区的经济合作和这一地区国家与欧洲和世界其他国家的合作;鼓励自由贸易区的发展;跨国界运输;能源供应和节约能源;减少控制,增加透明度;基础设施建设;鼓励私有商业发展;环境问题;建设难民营;其他参加国感兴趣的保证援助和统一协调合作进程的问题。

(3) 有关安全问题的工作日程。

第一，讨论司法和国内问题、移民问题，焦点在于制定同有组织犯罪、腐败、恐怖主义和所有犯罪、非法活动、跨国环境公害作斗争的措施，以及其他参加国感兴趣的问题。

第二，从主管机构那里获得定期的信息，提出这一地区的透明度和建立信任的问题。该工作日程继续支持代顿协议第四条，即武器控制协议的条款的实施，以及第五条款的协商进程，同时考虑在适当的时候可能提出进一步的武器控制、安全和建立信任机制的措施。

第三，从主管当局获得定期信息，提出安全或军事合作问题，旨在加强这一地区及该地区国家间的稳定，并不断地加深合作以保证地区安全、冲突预防以及冲突处理。工作日程中的这项任务与欧洲和欧洲—大西洋各项倡议、结构为这一地区安全所作的努力是相辅相成的。

在工作日程与稳定公约的目标相一致的情况下建立工作计划。在能承担的范围内，还可以建立次工作计划，或者为某一特定问题或次区域的问题召开研讨会或大型会议。在这样的情况下，应予特别重视的是，促进个人（特别是青年）、社会团体、企业家、公司以及非政府组织与其在东南欧各个国家中相对应的个人、社会团体、企业家、公司、非政府组织的相互交流。努力使现有的活动保持连续性和连贯性，同时使现有的活动保持互补性和协调性。

工作日程的主持国由东南欧区域日程执行机构任命。工作日程的主持国向区域日程执行机构汇报，工作日程和区域日程的主席定期会晤，必要时讨论工作日程，并与工作日程的活动合作，监督工作日程的工作。

由于各国根据自己的需要参加不止一个工作日程，因此，要协调各个工作日程的时间和地点，使参与国的活动更加便利。工作日程既可以在这一地区的各个国家循环进行，也可以在某个国家的邀请下，或欧盟的邀请下，或欧安组织在维也纳的永久理事会的邀请下在某地进行。

主持国或主持机构应提供会议设备费用，如大会会场、秘书处和翻译，如果会议在欧盟会员机构进行，欧盟提供相应费用。

东南欧区域日程和工作日程包括《东南欧稳定公约》的所有参加国。这些国家、组织、机构和在文件第一节中提到的区域性倡议组织，一些邻国和其他国家，特别是欧盟关注的国家及其他国际组织和机构，如果他们愿意参加工作日程和区域日程，均可被邀请为参加者或观察员。为了保证达到《东南欧稳定公约》提出的目标，其他国家适当地被邀请作为区域日程和工作日程的参加国或观察员，但没有任何义务。

5. 参加国的地位及相互间的合作

欧盟在制定《东南欧稳定公约》上起了倡导作用，并在同其他参加国、候选国和国际组织及机构的合作中扮演了重要的角色。实际上，这个公约早在1998年底科索沃战争之前就开始酝酿。1997年4月29日欧洲理事会公布了一项民主、经济和机构改革的标准，并要求东南欧国家为向欧洲一体化方向迈进首先要实现这些标准。接着，欧盟拟订了新一轮的《稳定与联系协定》。它主要针对联系阿尔巴尼亚、波黑、克罗地亚、南联盟和马其顿。这是欧盟为制定《东南欧稳定公约》和使东南欧国家能加入欧盟所作的贡献之一。

欧盟在推动《东南欧稳定公约》的实施方面也起了主导作用，它努力使东南欧"离欧洲一体化的目标越来越近"，并最终加入欧盟。2000年3月29日北约秘书长索拉纳在布鲁塞尔召开的"东南欧区域援助大会上"说："这次会议不仅仅是讨论对这一地区的具体的援助计划，而且要对这一地区的发展进程作一个评估。……欧盟对东南欧地区的责任是毋庸置疑的。里斯本欧洲理事会再一次认定了东南欧的和平、繁荣和稳定是欧盟的一个首要政策。我们希望这一地区完全纳入欧洲的政治和经济主流中去，这对我们双方都有利，对欧洲更有长久的利益。"此外，欧盟及其成员国也是东南欧国家最重要的资助来源。

欧盟为支持东南欧国家能够达到《东南欧稳定公约》的目标，通过一系列的相关项目来加强这一地区国家的政治和经济机制。由于欧盟在区域框架内建立和发展协约关系上走在了欧洲的前面,东南欧国家也在试图建立这样的框架,在维也纳欧洲理事会决议的基础上,欧盟制定了《走向西巴尔干的共同政策》,并把它作为一项基础决议。欧盟努力使这一地区完全加入到欧洲一体化的框架中。对于那些还没有与欧盟签订联系协定的国家来说,一旦符合了哥本哈根标准,在《阿姆斯特丹条约》的基础上,通过新形式的协约关系来考虑各国的申请。欧盟非常希望把公约目标的完成(特别是发展区域合作)看成是评价这个政策好坏的重要因素。

东南欧国家出于走出危机和求得发展的自身利益考虑,立即成为缔结和实施《东南欧稳定公约》的积极参加者。它们在国际社会的帮助下为和平解决科索沃危机作出了巨大的努力,同时也在民主化、经济改革和区域合作及稳定方面作出了努力,所取得的成绩是有目共睹的。此外,这些国家也是这一公约的主要受益者。

欧安组织作为唯一一个泛欧安全组织和联合国宪章第八章中规定的区域性组织,以及作为一个实施预警、防止冲突、冲突处理和冲突后国家重建的主要机构,在推进各方安全和稳定方面起了关键的作用。根据《东南欧稳定公约》的程序和原则,《东南欧稳定公约》的实施主要依靠欧安组织的工作,也依靠东南欧国家对《东南欧稳定公约》规定的遵守。该公约依靠欧安组织的机构、方法和专家制定东南欧区域日程和工作日程,特别是参照欧安组织在民主化和人权方面的经验制定工作日程。《东南欧稳定公约》希望在为实施《东南欧稳定公约》的规定而要求欧安组织参与时,能在适当的时候采纳欧安组织的方法和程序,来防止冲突以及和平解决争端和人权问题。

欧洲理事会通过它的议会和政府间的机构和制度已经并仍在为《东南欧稳定公约》作出重要的贡献。它还可以通过欧洲的有关准则〔它们体现在相关法律约束的理事会会议,其中主要是欧洲人权大会(和法庭)中〕,在民主制度、人权、法律、司法和教育方面行使有效的手段和援助计划以及加强与市民社会的紧密联系,来推动公约的顺利实现。

联合国,其中包括联合国难民事务高级专员办事处(UNHCR),在地区和平与安全、长期的政治正常化以及经济重建和人权方面发挥了中心作用。联合国难民署对所有有关难民问题，特别是难民的返回问题起到了关键作用。联合国欧洲经济委员会在《东南欧稳定公约》的工作日程的制定上也具有不可替代的作用。

北约及其成员国和其他重要伙伴国在实现《东南欧稳定公约》的目标方面也起了重要的作用，特别是1997年7月北约马德里首脑会议上决定接纳波兰、匈牙利和捷克为北约成员国，为原东欧国家加入欧洲—大西洋框架迈出了第一步。现在，北约决定在加强与东南欧国家的合作、承诺对外开放、北约和欧洲—大西洋伙伴关系理事会和和平伙伴关系问题上与其他欧洲—大西洋联盟机构进行合作，为东南欧地区的稳定、安全而努力保持和加强与东南欧国家的磋商。利用北约的协商论坛和协商机制，进一步加强和平伙伴关系项目的运作有助于实现《东南欧稳定公约》中所制定的保障这一地区总体稳定、进行合作和发展睦邻友好关系的目标。

美国与欧盟密切合作制定了这项稳定公约，它还将继续与其他国家合作发展和完善这个公约。《东南欧稳定公约》肯定了美国对东南欧国家加入欧洲—大西洋结构所起的极其重要的作用。美国也积极支持这个目标，并在经济和技术援助项目上发挥了它在国际金融机构中的领导作用。

俄罗斯在这一地区的作用也受到有关会议的一致赞赏，俄罗斯为使东南欧各国和平解决冲突，特别是在缓解科索沃冲突方面作出了积极的努力。

国际金融机构——国际货币基金组织、世界银行、欧洲复兴开发银行以及欧洲投资银行等在支持东南欧国家达到经济稳定、经济改革和经济发展等方面都发挥了重要的作用。这些金融组织为这一地区制定进一步连贯性的国际援助政策、促进有关国家实施有效的宏观经济政策和结构政策等方面作出了重要的贡献。正因如此，有关会议呼吁这些国际金融组织更加积极地参与实施东南欧区域日程和相关的工作日程方面的工作。

经济合作与发展组织在东南欧国家经济转轨问题上所起到的作用也不容忽视，同时它与东南欧国家在开放性对话方面很有经验。因此，有关会议希望该组织积极参与东南欧区域日程的工作，帮助这些国家进行经济重建，加强这些国家的管理和控制能力，进一步帮助有关国家加快加入欧洲和全球经济一体化的进程。

西欧联盟在科索沃战争中也派遣了军队，有关会议也希望它与北约合作共同实现《东南欧稳定公约》提出的安全目标。

6. 区域倡议及各个组织

《东南欧稳定公约》和有关会议还将注意力特别放在了制定可行性的区域性倡议和建立区域性组织方面，通过这些倡议和区域性组织来推动邻国间的友好合作。

中欧倡议组织已经建立，它是一个稳定的和一体化的对话机构，在政治、经济、文化和议会等领域进行协调合作。它的建立和稳步运作为东南欧地区的经济合作、边界稳定起到了示范作用。目前，黑海经济合作组织、东南欧合作倡议也已经建立，它们都在实施《东南欧稳定公约》中起到重要作用，并应该是这些国家走向欧洲一体化的阶梯。目前，东南欧各国已经开始实行共同的政策，在这一地区进行经济和基础设施建设的相关合作。这些组织在发展区域经济问题上也扮演了重要角色，特别是在《东南欧稳定公约》的框架内，排除了对私人投资不利的因素。有关会议肯定了东南欧合作进程是一项非常成功的区域合作计划。

7. 国际援助和合作

《东南欧稳定公约》重申对支持东南欧地区重建、稳定和一体化的承诺，号召国际社会给予更加慷慨的援助。欧洲理事会建立了一个援助协调进程，它与相关的工作日程是相辅相成的，并且确认了适合的形式来管理和引导国际援助。

三 《东南欧稳定公约》的主要特点

应该说，《东南欧稳定公约》是国际社会第一个综合的、长期的、避免冲突的战略计划，它替代了以往的反应式干预政策。稳定公约是在处理世界性的国际冲突的经验和教训的基础上制定的，冲突的避免与和平的建立有三个关键因素：一是安全环境的建立；二是持续的民主体制的推进；三是对经济、社会良好运行的促进。只有这样，和平进程才能有效运行。

《东南欧稳定公约》是一个政治宣言，同时也是一个基于国际合作的框架协议，它旨在推进东南欧国家的稳定和发展。它不是一个新的国际组织，也不是任何独立的金融组织和执行机构。

从组织上讲，《东南欧稳定公约》主要依靠特别协调员以及30人左右的小组。他们最重要的任务是协调成员国之间的政治策略、已有的和新的区域倡议，这样可以避免不必要的工作重复。

《东南欧稳定公约》的结构和工作原理是以欧安会为模式，它特别的地方就是在区域日程和工作日程里，东南欧国家的代表第一次以平等的身份与那些国际组织和金融机构的代表共同探讨东南欧的未来并制定其政治、经济和安全规划。

欧洲理事会和世界银行共同协调对这一地区的经济援助。它们同时担任高级协调小组（High-level Steering Group）的主席，该小组由八国集团、欧盟轮值主席国和荷兰财政部长以及国际金融组织和机构的代表、特别协调员组成。

人们常把《东南欧稳定公约》比作第二次世界大战后的"马歇尔计划"。事实上，《东南欧稳定公约》从"马歇尔计划"和其他第二次世界大战后重建计划中吸取了一些教训。首先，它是一个双向的进程。一方面，为了得到国际社会的资助，受助国家必须完成相应的改革（例如，必须消除贸易和投资壁垒）。东南欧国家的政府已经开始按照《东南欧稳定公约》所规定的要求进行经济改革，承诺要向保证政治和经济的稳定方向努力，同时要坚定不移地完成宏观经济稳定化政策以及深化结构、机构、社会和环境改革，反对腐败和打击有组织犯罪。另一方面，对于《东南欧稳定公约》伙伴国来说，它们需要为东南欧国家最终加入欧洲一体化和全球化进程提供一个明确的和可信的路径，还要为东南欧国家国内改革计划和区域倡议提供资金和技术上的帮助，并通过经济援助和贷款方式帮助这些国家重建。得到资助并不是主要的，关键是资金用在了哪些方面。基于这个原则，《东南欧稳定公约》的伙伴国在援助之前就首先确定了重点。1999年9月的区域日程第一次会议通过了一个先期工作计划——"政策框架和重点"，资金的援助从一开始就和具体的政策和项目联系到一起。

第四节 《东南欧稳定公约》的实施和进展情况

一 《东南欧稳定公约》的实施

《东南欧稳定公约》对于巴尔干及其周边国家的政治、经济的稳定发展和加快这些国家加入欧盟的进程起到了重要的作用。《东南欧稳定公约》签署国的政治形势、经济形势和安全形势都有了明显的好转。同时，各个国家也开始在边境贸易、基础设施建设、建立欧洲第八走廊、人员自由流动、互免签证等方面进行合作。

自1999年6月10日《东南欧稳定公约》签署以来，该公约得到了迅速的实施并取得了显著的进展。纵观这些年的发展，可概括为三个阶段。

（一）先期准备阶段

欧盟对"援助"巴尔干国家，使之与欧盟经济一体化情有独钟。从1998年底开始，欧盟的专家班子便就这一问题着手工作。1999年4月，总部设在布鲁塞尔的欧洲政治研究中心根据欧盟决策机构的指令，起草了一份关于向巴尔干国家提供援助和实行经济一体化的文件。根据这份文件，欧盟把前南地区五国和阿尔巴尼亚分为两类并纳入欧盟范畴：一类作为"欧盟的自治国家"；一类作为"欧盟的自治地区"。这份文件实际上就是把东南欧纳入欧洲一体化进程的《东南欧稳定公约》的雏形。

在经过欧盟国家内部一段时间的酝酿之后，1999年6月10日，在欧盟的倡议下，在德国科隆召开了巴尔干国际会议，通过了《东南欧稳定公约》。这次会议是一次历史性的会议，从此开始了以欧盟为主的促使东南欧走向稳定与发展的进程。紧接着，当年 7 月 30 日在波黑首都萨拉热窝召开了首次《东南欧稳定公约》首脑会议，除南斯拉夫以外的所有东南欧国家、欧盟国家以及美国、俄罗斯、加拿大、日本等国领导人出席了会议，并通过了一项《东南欧稳定公约》首脑会议声明（又称《萨拉热窝宣言》）。这次会议实际上是有关各国首脑对 1999 年 6 月 10 日巴尔干国际会议签署的《东南欧稳定公约》的正式批准。首脑会议声明说，会议通过了《东南欧稳定公约》的目标和原则，与会国将共同努力，通过集体或单独促进该地区的政治和经济改革、发展和加强安全的方式，赋予该公约以具体的意义，促使东南欧成为一个边界不可侵犯，但不再标志着分裂，并且能提供接触与合作机会的大陆。会议支持欧盟委员会任命博多·洪巴赫为《东南欧稳定公约》第一任特别协调人，并欢迎特别协调人在第一次东南欧地区会议之前提交一份工作计划。在随后的一段日子里，特别协调人同各方进行协商，为制定公约实施方案作准备。

（二）制定具体实施方案（工作日程）阶段

经过多方协商，《东南欧稳定公约》实施方案（工作日程）制定完毕，并于 1999 年 9 月 16 日在布鲁塞尔召开的第一次东南欧地区会议上获得原则通过。实施方案在随后的一段日子里经各方专家审议、补充和修改，工作日程得到进一步的具体化，并制定了三项工作日程的快速启动计划（见表 3-4）。

表 3-4　2000 年 12 月 31 日快速启动计划所需资助和批准资助

单位：亿欧元

项目	所需资助	批准金额	合同金额	已花费金额
工作日程 I——民主化和人权	2.5508	3.6281	2.7355	1.7771
1）人权和少数民族	0.0695	0.1861	0.0525	0.0318
2）地方政府和公共治理	0.0304	0.2797	0.1660	0.0247
3）媒体	0.1183	0.2925	0.2654	0.1709
4）青年和教育	0.1160	0.1730	0.1252	8.9200
5）议会间交流	0.0087	0.0338	0.0338	0.0058

续表

	所需资助	批准金额	合同金额	已花费金额
6）性别问题	0.0090	0.0232	0.0164	0.0074
7）难民的返回	2.1840	2.6124	2.0508	1.4234
8）对前南国家民主力量的支持	0.0150	0.0252	0.0231	0.0231
工作日程Ⅱ——经济重建、发展与合作	14.5244	12.8200	2.1703	1.2579
1）贸易	—	0.0070	0.0044	0.0037
2）基础建设	11.3100	13.1032	1.4671	0.7176
3）经济改革和商业发展	2.9200	1.8159	0.5931	0.4508
4）环境	0.1955	0.1714	0.0664	0.0548
5）社会福利改善	0.0336	0.3167	0.0389	0.0310
工作日程Ⅲ——安全问题	0.7962	0.5436	0.2995	0.1382
1）防务改革与经济学	—	0.1785	0.0035	0.0035
2）武器控制、不扩散和军事接触	—	0.0415	0.0274	0.0138
3）小型武器和轻武器	—	0.0026	0.0026	0.0026
4）人道主义排雷	—	0.2566	0.2274	0.0887
5）反腐败和反有组织犯罪	—	0.0144	0.0124	0.0033
6）司法、警察和边境警察	—	0.0500	0.0263	0.0263
快速启动一揽子计划总计	17.8714	16.9917	5.2052	3.1731

资料来源：根据欧洲理事会和世界银行联合组织的东南欧办公室2001年5月的报告。

（三）正式实施阶段

2000年3月29～30日欧盟和世界银行共同在布鲁塞尔召开了首次巴尔干重建国际筹资大会，这次筹资大会的召开可以说是《东南欧稳定公约》进入项目实施阶段的开始。会议的重要成果是为巴尔干地区的重建筹集到23亿美元的资金。参加这次会议的有欧盟15国、美、加、日、韩等44国以及37个国际机构的代表。与会各方承诺为巴尔干地区的重建和经济发展提供23亿美元的资金。在筹集到的资金中约70%～80%为捐款，其余为贷款。在承诺的资金中，有17.5亿美元用于道路、桥梁、发电、供电和自来水供应等基础设施建设。2001年8月，在罗马尼亚首都布加勒斯特又召开了第二届东南欧重建筹资会议，主要讨论不同形式的捐助。第二届筹资大会对实施三项工作日程起到了进一步的推动作用。

2000年9月11～13日，《东南欧稳定公约》议长会议在克罗地亚首都萨格勒布举行。会议的主题是议会在执行稳定公约和加强欧洲及大西洋一体化中的作用。会议通过了萨格勒布宣言，强调东南欧稳定的条件是确保难民重返家园，呼吁国际社会提供资金支持，要求优先发展交通、能源等方面的合作。

2000年10月25～26日，《东南欧稳定公约》成员国会议在罗马尼亚首都布加勒斯特举行，与会者就加强经贸合作，对付非常规威胁，反对团伙犯罪、武器走私、非法移民等问题达成共识。会议上，南斯拉夫被正式接纳为该公约全权成员国。接纳南联盟为《东南欧稳定公约》成员国的建议是由公约特别协调人洪巴赫提出的。洪巴赫在会上强调，《东南欧稳定公约》是南斯拉夫进入欧洲的钥匙。南联盟代表戈·斯维兰诺维奇在会上指出，南人民愿意同邻近各国人民加强合作，共同努力实现东南欧地区的稳定。他强调，南人民希望成为本地区各国人民的"可靠朋友"。①

2001年2月23日，东南欧国家首脑会议在马其顿首都斯科普里举行。会议决定吸收波黑为《东南欧稳定公约》正式成员，并恢复南斯拉夫的成员资格。会议讨论了地区经济合作问题，并就建立巴尔干自由贸易区达成了一致。6月28日，摩尔多瓦被接纳为《东南欧稳定公约》正式成员。

2002年10月14～16日，《东南欧稳定公约》第三届议会会议在地拉那召开，会议由欧洲议会、欧洲委员会议会、欧安组织议会和阿尔巴尼亚议会四方共同举办。会议通过了《地拉那宣言》，强调支持东南欧国家在公约范围内开展地区性经济合作，支持东南欧各国在条件许可时加入欧盟。呼吁各国在交通运输、基础设施建设、能源水利等方面加强合作，敦促各国在2002年底前结束双边自由贸易协定的谈判。希望各国进一步加强打击腐败和有组织犯罪，遏制偷渡、走私毒品和枪支等犯罪活动。

2003年5月和12月，《东南欧稳定公约》召开第五次和第六次圆桌会议。特别是2003年12月的《东南欧稳定公约》第六次圆桌会议，主要议题是边境合作、民主进程、自由贸易等。另外最终签署了《东南欧国

---

① http://www.people.com.cn/GB/channel2/17/20001026/288223.html.

家自由贸易协定》。会议把鼓励商贸活动和打击有组织犯罪确定为2004年该公约组织的工作重点。

2004年6月8日，《东南欧稳定公约》地区会议在斯洛文尼亚举行。本次会议是在公约成立五周年的背景下召开的。会议积极评价了公约成立五年来取得的成就，制定了今后的基本工作方针，并就地区安全、民主化、人权和经济重建等问题进行了讨论。

2006年5月30日《东南欧稳定公约》圆桌会议在贝尔格莱德召开，与会者一致同意该公约到2008年初停止运作，而由"地区合作委员会"取代。本次圆桌会议结束后，由来自东南欧国家和国际组织的代表组成"地区合作委员会"，其中包括联合国驻科索沃特派团。该委员会最终取代《东南欧稳定公约》。"地区合作委员会"主要关注五个领域的工作，包括经济和社会发展、基础建设、司法体系、防务合作以及人力资源培训等。与会者一致认为加强地区合作是东南欧国家的首要任务之一，这有利于该地区的政治稳定和经济恢复，并有利于加速该地区与欧洲一体化的进程。

2008年2月27日，《东南欧稳定公约》最后一次会议在保加利亚首都索菲亚召开，塞尔维亚和科索沃双方代表参加了此次会议。双方代表都认为，关于科索沃问题今后将重点讨论，因为关于科索沃地位问题仍然悬而未决，导致塞尔维亚国内反对科索沃独立的事件时有发生，东南欧地区的合作有一定的阻力。在《东南欧稳定公约》框架内讨论科索沃问题有助于缓解塞尔维亚和科索沃之间的冲突加剧。

二 三个工作日程的进展情况

关于工作日程的进展情况，《东南欧稳定公约》特别协调员于2001年5月发布了一份实施报告，详细地叙述了关于快速启动计划和工作日程取得的成果和不足。报告称，快速启动计划在开始实施时，包括了35项基础建设项目、工作日程Ⅰ和工作日程Ⅲ的200多个项目以及由欧洲复兴开发银行组织的重要私有部门的发展项目。在实施之初，共有18亿欧元资助快速启动计划,其中3.66亿欧元用于工作日程Ⅰ和工作日程Ⅲ以及工作日程Ⅱ的一部分。共有24亿欧元的援助投到东南欧国家用于三个工作日程,其中16.8亿欧元用于快速启动计划的实施,4亿欧元用于近期规划中的基础建设项目,3.2亿欧元用于其他项目。第一次东南欧地区资助会议召开之后,有244项计划的实施有了实质性进展,一年之内已有82%(201项)的项目启动。具体的进展分别表现在以下几个日程方面。

1. 在实施民主化和人权日程方面

《东南欧稳定公约》旨在建立一个没有分裂以及民主与和平的东南欧,并最终将其纳入欧洲—大西洋框架内。为此,它要求东南欧国家进行民主体制改革,尽快建立民主原则和机制,保障人权。公约认为,一个法治国家没有有效的民主机制就不会有长期的经济发展和繁荣。同样,民主化和不歧视原则也是保证国内外安全的基本前提。

从2000年6月开始,区域日程和工作日程Ⅰ启动,它将工作重点放在四个方面:民族间对话和跨国合作、难民、媒体以及教育和青年问题(见表3-5)。

在民族间对话和跨国合作方面,已经建立起若干工作小组。人权和少数民族工作组的主要工作就是促使多民族实现和平共处,并使少数民族得到保护。人权中心已经建立起来,它目前最重要的工作是审议法规、保护吉普赛人等少数民族。政府工作小组还关注地方政府的发展和机构的建立,以及公共事务的改革。媒体工作组由援助国家、非政府组织和受助国组成,通过了媒体自由宪章和媒体援助政策。同时,它还在七个东南欧国家建立了国家工作组,由媒体专家、社团代表和各国政府代表组成。教育和青年工作组有六项任务:政策发展和体制改进、高等教育、职业教育和培训、青年人教育、民主教育、历史教育。稳定公约还将注意力放在男女平等问题上,鼓励妇女参与社会活动和政治生活。同时,稳定公约还致力于加强与公民社会的联系。2000年10月,工作日程Ⅰ通过了东南欧非政府组织和政府伙伴关系宪章。该宪章提出,各伙伴国应努力推进非政府组织和公民倡议的发展，采取相应的法律和法规，在持续和制度化的基础上促进国家与非政府组织间的伙伴关系。

表 3-5 工作日程 I 中的快速启动计划

工作日程 I	项 目
人权和少数民族（分为四组：增强意识、法制和政策手段、市民社会的促进、学术研究与合作）	共 14 项，预算为 870 万欧元，其中 9 项已经几乎全部得到资助，4 项得到部分资助，1 项尚未得到资助。到 2001 年 5 月止，10 项已经开始，1 项已经完成，2 项处在准备阶段，将于 2001 年 5 月开始启动
良好治理	共 21 项，预算为 550 万欧元，其中 14 项处于实施的第一阶段，大部分项目在 2002 年中之前不会有明显的成果
性别问题（主要是增加妇女参政机会，促进男女平等）	共 8 项，预算为 250 万欧元，其中 5 项得到资助并接近完成，3 项得到资助正在进行
媒体	共 33 项，预算为 2570 万欧元，23 项已经开始实施，5 项的准备工作已经做好，有 5 项被取消。目前将近一半的资助（1400 万欧元）已经到位
议会间合作	共 4 项，预算为 370 万欧元，这 4 项均由非政府组织实施，预算的 75% 是由欧洲理事会提供。所有的项目正在进行
青年和教育	共 45 项，预算为 1900 万欧元，大部分项目正在实施，几乎每个项目的期限均为 18 个月，到 2001 年底和 2002 年初才能有实际成果
难民问题	共 18 项，预算为 2.34 亿欧元，到 2001 年 5 月几乎全部完成
塞盖德进程（主要是在塞尔维亚进行民主改革）	共 150 万欧元，主要是各伙伴国家进行物质上的援助，提供人道主义和技术援助，如燃料运输、医疗援助、培训地方政府官员、公共设施的管理和对地方媒体的支持等

资料来源：2001 年 5 月《东南欧稳定公约》特别协调员关于快速启动计划实施的报告，http://www.stabilitypact.org/qsp-report。

2. 在实施经济发展与合作日程方面

日程规定，在经济发展与合作上，欧盟保证努力消除妨碍商品和资本自由流动的政策和行政障碍，以加强该地区以及该地区与欧洲和世界其他国家之间的经济、贸易和投资合作，改善该地区基本的基础设施，向东南欧国家提供单方面的贸易优惠待遇。而东南欧国家也要努力建立一个可预测的公正的商业环境，打击腐败和犯罪活动，推进面向市场的改革，包括私有化。

2000 年 3 月，《东南欧稳定公约》发布了一个政策文件，题目是《东南欧走向稳定和繁荣之路》。在这个文件里，世界银行制定了《东南欧稳定公约》中长期经济发展目标：私有部门的发展；东南欧和欧盟之间的贸易自由化、商业规范化和金融部门的改善；减少贫困、促进社会发展和融合以及加强社会保障；改善机构和政府管理，特别是通过治理腐败来提高机构管理的效率；增加基础建设的投资；改进环境保护等。

在此期间，欧盟代表还分别与有关国家签署协定，确定双边合作，推动公约的实施。2001年4月，欧盟与马其顿签署了第一个"稳定化和联系协定"，2001年10月又与克罗地亚签署了这一协定。这个协定旨在通过一个新的机制——援助规章CARDS（重建、民主化和稳定化援助团体）来加强欧盟和东南欧国家之间政治、经济和社会的合作。2000～2006年，该团体资助46.5亿欧元帮助东南欧有关国家的改革。

在这个背景下，工作日程Ⅱ开始了以下一些工作。

第一，欧洲委员会、欧洲投资银行（EIB）和欧洲复兴开发银行（EBRD）提出了一个综合的区域基础建设发展规划（运输、能源、电信和供水）。2000年，这项规划的第一期工程资助提高到11亿欧元，第二期基础设施工程的资助于2001年开始，金额为24亿欧元。

第二，2000年2月投资合同启动，东南欧国家开始引入自由市场经济并改善投资环境。在经济合作与发展组织的帮助下，每个国家列出了改革日程表。2000年夏季，根据日程表，改革开始进行。

第三，欧洲复兴开发银行正在实施一项政策帮助私有部门，特别是中小企业和外贸部门。

第四，2000年1月，来自欧盟、美国、加拿大、日本和东南欧国家的20名高级代表成立了商业咨询理事会，主要是为了改进东南欧地区的投资环境，帮助它们完成投资合同。

第五，欧盟成立一个工作组进行环境保护项目方面的工作。

第六，东南欧电子倡议组织成立，致力于建设电子政府、电子商务、电子教育，帮助东南欧国家抓住高科技带来的机会（见表3-6）。

此外，在一些关键领域，稳定公约的实施也取得了重要进展。例如：起草了一项投资法规，它要求该地区国家明确承诺改进投资环境；成立了一个企业顾问委员会，由来自《东南欧稳定公约》参与国的企业高级主管人员组成，该顾问委员会的工作是密切监督投资法规的执行；启动了一项反贪计划，作为打击有组织犯罪的一部分；与此同时，在《东南欧稳定公约》的推动下，该地区的次区域组织与合作也有了较大的发展。1990年成立的黑海经济合作组织已于1999年转变为一个次区域性经济组织，有11个国家参加。它是一个能动的区域倡议组织，已被国际社会所承认。

表 3-6　工作日程 II 中的快速启动计划

工作日程 II	项　目
贸易	共2项，由英国和瑞士资助的技术援助项目和由美国资助的后勤援助项目
地区基础建设	共34项，其中包括9项研究项目，共12.37亿欧元；25项建设项目中，15项已经开始，它们占总资助的75%；9项已经开始进入实质性阶段
投资	共1项，由14个国家提供资助
促进私有部门的发展（包括12项具体的地区倡议，这些倡议分为两组：促进跨边界贸易和投资，对中小企业的支持）	共12项
职业教育和培训	共2项，但只有"与管理机构相关的商业培训项目"有较满意的成果
环境	共4项
社会保障等	共5项

资料来源：2001年5月《东南欧稳定公约》特别协调员关于快速启动计划实施的报告，http://www.stabilitypact.org/qsp-report。

3. 在实施安全日程方面

关于安全问题，工作日程的目的是在整个地区帮助东南欧国家建立一个安全和信任的大环境，使得该地区逐步实现非军事化；增加防务和其他信任措施的透明度；对武装力量进行民主管理；有效控制和减少小型武器。在这些活动中，工作日程主要依靠欧安组织、北约和欧盟来促进东南欧的稳定与安全，加强该地区各国之间以及它们与欧洲各国之间的法制合作，打击恐怖主义、有组织犯罪和腐败。

在安全方面，欧盟承诺：为结束紧张局势、建立和平友好的睦邻关系，要努力强化地区的安全氛围；全面执行现有的武器控制和建立信任的措施，并为这两方面的改善而努力；要敦促平民政府加强对武装力量的控制并针对有组织犯罪、恐怖主义、地雷问题和小型武器的扩散等问题采取有效的措施；要增强在防御和安全事务方面的合作，以及提高军费开支方面的透明度和责任感。工作日程Ⅲ的主要工作是加强国家内部和外部安全，增加透明度和可预测性，促进区域合作（见表3-7）。

表3-7 工作日程Ⅲ中的快速启动计划

工作日程Ⅲ	项目
防务和安全事务次日程	
防务经济学（由于军队人数的削减，在北约和世界银行的协调下重新培训保加利亚、罗马尼亚和波黑的军事官员）	共3项，预算3260万欧元
武器控制和不扩散	共9项，预算160万欧元，2000年10月设在萨格勒布的地区武器控制核查和实施援助中心（RACVIAC）取得了满意的成果
小型武器和轻武器	共1项，预算110万欧元，最明显的成果是在阿尔巴尼亚收集和销毁了4万件轻武器
人道主义排雷	共4项，预算2213万欧元，前3个项目是清除克罗地亚、科索沃和波黑的地雷
司法和内政次日程	
反腐败	共1项，预算245.2万欧元
反有组织犯罪	共2项，预算680万欧元
司法、警察和边境警察	共15项，预算618.1万欧元

资料来源：2001年5月《东南欧稳定公约》特别协调员关于快速启动计划实施的报告，http://www.stabilitypact.org/qsp-report。

安全和国防的次日程的主要任务是：根据武器控制和不扩散原则，《东南欧稳定公约》成员国要在军事情报的互换、军事活动的观察和通知、重型武器的控制等方面进行合作；区域地雷工作组（the Reay Group）是稳定公约成员国和有关国家在地雷行动方面合作和情报交换的论坛；工作日程Ⅲ还致力于一项区域计划以防止东南欧地区的小型和轻型武器的失控。

司法方面：努力贯彻《反腐败倡议》（SPAI）和《反有组织犯罪公约》（SPOC）；加大内部安全部门的改革，强调警察培训、警察和边境警察区域合作的重要性。2001 年中举办了两次稳定公约地区警察培训课程，2002 年管理培训和打击毒品走私活动已经获得资助。

三 关于发展东南欧地区内和地区间合作的努力

为实现东南欧的稳定与发展，《东南欧稳定公约》和有关机构也非常注重东南欧本地区内部和地区间的协调与合作，认为这是实现地区一体化的重要基础。在发展地区内和地区间的合作方面，放在首要位置的是恢复东南欧国家的地区贸易和国际贸易联系。

在欧盟的推动下，1996 年 7 月 7 日，东南欧国家（保加利亚、罗马尼亚、南斯拉夫、希腊、土耳其、阿尔巴尼亚和波黑）外交部长在索菲亚开会，克罗地亚和斯洛文尼亚也派观察员与会，主要讨论推动"巴尔干伙伴关系、稳定、安全和合作"的可能性。关于巴尔干睦邻友好关系、稳定、安全和合作的索菲亚声明强调了发展邻国之间合作的必要性以及联合发展基础设施建设、贸易自由化和建立自由贸易区的双边协定等问题。这次会议把加强地区合作再一次提上日程，是对发展地区合作的一次有力推动，使欧盟和其他国际机构倡议的"地区方式"在巴尔干地区成为一项共同的政策。

1998 年底，南联盟与马其顿根据在此之前签署的贸易协定，建立了一个自由贸易区，自这时起，两国的贸易基本开放。1999 年 3 月 11 日，保、罗、土三国总统在罗为建立三国之间的自由贸易区签署了一项联合声明，决定从 2001 年 1 月 1 日起，相互对进出口工业品免征关税。此前，保、罗还分别同土耳其签订了关于建立自由贸易区的协议。

2000年2月,《东南欧稳定公约》特别协调员成功地调解了长达十多年的罗马尼亚和保加利亚之间的纠纷,两国曾在多瑙河维丁(Vidin)到卡拉法特(Calafat)地段建设第二座大桥问题上产生矛盾。3月27日,两国总理签署联合宣言,6月5日签署一项技术协定。与欧洲投资银行的第一笔贷款合同也于2002年12月8日签订,并建立了一个保加利亚—罗马尼亚联合委员会。

鉴于塞尔维亚的民主改革已经取得了一定的进展,2000年10月26日南联盟被正式接纳为《东南欧稳定公约》的全权成员国。2000年11月13日,《东南欧稳定公约》首次在贝尔格莱德举行会议,来自南联盟120个城市的市长、《东南欧稳定公约》成员国和国际组织的代表以及60多名来自欧洲和北美城市的代表参加了会议。这标志着东南欧国家第一次在加入欧洲—大西洋框架、市场经济改革和地区合作等问题上达成了一致。

目前在东南欧有许多地区合作倡议组织。例如,欧盟的罗依蒙特进程(Royamont Initiative),它是1995年12月在巴黎提出的,在1996年3月20~21日的欧安组织会议上被采纳。它在欧洲稳定公约基础上提出的主要思想是:加强代顿和平协议的实施,将该协议放到一个更宽的视野中考虑——逐步恢复对话和信任,防止紧张状态和危机,加强和解和地区合作,实现经济重建与睦邻友好。另一个重要的地区合作组织是东南欧合作倡议(Southeast European Co-operative Initiative, SECI)。

欧洲委员会给欧洲理事会的一份有关前南国家之间合作的前景和欧盟的作用的报告中强调了欧洲的机构和组织在推动欧洲大陆东南地区的发展时,采取"地区方式"的意义,它特别指出急需在这些新独立的国家内建设稳定的国内政治和经济结构。这意味着促进民主和法制、公民社会的回归、非种族歧视、帮助难民和被不当处理的人回家、经济活动的恢复、基础建设的恢复、军工企业向民用的转化和市场经济的建立。

该报告还指出:如果没有地区内长期的政治稳定和相互合作的恢复,这些国家的国内目标是无法实现的;地区合作是这些国家达到政治和经济目标的唯一出路；只有在经济稳定和贸易增长的地区内，国际援助才会越来越有效。

为巴尔干国家设计的政治稳定的方案需要经济的发展和合作来支持，这种发展和合作是在相关国家之间和这些国家与欧盟之间展开的。其目的不是将这些国家纳入新的边界或一个新的巴尔干联盟，而是按"地区方式"和欧盟的标准贯彻欧盟与巴尔干国家关系的基本原则。这种地区形式是每个新独立的国家与欧盟的金融机构建立一种契约关系，它包含地区基础设施发展和研究网络及规划。这种关系可以促进地区合作，有成绩者就会与欧盟的关系更接近。

关于"地区方式"，欧洲委员会详细规定了其原则和与前南地区及东南欧国家进行合作的条件。它强调指出：由于地理上的相近，欧盟对前南的和平与稳定特别关注。不管是欧盟的成员国还是联系成员国，必须避免政治和军事冲突以及经济危机，这也是欧盟推动这一地区发展的一个重要原因。欧盟希望利用经济援助和契约性的关系推动该地区的发展。众多协议的时间表和内容都与这一地区的稳定相关。除了一般性的政治条件外（人权和少数民族权利、协助被不当处理的人和难民回家、民主机制、政治和经济改革、双边合作、实施和平协议），对南联盟还有附加条件（最大限度地使科索沃自治、与其他前南共和国相互承认、与海牙国际法庭合作、适当后续问题）。这些协议并不同一，但它们有共同的结构。阿尔巴尼亚已经对第一阶段的贸易协议进行协商，斯洛文尼亚已成为欧盟的联系成员国。马其顿自1996年就具备了参加欧盟法尔计划的资格；自1997年开始，马其顿与欧盟签署了多项合作协议。克罗地亚和波黑开始协商优惠进口规定和法尔计划。

欧盟的援助是一个有力的杠杆，既对这些国家施加压力又支持它们之间的合作。法尔计划有许多合适的机制支持次地区和跨边界合作。与欧盟的双边协议也包含地区合作，如能源、电信、运输、研究和发展、农业、旅游、环境、健康和服务。政治对话在地区层次上也非常重要。整个协商进程伴随着相应的政治发展的评价。

国际巴尔干问题委员会（International Commission on the Balkans）提出建立一个自由贸易区，它既在政治上是现实的，也在经济上是可行的，这样就会削弱对南斯拉夫重新建立的恐惧。而欧盟利用贸易与合作协定或欧洲协定这个框架将这些次地区组织限定在它的范围内。此外，运输和基础设施联合会是整个巴尔干地区的组织，它可以成为巴尔干地区的"煤钢共同体"，主要的国际金融支持都放在这个组织内。

事实上，干预的方法只是暂时控制了局势，并没有从根本上解决冲突。而由欧盟倡议的《东南欧稳定公约》，从政治、经济和安全几个方面作了规定，促使东南欧国家最终被纳入欧洲—大西洋框架之中，以保证东南欧各国的稳定和繁荣。

2008年2月，《东南欧稳定公约》由"地区合作委员会"（RCC）所替代，在索菲亚召开的《东南欧稳定公约》最后一次会议上，公约的特别协调人作了关于公约的最终报告。报告提出，地区合作仍然是今后东南欧地区保持稳定的重要方式。

工作日程Ⅰ——民主方面，《东南欧稳定公约》主要的工作有以下几点。

第一，议会之间的合作。在2007年4月东南欧合作进程的议长会议之后，议会之间的合作进一步加强并扩大了。在欧洲议会国家间议会关系代表团的协助下召开了数次会议。在保加利亚议长的倡议下，在议会合作特别小组及地区秘书处的合作下，也召开了一些会议。会议合作谅解备忘录在2007年12月3日的《东南欧稳定公约》地拉那工作日程Ⅰ的会议上讨论。该谅解备忘录就东南欧各国议会合作的目标、合作领域和各国的责任及地位进行了详细叙述。2008年4月14日该谅解备忘录在保加利亚东南欧合作进程议长会议上签署。每年一次的东南欧合作进程议长会议对于评估合作、加强信息交流和制定下一步计划非常重要。设在保加利亚的地区秘书处的活动经费由保加利亚负担。议会合作是《东南欧稳定公约》转变成东南欧合作进程后极其重要的活动领域，东南欧合作进程的秘书处和所有工作人员都是议会合作的监督和支持小组成员。

地区秘书处旨在为东南欧各国议会的合作提供一系列不同层次的框架，即议长、总统层次，委员会主席和成员层次，代表团团长层次，秘书长和议会工作人员层次。

第二，培训人力资源。作为加强《东南欧稳定公约》各项措施的一部分，教育和青年特别小组转变为加强和建设人力资源特别小组。这种转变进一步扩大了活动范围。在教育改革倡议（ERI）框架内，工作小组做了许多工作。建立起与欧洲培训基金会合作的机制并制定了进一步合作的活动计划。该倡议得到东南欧国家和国际社会政治、技术和资金上的资助，特别是来自奥地利、荷兰和瑞士的资助。由《东南欧稳定公约》秘书处策划和实施的学者库和资助数据库在东南欧地区广泛推广，许多学生得以进行咨询。2008年，该重要资源正式移交给东南欧地区进程的西巴尔干国家研究激励平台信息办公室，以保证进一步的维护和开发。

开发人力资本是东南欧国家最大的挑战，它是保证东南欧国家在社会经济领域进一步发展并谋求加入欧盟的重要步骤。为与社会经济改革进程协调一致，必须对东南欧地区教育体制的结构和内容进行根本改革。东南欧地区进程秘书处的专家们对东南欧地区教育体制的改革负有重大责任，应与诸如东南欧投资委员会这样的机构进一步保持良好的合作关系，因为该机构有人力资本工作小组。在东南欧国家，应在国家层面进行许多改革，但在许多其他领域的地区合作可以使这一改革加快步伐。

第三，妇女问题。妇女问题工作小组在东南欧国家妇女教育和交流项目上进一步加强工作。将妇女问题引入地区合作是今后东南欧地区合作进程的一个重点。

2006年12月，地方民主项目正式移交给欧洲理事会，因为欧洲理事会有许多有关地方民主的项目，东南欧合作进程在需要时提供政治支持。

工作日程Ⅱ——经济方面，要进行的工作也很多。

国际金融机构咨询小组（IFI Advisory Group）在成立初期就取得了成

功，在大量技术支持下，国际金融机构咨询小组由于拥有所需的信息和建议，在其所涵盖的范围内做了许多工作，成立了四个工作组，即运输、能源、环境和社会问题工作组。

与区域协调机构如能源共同体条约秘书处、《东南欧稳定公约》运输观察组织和区域环境中心的密切合作，是保证国际金融机构咨询小组正常运行的关键。

在能源方面，《东南欧稳定公约》秘书处在政治上给予监督和支持，它在永久高级别小组（Permanent High Level Group）拥有一个席位以监督能源共同体条约（Energy Community Treaty，ECT）的执行。但在能源方面的挑战是，电力投资的步伐非常缓慢，采购设备一直没有兑现，电力价格持续上涨使情况更加恶化。东南欧合作进程面临的问题是需要敦促各国政府从经济上给予支持。

在运输方面，东南欧运输观察组（SEETO）已经从《东南欧稳定公约》中独立出来，直接隶属于国际金融机构咨询小组。它在建设区域铁路网络方面取得不小的进展。同时，在航空方面，《东南欧稳定公约》致力于建立欧洲空中走廊。

在多瑙河合作进程（DCP）国家的部长和高级官员们的建议下，《东南欧稳定公约》拟定了详细的计划，在以下六个方面加强该进程成员国之间的合作：经济、航空、环境、旅游、文化和次地区合作。

在地区贸易方面，2006年中欧自由贸易协定生效，在2006年12月19日中欧自由贸易协定布加勒斯特首脑会议上，罗马尼亚提出将该协定向巴尔干西部地区以及摩尔多瓦扩大的倡议，得到欧盟的支持和有关国家的响应。同时，中欧自由贸易协定成员国克罗地亚、马其顿以及应邀参加大会的阿尔巴尼亚、波黑、摩尔多瓦、黑山、塞尔维亚和科索沃签署了东南欧自由贸易协定。该协定也称"新中欧自由贸易协定"。[①] 2007年9月

---

① http://news.xinhuanet.com/world/2006-12/20/content-5508934.htm.

在奥赫里德召开了中欧自由贸易协定合作委员会会议，该会议的主要议题是中欧自由贸易协定在布鲁塞尔建立了一个秘书处，在促进法律基础和保证必需的资金方面取得重大的进展。中欧自由贸易协定各方曾一直同意在经费上实行费用分摊，在秘书处和成员国各方的运作下，欧盟已同意在入盟前援助（IPA）项目框架内的项目并提供资金支持，其他双边资助也关注地区贸易进程。与比利时签署了总部协定，最后确定了法律问题，与欧盟完成了金融协定的签署，2008 年 4 月该秘书处正式运作。东南欧合作进程秘书处的一名专家负责监督中欧自由贸易协定的实施，东南欧合作进程秘书处是在指导委员会中监督中欧自由贸易协定秘书处的工作。

2006 年的中欧自由贸易协定是一个包容的、现代的和野心勃勃的协定。它能够对东南欧国家的经济和政治发展发挥巨大的作用，同时它也能够考验东南欧各国的管理能力和政治意愿。中欧自由贸易协定秘书处人员配备充足、反应快，得到了中欧自由贸易协定各方的信任和支持，而秘书处给予各方的技术援助对中欧自由贸易协定进程的顺利实施也起到了关键的作用。东南欧合作进程在监督执行和解决政治争端方面起到了有价值的作用，保证中欧自由贸易协定和其他与东南欧合作进程相关倡议之间的信息能够得到足够的交流，将各项协定执行得更好。由于贸易和投资的密切关系，在中欧自由贸易协定和东南欧合作进程投资委员会之间需要进一步加强联系。

作为地区合作的一部分，根据投资协定（IC）建立了东南欧投资委员会，这是一个高层的协作机构，由东南欧国家的高级政府官员组成，有四个工作小组，旨在保证投资改革有效和按时完成。为了加强其地区的重要作用，从 2007 年中开始，投资协定在索菲亚、基希纳乌和萨格勒布建立了三个分支机构，它还计划在贝尔格莱德重开第四个分支机构。其主要目的是加强投资协定在东南欧地区的地位，通过国家和地区项目，在东南欧各国政府、援助机构和私人部门之间架起沟通的桥梁。东南欧投资委员会每年的部长会议是主要的决策机制，2008 年春天召开的部长会议讨论了对新的投资改革的资助。东南欧合作进程秘书处是东南欧投资委员会和工作小组的一员。

工作日程Ⅲ——安全方面的工作有以下几点。

从2004年开始,移民、难民营和难民地区倡议(MARRI)归属地区一级。2007年4月,该倡议成员国援助建立了移民、难民营和难民地区倡议中心。2007年,由于缺乏资金和项目启动资金,该中心运行比较困难。从2008年1月开始,该倡议各成员国开始提供启动资金。

《东南欧稳定公约》中反对有组织犯罪的倡议(SPOC)做了大量工作。有组织犯罪和恐怖主义活动不仅是对东南欧地区的挑战,也是对全球的挑战。阿尔巴尼亚面临有组织犯罪和恐怖主义的威胁;而塞尔维亚曾连续发生刺杀行为。东南欧各国认为,如果不与本地区其他国家合作,东南欧地区任何一个国家都不可能单独对有组织犯罪活动实施彻底的打击。东南欧各国有义务与欧盟和北约在打击有组织犯罪和恐怖主义领域进行合作。东南欧地区各国积极加强各国间警察、司法等部门的合作,并加强各国反恐方面的情报交换。在2002年10月的《东南欧稳定公约》第三届议会会议以及2003年5月和12月在杜布罗夫尼克和地拉那召开的《东南欧稳定公约》第五次和第六次圆桌会议上,都把打击有组织犯罪作为了工作重点。

2004年11月,在阿尔巴尼亚首都地拉那召开巴尔干国家警察总局局长会议。会议发表联合声明强调,巴尔干地区各国将在打击恐怖主义和有组织犯罪活动方面加强合作,相互交流情报,制定相关行动计划和各国边境"一体化管理"的具体计划。①

《东南欧稳定公约》反腐败倡议(SPAI)也在加大打击东南欧各国的腐败现象。

《东南欧稳定公约》还建立了地区武器控制援助中心(RACVIAC),帮助协调边境的政治、军事纠纷,促成双方的对话,对某一防卫和安全

---

① http://new.xinhuanet.com/world/2004-11/20/content_2240795.htm.

部门进行改革。

从 1999 年《东南欧稳定公约》的出台到 2008 年停止运行，《东南欧稳定公约》基本保障了东南欧国家的稳定，达到了该公约的终极目标——稳定。东南欧地区的冲突被东南欧合作进程所取代意味着这一地区向着一体化的方向迈进。从这个意义上说，《东南欧稳定公约》完成了它的使命，和平地将接力棒转交给担负着加入欧盟使命的东南欧各国政府，为巴尔干最终的和平与稳定奠定了基础。

从实质上说，《东南欧稳定公约》不是一个国际组织，它也没有资金来源，同时，它本身也不是一个执行机构，而只是一个暂时的机构，是在 20 世纪最后十年东南欧地区频繁热战的背景下出台的。它只拥有唯一的权力，即将东南欧国家的代表和国际社会的代表召集到一起，在民族、经济和安全领域制定地区合作的战略。它同时是一个论坛，在这个论坛里，东南欧国家与国际社会坐在一起共同协商解决问题，制定一个协调策略。在世界冲突管理经验的基础上，《东南欧稳定公约》总结出三个长期预防冲突的关键因素，即促进可持续民主制度的发展、促进经济及社会的良好发展以及建立一个稳定的安全环境。这应该说是欧盟在干预波黑战争和科索沃战争过程中的实践。国际社会对巴尔干冲突的最初反应是被动的，只是想修复被战争毁坏的一切，包括精神上的、物质上的、政治上的和经济上的，这些方式常常不是连续性的，东南欧国家也常常是被动地接受外部帮助。在这种情况下，《东南欧稳定公约》的出台第一次使国际社会重新审视东南欧地区冲突的根源，将被动反应式国际干预转变成建立一种综合性的、长期的冲突预防战略。在《东南欧稳定公约》出台到实施的八年中，东南欧地区确实取得了重大的进步，这固然与东南欧国家的努力分不开，但很显然，《东南欧稳定公约》为通过地区方式解决东南欧各国共同面对的问题提供了一个中立的平台和缓冲器。

事实上，《东南欧稳定公约》的构想早在科索沃战争前的 1998 年底就开始酝酿了。美国提出的"东南欧合作倡议"和欧盟提出的"鲁太约蒙进程"都是以地区合作方式来支持代顿协议的实施。北约对科索沃战争的干预加速了国际社会对这一地区进行协调和预防冲突的想法。1999年4月，在北约对科索沃实施轰炸后，德国外长费舍尔提出有必要出台《东南欧稳定公约》，在国际社会的积极支持下建立地区合作的框架。由于《东南欧稳定公约》不是正式的国际组织，因而它有更大的松散性，它可以通过联合国驻科索沃特派团（UNMIK）讨论科索沃问题。

　　第二次世界大战后的重建计划和赫尔辛基进程的经验是《东南欧稳定公约》的基础。《东南欧稳定公约》的实施分两部分：第一部分是它向国际社会寻求大量资助帮助东南欧国家；第二部分是接受国际社会资助的东南欧国家必须承诺进行整治和经济改革。因此，东南欧国家纷纷进行了改革：修订宪法、改组地方政府、消除贸易和投资壁垒以及致力于反腐败和打击有组织犯罪。相应地，资助方通过技术援助和贷款提供支持，资金的资助是有详细的战略目标和计划的。

第四章 《东南欧稳定公约》的理论基础——新地区主义

《东南欧稳定公约》强调加强地区合作,在地区合作的基础上缓解民族矛盾、冲突和战争。从理论和基本思路来看,它源于新地区主义,而新地区主义则是在欧盟发展的实践中从传统的地区主义演变和丰富起来的一种思想,它也是当代国际关系理论中的一支新秀。本章试图就地区主义的产生与发展,新、旧地区主义的实质区别,以及新地区主义在《东南欧稳定公约》中的体现作一论述。

第一节 地区主义的产生和发展

自20世纪初,尤其在第二次世界大战后,国际关系领域的一个主要关注点就是如何构造一个和平的世界。欧洲大陆向来是灾难深重的地区,两次世界大战使得欧洲满目疮痍。第二次世界大战之后,维持和平就是摆在欧洲人民面前的首要问题。在旧金山起草联合国宪章时,丘吉尔认为地区性组织能够求得世界秩序,同时,拉美地区的代表也认为地区性组织能更好地实现国际和平和安全。从那时起,地区性组织在联合国框架下确立了其合法性。1945年以后,地区主义进入了一个快速发展的时期,但在两个阵营对峙和冷战日益发展的情况下,地区主义的发展步伐放慢了。20世纪80年代以来,全球化的趋势日益明显,在世界经济出现了地区专业化与多边主义共存的形势下,地区主义加快了发展的步伐,并向新地区主义演变。

一 有关地区主义的一些概念

1. 地区

对于"地区"(Region,也译作区域)这个概念,许多学者给出了各自的定义。当代国际关系中的区域概念一般是指:由于地理因素关系,使地区部分如邦或州等得以相互结合,并同时具备相当程度的相互依赖关系。①

比约恩·赫特纳(Bjoern Hettne)的定义为:"地区不是给定的,也不是一些正式的组织。它们是在向全球化转型的过程中被创造和重新创造出来的。地区首先是以国界为基础的国际体系,其次,不同层次的地区有许多不同的地区子系统。"② 他把地区分为五个层次——"作为地理概念的地区、作为社会体系的地区、作为有组织合作的地区、作为公民社会的地区和地区—国家"③。路易斯·坎托利(Louis J Cantori)和史蒂文·斯皮盖尔(Steven L Spiegel)认为,地区这个子系统包括"一个或两个以上地理位置相近、相互发生交往的国家,这些国家有着共同的种族、语言、文化、社会和历史联系,同时,系统以外的国家的观念和行动常常使这些国家的同一性意识得到增强"④。约瑟夫·奈的定义是:"由一种地缘关系和一定程度的相互依存性联结到一起的有限数量的国家。"⑤

---

① Joseph S. Nye, "Comparative Regional Integration: Concept and Measurement", *International Organization*, Autumn 1968, pp. 12 – 17.
② Bjoern Hettne and Fredrik Soderbaum, "Theorising the Rise of Regionness", in Shaun Breslin et al., eds., *New Regionalism in the Global Political Economy*, Warwick Studies in Globalisation, Routledge, 2002, p. 38.
③ Peter Wagstaff ed., *Regionalism in the European Union*. U. K.: Intellect Books; USA: Intellect Books, 1999. p. 10.
④ 〔美〕詹姆斯·多尔蒂、小罗伯特·普法尔茨格拉夫:《争论中的国际关系理论》,世界知识出版社,1987年,第184~185页。
⑤ Joseph S Nye, eds., *International Regionalism*: Readings, Boston: Little, Brown & Co., 1968, p. 5.

根据比约恩·赫特纳的归纳，地区有五种不同的层次。

第一种，地区作为一个地理单位，不受自然因素的限制，而是以生态为标志。例如："从大西洋到乌拉尔的欧洲""撒哈拉以南的非洲"或"印度次大陆"等说法。地区首先必须有人类居住。这是地区的最初阶段，我们把它称作"初级地区"或"前地区地区"。

第二种，地区作为社会体系，是具有不同特色的人群之间的相互关系。它组成了一个安全结构，在这个结构中，各个单位不仅依赖于整体的政治稳定，也在其他方面相互依赖。这样的地区组成了世界体系的一部分，它是无政府状态的。19世纪的欧洲就是典型的例子。这是一种较低级的组织形式，权力平衡或某种形式的"协调"是主要的安全保证。这是相对初级的安全机制。我们因此把它称作"初级地区"。

第三种，地区作为在文化、经济、政治或军事领域内任何有组织的合作。在这种情况下，地区是由地区组织的成员国所定义。没有有组织的合作，地区主义的概念就没有任何意义。它可以被称作"正式地区"。这种"正式地区"（由组织内的成员国定义）可以同"实际地区"（这是由不太精确的标准定义的）相比较，以评估某一特定地区组织的合理性和具有的潜力。

第四种，地区作为公民社会，其组织性框架通过地区这个形式促进社会沟通和价值观的集中（或融合）。当然具有贯穿整个地区的共同的文化传统是至关重要的前提，但是文化不仅仅是给定的，它同时还要不断地被创造与更新。该定义的重点在于地区合作的多层面和社会性特点的不断融合，它是一个"地区性无政府状态社会"。

第五种，地区作为认同、行为者能力、合理性和政策制定结构的行为主体。地区干预的关键领域是冲突的解决（在前"国家"之间和内部）和福利（即社会保障和地区平衡）。这种地区形式的最终结构是"地区—国家"，从范围上看，可以同古代的皇朝相比，但政治秩序是从主权国家、政治单位到超国家安全社会的一种自觉的演化。这是一种较高形式的地区，有明确的政治目标，我们称作"新地区主义"。这个层面可能表现的是一种演变的逻辑，但它并不是一个阶段性理论，而是比较分析的一个框架。由于地区主义是一种政治理论，正像民族国家理论的式微一样。所以，它与地区的边缘化相似。①

从以上的论述中至少可以看出一点，地区与全球化具有不可分割的联系。世界上存在着许多不同程度的地区性体系，它们都是在地理、历史和现实中有一致性和共同利益的国际单元或国际行为体，是各种凝聚力量在地区的框架内的结合。② 因此，这里所说的地区，是一种正在出现的主要以经济合作为目的的区域性次级国际体系，如欧盟、北美自由贸易区和亚太经济合作组织；原东欧地区已经形成和正在形成的组织有中欧倡议、黑海自由贸易区等。

2. 地区主义

地区主义（Regionalism）一般定义为：在区域的基础上，邦与邦之间的团体或组织的结构化。③但目前最为流行的定义是：单个的民族经济在制度上结合为更大的经济集团或共同体。④ 我国的一些学者把地区主义概括为："地区主义总体上是一种趋势，一种强化各种联系的趋势。这种趋势包含两个方面的内涵：一方面是指一个地区多样化的共同特性，另一方面是指一个地区强化共同特性的趋势。具体地说，地区主义是指功能领域里的政治合作，是国家有意识的政治决策的形成。它常常是一群地理位置临近的国家，为了发展它们共同的政治、经济和战略利益与目标所进行的互动与合作。"⑤ 虽然地区主义在 20 世纪 50 年代就开始兴起，到了 20 世纪八九

---

① Bjoern Hettne, "Globalization and the New Regionalism: The Second Great Transformation," in Peter Wagstaff eds., *Regionalism in the European Union*, 1999, U. K.: Intellect Books; USA: Intellect Books, pp. 10 – 14.
② 庞中英：《地区主义与民族主义》，《欧洲》1999 年第 2 期。
③ Andrew Hurrel, "Regionalism in Theoretical Perspective", in Louise Fawcett and Andrew Hurrel eds., *Regional in World Politics*, New York: Oxford University Press, 1995, pp. 38 – 73.
④ Peter Robson, *The Economics of International Integration*, 4th Edition, Routledge 1998, p. 1.
⑤ 肖欢容：《地区主义及其当代发展》，《世界经济与政治》2000 年第 2 期。

十年代又掀起了第二波,但最近的地区主义却有着和过去的地区主义不同的背景和意义,也有人认为这是地区主义的第三波,因此把现在的地区主义称作"新地区主义"。旧地区主义形成于第二次世界大战结束以后,许多地区主义者认为地区组织能更好地实现经济发展、政治稳定和世界和平。第二次世界大战结束后出现的地区组织主要是维护国家的主权和独立,侧重区域内部合作,对外则相对封闭;强调政治制度、经济结构、意识形态、宗教信仰和文化传统的相同或相似。最大的一类地区性组织是功能性组织,最主要的代表就是欧共体。它比前一类更注重经济上的一体化,通过经济繁荣,实现社会的稳定和安全。20世纪70年代地区主义沉寂了一段时间,到20世纪80年代,由于全球化的影响,地区主义发展到了一个新的阶段。此后,国际性的地区安排越来越多,先后出现了欧洲、北美、东亚三大地区主义中心。

3. 新地区主义

国际关系学派对新地区主义的定义是:"一个多层面的地区一体化进程,该进程包括经济、政治、社会和文化方面。"[①] 它更强调的是非经济的方面,而主要指政治和安全层面。它认为地区主义是一系列现象而不是独特的现象或一个有关经济或对外政策的单一政策。该定义远远超出了自由贸易区和几个国家市场加入一个单一功能性单位的定义。它把地理认同、政治趋同、集体安全和地区融合作为非常重要的特点。在此定义之下,新地区主义是自下而上发生的,即它是由公司、企业、消费者和市场的需求促动的。相比之下,旧地区主义是自上而下发生的,也就是说,由技术官僚、官员和政治家们策划的,因而在范围上有限,缺少大众的支持。

经济学派(主要以世界银行为主)承认新地区主义主要在非经济层面,但将着重点限制在经济上对自由贸易的加强。这个概念更加开放、外向,比旧地区主义包容性强,而旧地区主义更多的是保护主义的、内向型

---

① Percy S. Mistry, "The New Regionalism: Impediment or Spur to Future Multilateralism?", in Peter Wagstaff eds., *Regionalism in the European Union*, 1999, U. K.: Intellect Books; USA: Intellect Books, p. 123.

的和排斥的。"新地区主义的实质就是在优惠贸易协定的基础上，参与者市场准入权力的相互让渡。"①

从政治和经济角度看，新地区主义有两个特点："一是鼓励地区与世界其他地区的相互合作，而不是阻止合作；二是新地区主义中与贸易有关的层面比其他经济层面（特别是投资、人力资本发展和技术转让）和政治、安全层面相比更加不重要。"②

因此我们可以这样说，新地区主义是一种地区一体化的多层面的进程，包括经济、政治、社会和文化。新地区主义产生于新的以多极化为特征的全球形势的背景之下。它不是单一的政策而是一揽子规划，与自由贸易市场的想法背道而驰；也就是说，将从前多少有些隐蔽的国家市场连接成为一个功能性经济单位。而且，建立边界控制和地区融合的政治目标是地区主义的首要目标。

二 地区主义产生的背景及其结构

20世纪初，欧洲面临的问题是在奥斯曼帝国及奥匈帝国瓦解后如何在这个以多文化、多种族为特点的地区建立起和平。在这种背景下，出现了普世主义和地区主义。普世主义主张通过建立国际组织来维护和平。但事实上在民族国家占主导地位的世界上，无法建立起超国家的具有超常权力的国际机构，即使形式上建立了也不能实际发挥作用。在国际联盟失败后，地区主义学说迅速高涨，但这种思想也只是停留在争论和理论探讨的水平上。地区主义的实际发展应当说是在1945年以后。第二次世界大战后发展起来的地区组织主要有三种形式：综合性地区组织，地区军事联盟

---

① 彭刚、关雪凌主编《稳健东扩　积极整合　协调发展——新入盟成员国与欧盟经济整合研究》，中国政法大学出版社，2009，第260页。
② Percy S. Mistry, "The New Regionalism: Impediment or Spur to Future Multilateralism?", in Peter Wagstaff eds., *Regionalism in the European Union*, 1999, U. K.: Intellect Books; USA: Intellect Books, p. 124.

和功能性地区组织。美洲国家组织、阿拉伯国家联盟和非洲统一组织是当时综合性组织中最主要的组织。但在三种形式的地区组织中，发展最快的是功能性地区组织，它的主旨是提高经济、社会和政治领域里的合作，而不涉及或较少涉及安全。发展最卓有成效的莫过于欧洲经济共同体。正如欧洲煤钢共同体序文中所说，欧洲煤钢共同体的构建是克服古老的权势竞争，通过建立一个经济共同体，去创立一个广泛的和更深的、长久以来被流血冲突分裂的人们共同体。

进入20世纪80年代，经济全球化的趋势日益增强。人们发现，在一体化不可抗拒的情况下，地区性的一体化和干预性的地区主义能更有效地处理全球化带来的问题。在这种背景下，地区主义又得到了新的发展动力。"从世界秩序角度看，由于人们对全球化有一种抵触情绪，地区主义的角色就帮助创建了一个新的政治均势，它既可以使弱国不受冲击，又能代表这一地区人们的利益。在民主背景下，地区主义至少是部分地提供了一个世界秩序，它在中央集权下的经济统制和全球主义之间进行某种妥协，是目前人类环境必不可少的手段。"①

20世纪90年代开始的新地区主义一个新的现象是，在签订的贸易协定中小国对大国作了更大的让步。例如，在签订北美自由贸易协定时，美国要求加拿大和墨西哥在国内知识产权保护、能源政策等方面作出适应美国的调整。针对这一特性，经济学家们对新地区主义的定义就是小国对大国作出单方面让步或额外支付的现象。②

世界银行在1999年《世界发展报告》中说，地方化和全球化是形成21世纪全球经济的两种力量。地方化是指城镇、省和其他不够国家一级的实体不断发展扩大各自的经济和政治力量，这将成为未来最具意义的发展趋势之一。地方化和全球化结合在一起可能将使人类发展产生一场革命。世界银行首席经济

---

① Richard Falk, "Regionalism and World Order After the Cold War", in Peter Wagstaff eds., *Regionalism in the European Union*, 1999, U. K.: Intellect Books; USA: Intellect Books, p. 245.

② 李向阳：《新区域主义与大国战略》，http://www.iwep.org.cn/pinglun/2003_7-8/lixiangyang.pdf。

学家约瑟夫·斯蒂格利兹说:"全球化犹如一股汹涌的波涛,它既可以吞没一些国家,也可以将另一些国家向前推进。……成功的地方化将形成这样一种局面,即一些地方实体和社会中的其他组织——假如你愿意不妨称其为船员——将自由地行使个体自治,但也有一起工作的积极性。"

"1990年,地区性集团不足25个。现在,如果把欧盟、北美自由贸易区(美国、加拿大和墨西哥)、亚太经合组织或亚洲的东盟以及拉美的南方共同市场都算进去,那么,这个数字可能就接近上百个了。这些集团也想制定一些规则,以利于它们之间的贸易。"①

因此可以说,地区主义是在全球化的发展过程中推进的,它与全球化有着辩证的关系。相对于欧盟的发展理论——联邦主义、功能主义,它具有不同的、独特的视角。许多学者认为,目前所处的后威斯特伐利亚体系使民族国家失去了一定的意义,解决方法必须从跨国结构、全球(功能性)或地区(边界性)中去寻找。同时,也应该在国家认同、边界或种族当中去寻找。在全球化背景下,威斯特伐利亚思想仍然存在,但民族国家很虚弱,这导致人们的困惑更甚。但是冲突和混乱的主要诱因还是威斯特伐利亚体系和后威斯特伐里亚体系的并存,并且这两种体系还是霸权性的,这时,解决的办法就是新地区主义。②

第二节 新地区主义的产生及新、旧地区主义的区别

一 新地区主义产生的历史背景

虽然关于新地区主义的概念每个作者都有自己的定义,但他们都认

---

① 〔法〕芭贝特·斯特恩:《在地区与多边化之间,一个多极世界正在形成》,法国《世界报》2000年6月29日。
② Percy S. Mistry, "The New Regionalism: Impediment or Spur to Future Multilateralism?", in Peter Wagstaff eds., *Regionalism in the European Union*, 1999, U. K.: Intellect Books; USA: Intellect Books, p. 117.

为，新地区主义始于 20 世纪 80 年代中期，而真正的地区合作和一体化是 1989 年冷战结束后才开始的。从 20 世纪 80 年代以来新地区主义发展的过程来看，它有以下一些特点。

1. 它是在全球化背景下发展起来的

20 世纪 80 年代以来，经济全球化的趋势日益加强，世界已发展到几乎没有一个国家能够单独生存、独自发展。而另一方面全球化带来的问题也很多，特别是给发展中国家带来的问题更多。人们发现，在一体化趋势不可抗拒的情况下，地区性的一体化和干预性的地区主义能更有效地处理全球化带来的问题。在这种背景下，地区主义得到了新的发展动力。

2. 它是在冷战结束和两极格局被打破的情况下发展起来的

新地区主义发展的另一个重要历史背景是冷战的结束。在 20 世纪 50 年代和 60 年代，欧洲经济共同体建立并在欧洲进一步发展，在第三世界也建立了若干组织。例如，在非洲统一组织和阿拉伯联盟建立之后，又出现了东南亚国家联盟、海湾合作委员会、西亚国家经济共同体等。因为当时的一些新兴国家发现，地区主义可以成为实现经济合作和政治互信的途径，可以成为解决本地区的某些冲突的手段，以及避免大国对其进行干预的工具。但是，在冷战时期，这些组织在处理冲突中的作用受到两个超级大国争霸的制约，很难独自发挥作用。而在促进经济合作方面，它们也不能像欧共体那样得到卓有成效的发展。从 20 世纪 80 年代开始，随着苏联力量的减弱、国内改革浪潮的兴起，特别是冷战的结束，使得原地区主义和地区组织在发展中遇到的一大政治障碍——两极世界在发展国家间关系方面的障碍逐步消失了。人们在发展地区一体化时不再受两极体制的制约。因此，缓和的国际环境给地区组织和地区主义的发展提供了新的空间与可能。

3. 它是在多层面地区一体化形势下发展起来的

传统上的地区一体化是对贸易政策的协调，深化经济一体化并试图最终达到政治一体化。冷战结束后，地区一体化的进程加快，它意味着在经济、社会和文化网络方面的发展，而不仅仅局限于只是地区一级的经济政治合作。它反映了不同层面的文化、安全、经济政策和政治政策从相对的异质性走向不断的同质性的变化过程。

　　文化的融合过程虽然是很慢的，但近 50 年来，随着科技、传媒、交通等的迅猛发展，不同文化之间的交往日益密切，从而提高了地区合作国家间的文化亲和程度，加速了文化的融合。一般来说，地区主义需要以文化融合达到某一程度作为出发点，人们把它称之为"继承性地区公民社会"。在安全合作方面，冷战后的形势表明，欧洲安全秩序发生了根本性变化，这也为新形式的地区合作铺平了道路。同样，在政治合作方面，冷战后的形势变化也为发展地区性的政治合作带来了机遇。新地区主义发展的另一个有利条件是地区公民社会的成长，即选择地区方式解决地区、国家和全球的问题。

　　总之，冷战体系的瓦解使地区合作的前提发生了急剧变化，促进了多层次的地区一体化发展，这就为新地区主义提供了发展的现实基础。新地区主义的一个重要特征就是从单项的合作，如经济、安全的合作，向多层次的包括政治和文化在内的广泛的合作与融合。

4. 它是在民族国家和主权观发生演变的情况下发展起来的

　　"民族国家"是西方国家关系学界用来定义现代国家的一个基本概念。它的基本含义是：由具有共同历史、文化和生活习惯的一国人民在其一定的领土范围内组成的一个拥有最高统治权的政治实体。"具有共同历史、文化和生活习惯的一国人民"指的就是民族（nation）；"一个拥有最高统治权的政治实体"指的就是国家（state）。因此，近现代意义上的"民族国家"就是民族性和国家权力的相结合，并以国家享有最高对内和对外主权为重要特征。作为"民族国家"重要特征的"国家主权"与"民族国家"一样，也是一个历史性范畴，它也随着时代的发展而不断变化。

自国家主权这个概念出现以来，它在内涵和侧重点方面不断有所演进。在 16～17 世纪，随着民族国家的出现，现代主权概念被提出，并被赋予了至高无上的含义。18～19 世纪随着君主国的发展和殖民地的出现，以及联邦制和邦联制的发展，主权实际上开始在不同层次的政治行为主体中分割，出现了绝对主权和相对主权，完全主权和非完全主权。到了 20 世纪，随着国际关系和国际法的发展，主权的可分割性从对内主权的分割发展到对外主权的分割。但是，就整体而言，国家主权包含着国家的独立性和排他性，即任何具有主权的国家都可以自主地处理它的内外事务，可以按照其意志决定内外政策，并采取认为必要的措施来保护本身的利益。此外，国际法是在民族国家产生之后产生的。在很长一段时间内，人们一直认为国际法低于国内法，享有主权的国家并不一定受国际法的约束。

第二次世界大战之后，主权的概念有了发展。简要说来，主权观的新变化主要表现为：主权实际上是有限的，主权是可以分割和让渡的。首先，人们把主权分为核心主权（实质性主权）和非核心主权（非实质性主权）。核心主权包括领土、国防、外交权、司法终审权、国家官员任免权以及社会发展道路选择权等。非核心主权一般涉及非实质性的具体领域，例如关税的确定，外国飞机、船舶的过境等。在现实的国际交往领域中，许多非核心主权早已开始在对等的基础上实行了自我约束和某种程度的相互让渡。随着经济全球化和区域化的发展，主权让渡问题也日益被提上日程。

发生这一变化的主要原因是，现代世界的许多国际事务都涉及一个以上的国家，甚至所有国家，如果各国按其意志独自作出决定，就很难解决这些涉及面很宽的问题。此外，在国际舞台上，国家已不再是唯一的国际法主体，国际组织作为国际法的另一个主体参与国际事务政策制定的作用越来越大。国家的一些内部政策也不可能完全按照国家的意愿来制定，有必要让渡部分主权。此外，经济全球化和冷战的结束也为新地区主义突破国家主权观念的制约提供了新的可能，而主权观念的突破是新地区主义发展的一个重要标志。

考察第二次世界大战后逐步建立起来的各种地区性组织,可以把它们分为三大类:超级大国领导的地区联盟,地区冲突控制组织,地区经济合作组织。而这三类组织都没有超越民族国家的主权限制。欧洲经济共同体也只能说是一个有限的例外。在西欧,鉴于历史和较高的社会经济发展程度,比较早地开始接受地区主义的主权侵蚀形式。但是在冷战时期,突破主权限制是不可能的。只是在冷战的后期,受主权限制的地区主义发生了缓慢的偏离。而这种偏离趋势也是从欧洲开始的。首先是20世纪80年代欧洲安全与合作会议的召开,它扩展了会议的内容,创建了有关信任和安全方面的措施,打破了不干涉国家内部事务的禁令。更为突出的是欧洲安全与合作会议把人权问题也纳入这一地区性组织的议程中,进而建立了规范国家内外政治行为的规则。① 新地区主义发展的另一个重要例子是欧共体建立的统一欧洲大市场。在欧安会将其安全机制扩展到整个欧洲,并实施了不少突破主权的措施和规定之时,欧共体也开始向欧盟发展,从统一大市场到统一货币,从经济政策的干预到人权等国内政治的规范,这是地区主义的一个质的飞越,也是新地区主义正式走向形成的标志。

旧地区主义是民族国家在经济和安全上的联合,就像欧共体当初的联合一样,民族国家将一部分主权让渡给地区性组织,但民族性仍然保持。新地区主义更多的是将民族国家中的民族性"消融"掉。"是民族主义的对立面,是国家面对经济全球化的一种积极反应和策略,体现了国际经济与国际政治之间的关系。"② 由于民族国家对民族经济的调控力量下降,因而不能有效地对付全球范围内跨国关系的各种挑战,结果导致一些国家联合起来解决共同的问题。"使人们联合起来,解决分裂他们的问题,引导他们看到彼此的共同利益。"③

---

① Philip Zelkow, *The New Concert of Europe*, *Survival*, Vol. 34, No. 2. (Summer 1992), p. 26.
② 庞中英:《地区主义与民族主义》,《欧洲》1999年第2期。
③ 《欧洲之父:让·莫内回忆录》(1976),国际文化出版公司,1988,第10页。

诚然，新地区主义"是民族主义下的国际合作，与此同时，它也在竭力突破民族主义"①。但是，就当今世界来看，具有主权的民族国家仍然是世界政治的主要行为体，新地区主义仍然没有超出民族主义的范畴。

二 新、旧地区主义的差异

（一）对差异的简单概括

从上述新地区主义发展过程的论述中，可以把新地区主义与旧地区主义的区别归纳为以下主要几点。

第一，旧地区主义是在冷战时期的两极格局情况下形成的，新地区主义是在多极的世界秩序中开始形成的。新地区主义和多极主义实际上是一个硬币的两面。虽然以前的超级大国在军事和其他方面仍然占有优势，但它们在与其他地区性大国的竞争当中，力量正在被削弱。超级大国的世界组织形式应该被看做是全球化初期，因此超级大国力量的逐渐被削弱应是"非全球化"。

第二，旧地区主义是"自上而下"产生的，它由大国所倡导和组织；新地区主义是从地区内部和"自下而上"发展起来的，它不光包括国家本身，还有其他行为体。

第三，从经济一体化角度看，旧地区主义是内生和保护主义的，而新地区主义则是"开放"的，因此与相互依赖的世界经济是相容的。当然，从经济角度讲，如何将普遍的世界贸易组织（WTO）的规则与特定的地区利益之间的矛盾进行调和仍然是个问题。

第四，旧地区主义客观上说比较具体，有些组织仅以安全为主旨，有些组织则以经济为条件，而新地区主义是综合性质的、多方面的进程。它包括贸易和经济一体化，同时也包括环境、社会保障政策、安全和民主，即在深化经济一体化的基础上最终达到政治、安全和文化的趋同。

---

① 庞中英：《地区主义与民族主义》，《欧洲》1999年第2期。

第五,旧地区主义只注重主权国家,维护主权原则。新地区主义是对国家主权的介入,并构成了全球结构转型的一部分。在这个转型过程中,非国家行为体非常活跃并在全球体系的不同层面有不同的表现形式。

(二)新地区主义对国家主权的介入

新地区主义不同于旧地区主义的一个重要内容就是:旧地区主义是主权原则的保护者,它把国家主权原则视为现代国家体系的基本原则。新地区主义则不同,它从一开始就带有偏离主权限制的倾向。最初的一个例子就是20世纪80年代欧洲安全和合作会议(即后来的欧安组织)的召开。会议的内容扩展到创建有关信任和安全方面的措施,其中包括暂时性和限制性措施及核查程序,打破了不干涉国家内部事务的原则。此外,还将人权问题纳入这一地区性会议的日程,建立了规范国家内外政治行为的规则。

新地区主义介入国家主权的里程碑性质的发展是欧共体向一体化的演进。为实现单一的市场、统一的货币,必然要在经济政策和经济制度等方面实行同一的并带有约束性的规定。这实际上就是对国家主权的介入。随着一体化进程的发展,这种介入也从经济领域向政治、法律、社会等各个方面扩展,逐步扩展到包括人权、民主、环境、社会公正和文化网络等各个方面。因此可以说,新地区主义从偏离主权发展到介入主权,欧盟的实际发展具体地说明了这一点。随着统一大市场和统一货币的建立,各国的关税、货币、财政等职能逐步公共化,成员国在经济管理方面的诸多职能逐步转移到超国家的联盟机构。与此同时,随着"共同的外交与安全政策"(CFSP)的形成,成员国在外交与防务方面的许多主权和职能发生了重大的转移。在国内事务方面,成员国之间的核查扩大到司法和民事方面。建立了欧洲公民资格,赋予其选举权及在任何成员国内居住和往来、接受教育和就业的权利,通行欧洲居民身份证等。结果,成员国各国原来完整的政治方面的国家主权和职能已在很大程度上转移到了超国家的联盟机构之中。①

随着全球化的扩展，国家主权遭受到越来越大的冲击。一方面，国家的内部矛盾"外溢"到国际社会，客观上需要其他力量的协助治理；另一方面，国家要融入国际社会，就必须通过国际条约、协定自愿限制自己的主权，并向有关国际组织让渡部分国家权力。这都必然导致国家主权观念的弱化和被侵蚀。尤其是在超国家组织内部，主权的部分让渡是国家行为体参与其中的前提，国际组织对成员国的干预更不能一概否认。只有坚持主权观念的世界性和层次性观点，才更有利于国家主权的维护。②

新地区主义介入国家主权的合法性，不仅是建立在自愿的基础上，而且还建立在现代的价值观上。它主要反映在人权、民主、社会公正以及人道主义等方面。此外，随着一体化的发展，逐步形成了高于国家利益的地区利益。

（三）新地区主义对自决权及自治权的扬弃

最先在国际社会提出"民族自决权"概念的是列宁。1916年3月，列宁发表《社会主义与民族自决权》一文，指出世界各民族均应享有决定自身命运的权利，被压迫民族应从帝国主义和殖民主义宗主国中解放出来。列宁虽未明确说"民族自决权"要求"民族"与"国家"一一对应，但从日后苏联宪法赋予各加盟共和国"退出权"来看，列宁的确认为每个民族均有建立自己国家的权利。

1918年1月，美国总统威尔逊发表"十四点"宣言，也提出"民族自决权"概念，称民族自决应是重新划分"战败国"（德国、奥匈帝国、奥斯曼帝国和保加利亚）领土的依据。但在1919年的巴黎和会上，威尔

---

① 付小随：《从欧盟看全球化过程中国家主权和职能的转移现象》，《特区实践与理论》1998年第8期。

② 贺鉴：《论冷战后的国际干预——以米洛舍维奇事件为例》，《当代世界与社会主义》2005年第3期。

逊的"民族自决权"概念并未得到实施，其部分原因是战败国指责战胜国国内也不尊重民族自决权，英国的爱尔兰问题与美国的黑人问题即是明证。威尔逊总统也承认，如真正贯彻"民族自决权"，美国和加拿大均将不复存在。

1941年当《大西洋宪章》签署后，丘吉尔连忙在英国下院宣布，《大西洋宪章》中所肯定的民族自决权不适用于印度等英国殖民地，而只适用于德国等法西斯国家侵占的领土。在1945年4月建立联合国的旧金山会议上，是苏联代表团力主将民族自决权写入《联合国宪章》的。最终通过的《联合国宪章》第一章第2条如下："发展国际间以尊重人民平等权利及自决原则为根据之友好关系，并采取其他适当办法，以增强普遍和平。"

在联合国的头20多年中，西方国家一直淡化《联合国宪章》第一章第2条，认为它只是笼统的一般原则，并不能用以支持反殖民主义。但随着殖民地人民独立解放的潮流不可逆转的发展，西方国家的国际关系理论家和外交家转守势为攻势。他们不再淡化和否定民族自决权，而是赋予"自决权"以新的含义。他们最重要的新理论是区分"对外自决权"（external self-determination）和"对内自决权"（internal self-determination）。前者指反殖民主义，后者指各族人民选择和改变自己的政治、经济、文化制度的权利。但是，这一理论面临两个方面的困境。第一，正如耶鲁大学政治学家达尔（Robert Dahl）所指出的，民主选举只能决定既定政治体内部的事务，却不能用于决定政治体的边界，因为民主选举的多数原则的计算，已经预设了大家共同接受的政治体的边界。若硬要以投票公决形式推行"对内民族自决权"，必不能对各民族一视同仁，如克罗地亚内的塞族就没有获得民族自决权。第二，如布鲁金斯研究所高级研究员伍得渥德（SusanWoodward）所指出的，通过全民投票公决以获得国际社会承认的民族自决方式，在一多民族交叉居住的国家内，必然在逻辑上导致种族清洗。这是因为，只有把"不可靠的人口"强迫转移出去，才能确保全民公决投出"独立"的结果。伍得渥德以大量资料为证,说明严重的非人道暴行的出现,是为了通过恐吓以强迫人口转移,并非如西方主流新闻媒体所报道的那样是源于几世纪之久的民族仇恨。

20世纪80年代以来,人们对民族自决权的解释和态度发生了很大的变化。新地区主义的总原则是建立兼容各民族国家、各个不同的民族和种族以及不同文化的群体社会。这与强调民族自决权而要求建立新国家的分离主义是格格不入的。当然,在现实的国际关系中,某些大国出于它们的政治考虑有时也支持民族自决权的使用,如在南斯拉夫联邦解体初期对斯洛文尼亚和克罗地亚的独立的承认。但是,欧盟很快改变了态度,不再支持以行使民族自决权为理由的分裂。这具体反映在欧盟后来在对待科索沃独立和黑山要求实行公民投票以决定是否继续留在南联盟的问题上。

(四) 新地区主义与全球主义的兼容

在学术界有这样的争论,即人们所说的地区主义对于全球化是"里程碑"还是"绊脚石"。从理论上讲,与"地区主义"相比,"全球主义"在社会科学意义上是个更加新的概念。一般来讲,它指国际化或跨国进程的质的深化,即加强发展的功能性层面,减弱发展的地域性层面(有时被称作"地理的终结")。从文化角度上讲,它指客观(对世界的凝缩)和主观(地球意识)的进程。

全球化导致世界出现多极化和边缘化,国家间和地区间的差距在不断加大,全球化并没有改变这种状况,有时反而使这种状况恶化了。而新地区主义能够将不同经济发展程度的国家纳入一个框架内,在这个框架内,小国或是经济不够发达的国家可以通过各种制度安排达到发展经济的目的,同时也达到社会稳定和安全的目标。"新地区主义使发展中国家能够通过渐进的方式实现经济的自由化,以减少调整的代价与政治障碍。"①

---

① 王学玉:《新地区主义——在国家与全球化之间架起桥梁》,《世界经济与政治》2004年第1期。

虽然新地区主义不是内生的，但也不是简单的新自由主义方式，如亚太经济合作组织（APEC）、太平洋的"开放的地区主义"和现在的"拉美和加勒比国家共同体"等。地区是正在出现的现象，既不断形成也不断相互推动，同时也不断与全球化进程进行调整，也能有意识或无意识地成为通往全球主义的道路。全球化的趋势促进了地区一体化和政府间的地区协定。反过来，地区主义也有促进全球化的趋势，该趋势主要表现在，在一个地区内部允许刺激竞争。同时，对全球化，人们有不同的想法和评论，对全球化也有一种普遍的警觉。比如，世界市场对地区生产结构的控制、西方保护主义的过度盛行。因此，新地区主义和以之为基础的地区一体化，被认为是处理全球化问题的一种可行性的和过渡性的形式。

三　新地区主义的国际政治意义

1. 新地区主义对建立冷战后世界新秩序的意义

经济全球化和政治多极化的发展也直接导致对旧的世界（国际）秩序的冲击，而新的秩序却很难迅速建立起来。因此，在新旧交替的时期出现了许多引起纷争的问题，而纷争的核心就是如何处理旧秩序的基础原则——"国家主权至上"的问题，以及民族国家在新的世界体系中的地位问题。正是在这方面，新地区主义为解决这一难题提供了一种新的机会和过渡形式。

一般说来，旧的世界秩序，就是指威斯特伐利亚体系。它是在欧洲30年战争之后缔结的《威斯特伐利亚和约》基础上确认的国际关系准则。威斯特伐利亚体系确定的规则和原则主要是：承认国家主权、权力均衡、尊重国际法。换句话说，体系的特点是：国家主权独立，每个国家在国际上的行为都是建立在国家利益基础上，国家间的体系是由几个大国的权力均衡维持的。威斯特伐利亚体系的合理性的前提是，某个特别的国家是安全与福利的保证。根据这种合理性，国家主权至上，互不干涉内政成为国家间的关系准则，也是国际安宁的保证。

但是，这个体系在实践中存在着无法跨越的矛盾：一方面强调国家主权至上，另一方面要求各国必须遵守共同的规则和秩序；一方面承认所有国家地位平等，但另一方面又不得不面对力量和权力的严重不平衡，以及强权决定秩序的取向。因此，在国际舞台上，实际是强权而不是公理起着支配作用。纵观国际社会发展的历史，旧的国际秩序一直是一种以大国为中心的不合理和不公正的秩序。在这种秩序中，盛行的是"强者法则"和"势力均衡"，武力或武力威胁是主要维系手段。正因如此，在旧的国际秩序下，霸权主义、强权政治横行，超级大国凭借其政治、经济、军事优势，任意干涉别国主权，导致国际局势动荡不安。随着世界形势的发展，一方面，旧的国际秩序显然已不再能成功地处理国际间的矛盾；另一方面，随着全球化的发展，"全球性问题"和"全球利益"增多，如核战争、环境污染、南北问题、人权危机和恐怖主义等。历史的发展导致对旧秩序的突破，并要求建立更符合时代发展的新秩序，以便更好地解决全球的和平与发展问题。

近年来，西方大国从其立场和价值观出发，提出了许多关于新秩序的理论和原则，并且通过对科索沃的轰炸等行动贯彻了"人权大于主权"的新国际关系原则。但是，国家主权是否已到了必须被废除的时候，旧秩序的不合理性和不公正应以什么方式克服，这仍然是一个尚未解决的、引起很大争论的问题。现实表明，在破除旧秩序的同时，带来了很大的秩序混乱。现在看来，时代的变化必然要导致破旧立新的过程，而这两个进程同时存在于全球结构转型的过程之中，这个结构转型的结果有赖于一个辩证的而不是直线的发展。换句话说，国家主权在国际秩序中的地位必然有一渐变的过程，但需要有一个过渡期。

以世界经济秩序为例，世界经济秩序经常是指一种组合，它为世界经济的持续发展提供必要的框架。新的世界经济秩序意味着旧的民族国家（重商主义）的边界逻辑在后威斯特伐利亚背景下消失，从而适应正在形成的全球体系（新重商主义）。关键的问题是全球经济交换如何在以无政府状态为特点的国际体系条件下发生。这就构成了当今世界如何从民族国家的重商体系迈向全球体系的难题。此外，从防范风险来看，全球化经济是在全球范围内通过谋求收入最大化的个人和企业在市场机制下运行的，成本与收益的分配是难以控制的和不均等的，风险也是巨大的。与此相比，新地区主义和新地区一体化给出的市场空间要小，风险也相对较小。同时，因为国家和政府的参与，这也增加了可控性。

因此，可以认为，新地区主义可以成为旧世界政治、经济秩序向新世界政治、经济秩序渐进过渡的一种形式、一种载体。许多新的秩序准则可以在全球新秩序建立的过程中，先在某些地区范围内实施。以国家主权为例，它可以先向地区主权转移，并逐步向全球机构转移。这既是保护，又是扬弃。就经济秩序而言，新的地区主义不是霸权的地区主义，它将促进"善意"的而不是"敌意"的新重商主义，使不同的地区霸权与一个和平的世界秩序相容。

2. 新地区主义对国际安全的意义

对于国家和国家间的安全而言，民族国家和威斯特伐利亚体系确实在历史上不断成为合理解决国际安全问题的障碍。但是，全球化的发展实际上也带来了新的矛盾和冲突，特别是边缘地区和微弱的社会群体更加边缘化，进一步使国家间和地区间的矛盾和冲突加剧。南北矛盾和南南矛盾等的进一步发展就是证明。

传统的安全体系的概念是，一部分国家对其安全的认识和关注点是相互联系的，因此这些国家本身的安全问题无法单独解决，从而需要有一个安全体系。换句话说，安全体系的形成动力和结构是从国家内部开始的，是这些国家对安全的认识和它们之间的相互作用的结果。但是在国际体系的无政府状态下，全球的安全体系只能停留在理论上，而与现实相距甚远。如其他地区理论一样，安全体系的分析也是着重于个体和国际体系。它也把国家作为分析的一个单元，把政治和军事因素作为安全关系的一个主要论题。"基本的安全逻辑来源于这样一个事实，即这个体系内的所有国家都是在一个全球性的相互依赖的安全网络之中。但是因为大多数政治和军事的威胁来自于邻国,所以不稳定因素常常与邻国相关。许多国家更害怕它们的邻国而不是距离遥远的强国。因此国际体系中安全的相互依赖很少成为可能。"[1]

在全球化加剧了国家间与地区间冲突之时,在联合国体系又不能有效解决这些冲突的情况下,地区层面的安全体系却为解决当今世界的安全问题提供了一个新的机会和方式。因为新地区主义下的地区一体化既不是冷战时期的旧地区一体化,也不是否定国家主权的、实际上由唯一超级大国主宰的全球一体化安全体系,它是一个不断增多地区活动、加强本地区国家间合作并逐步走向地区化的世界安全体系的结构性变化。地区行为者可以用较小的代价阻止双方的敌对,干预国家间的冲突(当这样的冲突威胁具有毁灭性并威胁到了地区安全时)。"在一个多元的安全社会,国家再也不期望用武力解决相互之间的关系。地区一体化使次国家体系的无政府状态转化到一个单一的更大的行为体中,以此消除地区内的安全问题。"[2] 由于地区安全体系是由某个地区的一组国家形成的,因此安全体系不只在这些国家之间的关系中处于中心地位,而且还决定外部更强大的力量如何和是否对这一地区进行渗透。换句话说,新的地区安全体系与旧的地区安全体系不同,它与建立全球安全体系并行不悖。

3. 新地区主义对生态可持续发展的意义

生态可持续发展是当今世界,也是人类发展面临的一大难题。在工业化过程中,民族经济不顾整个地区的污染,以发展物质生产和增加财富为目标,导致对生态的极大破坏问题,特别是那些大国在"全球范围"内重复这样的方式,加速了破坏过程。世界经济发展到今天,如何保持生态可

---

[1] Bjoern Hettne, Andras Inotai et al., *The New Regionalism and the Future of Security and Development*, London: Macmillan Press, 2000, p. 2.

[2] Bjoern Hettne, Andras Inotai et al., *The New Regionalism and the Future of Security and Development*, London: Macmillan Press, 2000, p. 2.

持续发展已成为亟待解决的问题。1972年联合国人类环境会议通过了《人类环境宣言》,1984年联合国环境与发展委员会通过了《我们共同的未来》报告,1992年联合国环境和发展大会通过了《里约环境与发展宣言》,进一步强调,要"认识到我们的家园——地球的整体性和相互依存性",发展国际合作解决生态问题。自1992年以来,在世界范围内已签订了许多协议、议定书、行动计划等,但是,鉴于各国在解决生态和环境问题上充满了矛盾和冲突,特别是美国等发达国家不愿承担更多的责任,许多议定书成为一纸空文。导致这种状况的原因很多,其中之一应该说是全球性的合作难度太大,因为涉及的国家太多,而各国之间的发展差距和利益差别太大。因此,在解决这一难题时面临着两难的境地:一方面,无法在民族国家的框架内解决生态和环境问题;另一方面,在全球范围内实行统一行动也是难上加难。

在这种形势下,新地区主义也不失为一种部分的解决途径。固然,一些最具威胁性的生态问题是全球性的,但更多的问题却是地区性的。地区生态问题通常与水相关:海岸、河流、地下水。污染问题的地区管理已经成为地区一体化的一个强大动力。此外,地区的安全与发展也与生态问题相联系。为此,新地区主义还提出了一个"生态地区"的概念。也就是说,新的地区一体化不仅关注许多国家的经济问题和安全问题,而且还关注与环境有关的水的问题。这不仅是指如何在考虑各国不同利益矛盾的情况下开发自然资源和保持自然资源可持续性的问题,而且"生态地区"这一概念还有其政治含义,它指出了以国家为中心这一方式的一些缺陷。实际上,发展、安全与和平、生态的可持续性构成了一个有机的整体,是深化地区合作的重要因素。

第三节 新地区主义在《东南欧稳定公约》中的体现

从上两节关于新地区主义的发展及其特点的探索中,可以看出新地区主义所具有的一些基本理念和原则。本节则试图进一步对其中的一些重要理念和原则在《东南欧稳定公约》中的体现作一探讨。从分析《东南欧稳定公约》条文、历次重要会议的决议和相关实施计划等文件中，可以看出以下一些重要的基本思想。

一 反对以民族自决为由推行分离主义，主张建立多种族、多民族和多文化的社会共同体

从第二节的论述中可以看出，新地区主义的主旨是通过一体化建立一个开放性的，兼容多民族、多种族和多文化的地区群体社会。它强调地区一体化是一个能动的过程，即随着合作的功能性部门逐渐增多和制度化的要求增大，从而导致合作机构的发展和权力的扩张，最终形成超越民族国家的新的政治经济实体。而20世纪最后十年来东南欧出现的趋势却是以实行民族自决为理由，各民族纷纷独立，建立新的民族国家，这不仅与当今世界的地区一体化和全球化背道而驰，而且导致疆界纠纷、武装冲突和民族清洗。因此，在《东南欧稳定公约》和相关文件中突出的一个思想就是，反对以民族自决权和自治为理由实行分离主义和分裂主义。《东南欧稳定公约》特别强调维护这一地区各个国家的多民族和多种族的特点，反对建立单一民族国家。相关文件还指出，根据欧洲模式，划定许多民族边界的做法已没有现实意义了，单个民族的主权是战争的起源之一，实现单一性的企图将导致暴行和灾难。此外，文件还提出要根据欧洲模式重新组合前南斯拉夫地区，并逐步使整个地区纳入欧洲结构。正如绍罗什基金管理公司董事长在一篇文章中所说："巴尔干地区不能仅仅在民族国家的基础上重建。我们已经看到，实现民族单一性的企图可能会导致不可容忍的暴行，给人民带来苦难和毁灭。而且这样做也是不合乎实际的。即使把科索沃排除在外，南斯拉夫仍有20%~25%的非塞族人口。走向和平和繁荣的唯一道路就是缔造一个开放的社会，在这个社会中，国家的主导作用减弱，边界也不再那么重要。这就是欧盟所选择的道路。"[①]

---

① 〔美〕乔治·绍罗什：《取消边界》，〔英〕《金融时报》2000年7月6日。

1990年南斯拉夫联邦开始出现分离倾向时，最初欧共体的态度是不支持分裂。但在斯洛文尼亚、克罗地亚坚持独立时，欧共体国家（主要是德国）出于地缘政治利益的考虑，承认了这两个共和国的独立。接着，以民族自决为理由的独立运动犹如打开了潘多拉盒子，引发了连锁反应和愈演愈烈的独立浪潮，与之相伴的是武装冲突和民族清洗。在此情况下，欧共体/欧盟认为这不利于欧洲的稳定和欧洲一体化进程，从而很快改变了态度，重新回到新地区主义的思想，反对滥用民族自决权，反对分裂主义和分离主义。正因如此，1999年出台的《东南欧稳定公约》中没有提民族自决权，而只是要求东南欧国家尊重人权和少数民族权利。《东南欧稳定公约》首脑会议声明（即《萨拉热窝宣言》）进一步强调："我们将共同努力，促使东南欧成为一个边界不可侵犯，但不再标志着分裂，并且能提供接触与合作机会的大陆。""我们将共同担负起建立一个最终没有分裂的、民主与和平的欧洲的责任。""我们将共同努力，加快这个地区向……多元文化社会的转变，这是它们加入欧洲—大西洋和国际机构的重要一步。我们再次重申我们的诺言，要共同合作以保留该地区国家情况各异的多国家和多种族状况，保护少数民族。已经承认的种族、文化和语言的同一性和权利应该根据相关的国际机制和公约坚决予以保护。"① 正如一位柏林的学者所说："以国家为单元解决巴尔干问题是不可能的，欧盟委员会强调要在地区的框架内解决潜在的危险和争端。"②

这种反对滥用民族自决权实行分裂的思想也反映在欧盟的实际行动之中。在科索沃问题上，尽管欧盟参与了北约对南联盟的军事行动，但它始终强调它反对的是民族清洗和灭绝行动，而不是支持科索沃独立。

---

① 〔美〕乔治·绍罗什:《取消边界》,〔英〕《金融时报》2000年7月6日。
② Leo Tindemans ed., *Unfinished Peace: Report of the International Commission on the Balkans*. Aspen Institute Berlin; Carnegie Endowment for International Peace. Berlin: Aspen Institute; Washington, D.C.: Carnegie Endowment for International Peace, 1996. p. 137.

二 反对集权政治，主张建立以人权、民主为基础的欧洲同一政治制度

民主和人权等问题被认为是新地区主义的前提。新地区主义强调，建立开放性的、兼容多民族和多文化的地区一体化群体社会必须以同一的尊重人权与民主的社会政治制度为基础。《东南欧稳定公约》的重点之一就是要求东南欧国家实行以民主和人权为基点的政治体制改革，建立文明政府。《东南欧稳定公约》规定参加国要承诺进行民主和经济改革。在《东南欧稳定公约》的第10条中进一步说明了政治改革的要求。它包括发展民主、促进人权、尊重少数民族权利、认同欧盟的政治制度和价值观以及引进欧盟法律制度等内容。关于民主和人权，《东南欧稳定公约》称，只有当民主原则和民主的价值观在东南欧国家真正实行，持久的和平和稳定才能在那里扎根。有关文件称，民主和人权包括对个人和少数民族权利的确认，媒体的独立和自由的权利，法律规则及法律的独立实施，有效的管理机构的建立和公正的治理，以及公民社会的建立等。

《萨拉热窝宣言》还指出，根深蒂固的民主习惯和充满生机的文明社会是协议的目标得以实现的基础。我们将共同努力，鼓励有着宝贵的实践经验可以分享的中东欧国家、东南欧国家在促进人权、对民主的负责态度与实践、个人责任感、言论自由和法治等方面进行合作。我们保证要继续合作，在这个地区重建文明政府，支持政治活动自由和媒体的独立性。宣言还特别呼吁南斯拉夫联盟共和国的人民，尽快着手民主改革，为实现地区的和解而积极努力。

三 反对经济壁垒，主张建立地区统一大市场，首先从经济上打破民族和国家的界限

新地区主义强调，重商主义的历史作用，旨在建立"民族经济"而不是地区化的"自然经济"。首先，旧地区主义经常由于地缘政治原因从

外部施加力量，这样对于经济合作就毫无刺激可言。其次，地区合作或地区一体化的努力在殖民时期就已开始，一直到后殖民时期自由贸易协定才得以签署。但是，这些地区性贸易协定的结果很少是激励性的，因为全球模式的发展经常是不平衡的。经济全球化虽然冲破了国家的疆界，但它又带来了边缘化问题。相反，新地区主义不仅注重于经济，而且更注重于政治，同时其所指的经济层面比物品交换这个含义要广阔得多，其自由贸易的方式更加开放，以地区为全体利益的对外政策更加有选择和谨慎。这样的利益包括更广泛的经济问题，如基础设施的发展、企业政策、可持续资源的管理等。因此，新地区主义在某种条件下可以是边缘化问题的反动。

《东南欧稳定公约》除规定向该地区提供经济援助外，更为注重的是要求各国应向市场经济转轨，实施市场经济规则等。有关文件强调，经济改革和建立一个健康的商业环境是经济发展、一体化和创造就业机会的必要条件。

与此同时，《东南欧稳定公约》和有关文件还强调必须促进地区内和该地区与欧洲、世界其他地区间的经济合作，鼓励发展自由贸易区、跨国界运输和能源供应，以及加强环境保护等。《萨拉热窝宣言》称，欢迎东南欧国家在建立地区合作方面取得的进展，欢迎它们在双边以及地区一级促进和实施《东南欧稳定公约》的目标上承担义务。地区计划、机构和合作机构对这一努力特别有帮助。欢迎东南欧国家以及《东南欧稳定公约》的其他国家提出跨边境或者带地区性质的共同建议和项目，将此作为把协议目标迅速转变成具体行动的重要贡献。这些建议应该提交给地区会议以及相关的《东南欧稳定公约》的工作会议讨论。

四 反对建立民族武装，主张建立地区安全体系，实现安全一体化

新地区主义注重地区集体安全，但它与旧地区主义的不同之处是，它与"世界秩序价值观"密不可分，与和平、发展和生态可持续性密不可

分。也就是说,它的安全网不仅局限在本地区,它还着眼于全球的安全和实现安全一体化。但新地区主义也不同于全球主义,新地区主义认为:"基本的安全逻辑来源于这样一个事实,即这个体系内的所有国家都是在一个全球性的相互依赖的安全网络之中。但是因为大多数政治和军事的威胁来自于邻国,所以不稳定因素常常与邻国相关。许多国家更害怕它们的邻国而不是距离遥远的强国。因此国际体系中安全的相互依赖很少成为可能。……由于地区安全体系是由某个地区的一组国家形成的,因此安全体系不只在这些国家之间的关系中处于中心地位,而且还决定外部更强大的力量如何和是否对这一地区进行渗透。……地区一体化使次国家体系的无政府状态转化到一个单一的更大的行为体中,以此消除地区内的安全问题。"[1] 此外,新地区主义还认为,有些冲突主要是由于全球化而变得更加尖锐,它导致边缘地区和弱势群体更加边缘化。而联合国体系在目前国际大背景下还不能有效地解决这些问题。现在的世界体系允许并促进了世界不同地区的地区化进程,不断增多的地区活动本身构成了一个走向地区化的世界秩序的结构性变化。总之,新地区主义既着眼于全球安全体系,也更注重地区安全体系和安全机制的建立;既要求更大范围的国际安全组织发挥作用,又首先着眼于本地区和相关国家的安全努力。

由于民族国家的解体对地区安全产生了威胁,因而新地区主义也非常关注民族国家和族际冲突的问题,强调通过加速区域化进程,解决民族国家和族际间的冲突。新地区主义主张建立一项区域机制框架,它主要用于冲突的解决,对区域内部民族国家的进一步解体进行干预。他们认为,区域层面能够触及以前民族国家触及不到的解决冲突的可能性,有助于消除紧张状态。如果发生暴力,区域行为体能够干预国家间冲突,从而尽量减少双边敌对的危险。并且认为,地区行为者可以以较小的代价阻止双方的

---

[1] Bjoern Hettne, Andras Inotai et al., *The New Regionalism and the Future of Security and Development*, London: Macmillan Press, 2000, p. 2.

敌对，干预国家间的冲突。

　　基于上述思想，《东南欧稳定公约》首先强调地区安全体系和安全机制的建立。《东南欧稳定公约》强调，防止并结束东南欧地区的紧张状态和冲突是这一地区达到持久稳定的先决条件，这包括在这些国家之间达成多边和双边协议，通过民主方式消除潜在的冲突因素。《东南欧稳定公约》同时也强调欧安组织在促进《东南欧稳定公约》方面的作用，认为欧安组织作为唯一一个泛欧安全组织和《联合国宪章》第八章中规定的区域性组织，以及作为一个预警、防止冲突、冲突处理和冲突后协助国家重建的主要机构，在推进各方安全和稳定上起了关键的作用。《萨拉热窝宣言》还指出，我们要求《东南欧稳定公约》在欧安组织的支持下进行，《东南欧稳定公约》的实施主要依靠欧安组织的工作，同时也依靠东南欧国家对《东南欧稳定公约》规定的遵守。

　　为实现《东南欧稳定公约》提出的要求，《萨拉热窝宣言》承诺为结束紧张局势、建立和平友好的睦邻关系、强化地区安全氛围而努力。《东南欧稳定公约》致力于全面执行现有的武器控制和建立信任的措施并为这两方面的改善而努力；敦促平民政府加强对武装力量的控制并针对有组织犯罪、恐怖主义、地雷问题和小型武器的扩散等问题采取有效的措施；共同合作以增强在防御和安全事务以及军费开支方面的透明度和责任感。波黑作出了削减军费和裁军的决定。萨拉热窝首脑会议希望代顿协议的签字国重申它们履行武器控制的义务。

　　为落实《东南欧稳定公约》和首脑会议的要求，1999年9月布鲁塞尔会议通过了《东南欧稳定公约》的工作日程，具体规定了一些政策和措施，包括解除非法武装和实行武器控制等，以结束地区紧张局势，强化地区安全氛围，增强在安全事务方面的共同合作，使该地区逐渐实现非军事化，并逐步把东南欧国家纳入欧洲—大西洋框架之中。

第五章 欧洲地区主义的发展及东南欧的发展前景

欧洲大地一直以来都充满战争与硝烟,也正因为如此,许多人寻求在这块土地上能达成永久和平,可是整个20世纪,欧洲始终不平静。但是,寻求和平的努力一直存在并初见成果。在欧洲从来没有过的大团结——欧共体/欧盟已经建立并运行了50多年,它还在不断扩大,力量也在不断增强,已成为冷战结束后多极世界中的重要一极。

第一节 欧盟东扩与新地区主义的发展

一 新地区主义在欧洲的发展

新地区主义在世界秩序价值观的特定领域中已经取得了积极成就,尤其表现在欧洲,如推进人权,包括在欧洲框架中体现的革命性的削弱主权的程序;通过外交、斡旋和地区联系消除和解决冲突;促进环境改善;推动跨国合作;通过《马斯特里赫特条约》对加入欧盟的成员国进行政治上的认同。

欧洲地区主义已经证明,超越国家制定法律规则是可能的,而且在民主国家进一步推进人权也是可能的。经济的进一步一体化依赖于欧盟同步的政治上的强化。在欧盟的实践中我们看到,欧洲的地区主义进程并不是取代民族主义,而是在民族国家认同之外加强了欧洲观念与欧洲认同。

也许地区主义保护了欧洲人不受生活水平日益恶化和逐步边缘化趋势的影响。这种保护从某种程度上说是有争议的,因为它的趋势是通过竞争创造一种压力以适应消极的全球化的要求;消极的全球化主要是指欧洲和北美遭受的高失业、经济停滞或实际工资的下降。

1. 从欧共体到欧盟——从单纯的经济合作发展到全面合作

从经济学的角度看,区域联盟要经历关税优惠区、自由贸易区、关税同盟、共同市场及经济和货币联盟五个阶段,而在每个阶段都要有相应的竞争合作协议,最终才能形成真正的区域化。

欧盟的前身欧洲共同体是从"马歇尔计划"的出台开始逐步走向联盟的。1947年,促进第二次世界大战后欧洲经济复苏的"马歇尔计划"出台,1948年建立了欧洲经济合作组织(OEEC)以监管"马歇尔计划"的实施,1949年在斯特拉斯堡成立欧洲委员会。1950年5月9日,法国外长罗伯特·舒曼提出欧洲煤钢共同体计划(即舒曼计划),旨在约束德国。1951年4月18日,法、意、联邦德国、荷、比、卢六国签订了为期50年的《关于建立欧洲煤钢共同体的条约》(又称《巴黎条约》)。1955年6月1日,参加欧洲煤钢共同体的六国外长在意大利墨西拿举行会议,建议将煤钢共同体的原则推广到其他经济领域,并建立共同市场。1958年六国外长在罗马签署《欧洲经济合作条约》和《欧洲原子能共同体条约》,后来人们称这两个条约为《罗马条约》。同年7月19日到12月4日,六国议会先后批准了条约。该条约于1958年1月1日起生效,标志着欧洲经济共同体的正式成立,即正式确定建立一个共同市场的总目标。从1958年底到1968年中期逐步取消了六国之间的进口关税。这是欧洲一体化的重要步骤。

《罗马条约》的中心内容是:建立关税同盟和农业共同市场,逐步协调经济和社会政策,实现商品、人员、服务和资本的自由流通。关于工业品关税同盟,条约规定在12年过渡期内分三个阶段逐步取消成员国间一切关税和贸易限制。《罗马条约》为欧共体建立了一套机制,对所有成员国都具有约束力。1965年4月8日,六国签订了《布鲁塞尔条约》,决定将欧洲煤钢共同体、欧洲原子能共同体和欧洲经济共同体统一起来,统称欧洲共同体。条约于1967年7月1日起生效。1960年,奥地利、丹麦、挪威、葡萄牙、瑞典、瑞士和英国组成欧洲自由贸易区(EETA),1960~1966年逐步拆除了贸易壁垒,芬兰和冰岛于1970年成为欧共体准成员国。1967年,欧洲经济共同体、欧洲原子能委员会和欧洲煤炭钢铁共同体的机构合并,并于1968年完成关税共同体。1973年1月1日,丹麦、爱尔兰和英国加入欧洲共同体。1991年12月11日,欧共体马斯特里赫特首脑会议通过了建立欧洲经济货币联盟和欧洲政治联盟的《欧洲联盟条约》(通称《马斯特里赫特条约》)。1992年2月7日,各国外长正式签署《欧洲联盟条约》。经欧共体各成员国批准,《欧洲联盟条约》于1993年11月1日起正式生效,欧共体开始向欧洲联盟过渡,欧共体也开始更名为欧盟。这标志着欧共体从经济实体向经济政治实体过渡。1995年,奥地利、瑞典和芬兰加入,使欧盟成员国扩大到15个。

2002年11月18日,欧盟15国外长会议决定邀请塞浦路斯、匈牙利、捷克、爱沙尼亚、拉脱维亚、立陶宛、马耳他、波兰、斯洛伐克和斯洛文尼亚十个中东欧国家开始就这些国家加入欧盟进行谈判。2003年4月16日,在希腊首都雅典举行的欧盟首脑会议上,上述十国正式签署入盟协议。2004年5月1日,这十个国家正式成为欧盟的成员国。这是欧盟历史上的第五次扩大,也是规模最大的一次扩大。2007年1月,罗马尼亚和保加利亚两国加入欧盟,欧盟经历了六次扩大,现已成为一个涵盖27个国家、总人口超过4.8亿的当今世界上经济实力最强、一体化程度最高的国家联合体。

"……在两次世界大战之间的时期,统一欧洲的努力似乎是自上而下的。也就是说,一个无所不包的法律组织被筹划出来或建立起来;所有努力的目标都是为一个全能的政府建立一个法律框架。今天的欧洲理事会（由部长委员会和各国代表组成的咨询大会组成）就是按照那个传统活动的。而欧洲各个共同体仿佛是从设想的结构的另一端出发的。它们是从底部而不是从顶部出发的。它们试图在一个有限行动的范围内创造一种职能的统一体，期望这种职能统一体的运转将首先导致在那一特定的范围内的利益共同体的产生，然后这个成功的榜样将扩及其他的职能领域，如农业、交通、电力、军事力量等。最后，人们希望从这一系列的职能单位中，将会有机地生长出政治统一体。一旦所有的职能机构都已建立起来并有效运转的时候，主权事实上将被转移到一个共同的欧洲政府手中。这种转移是在各个国家不知不觉的情况下逐步实现的。"①

第二次世界大战后在西欧成立的地区性组织，也许是最大和最重要的。第二次世界大战后国际局势的变化，为欧洲联合运动提供了机遇。1946年9月，丘吉尔在苏黎世大学发表的演说中，发出欧洲"联合起来"的号召，"建立某种类似欧洲合众国的东西"。② 1948年，欧洲经济合作组织成立，它为计划利用美国"马歇尔计划"和协调欧洲16国国民经济的复兴与发展提供了一个场所。它的后继者是拥有25个成员国的经济合作与发展组织。这两个组织是仅限于经济事务这一特殊目的的组织，但它们仍然同其他国际组织一起，为在世界工业化国家之间成功地减少关税壁垒打下了基础。"当时煤钢共同体之所以重要，是因为煤和钢在当时工业化阶段是最重要也是最现代化的两大基础。这背后的政治动机就是结束欧洲中世纪以来传统的敌意的愿望，特别是把德国纳入西欧的疆域，并同时纳入北大西洋体系。"③

---

① 〔美〕汉斯·J. 摩根索：《国家间政治——寻求权力与和平的斗争》，中国人民公安大学出版社，1990，第645页。
② 〔法〕皮埃尔·热尔贝：《欧洲统一的历史与现实》，中国社会科学出版社，1989，第49页。
③ Laszlo Poti ed., *Integration, Regionalism, Minorities: What Is the Link?*, International Conference, Budapest, 1996, Hungarian Institute of International Affairs, Budapest, 1997, p. 16.

从 1950 年舒曼计划开始，到 1958 年欧洲共同体成立，虽然困难重重，但"到 1967 年，从法律上来说，共同市场已略超过其最初的计划，六国间 4/5 的制成品关税已被取消，关于调节生产和销售重要农产品的协议也已达成。早在（20 世纪）70 年代中期，欧洲公众舆论已将共同市场视为必然"。"西欧范围在历史上的长期战争第一次被各国政府和人民认为不合理和不可能。"[①] 西欧的政治一体化也取得了进展。经过长期谈判，各国同意欧洲议会实行直接选举。1979 年和 1984 年在十个成员国中间举行了直接选举。同时，欧共体也越来越"以一个声音说话"。在阿拉伯—以色列问题上，西欧国家第一次公开而又一致地没有同美国保持一致立场。此后十多年来至今，在世界性和地区性的重大国际问题上，如欧洲中程导弹问题、战略武器谈判、西南非洲形势、阿富汗问题、柬埔寨问题、东欧形势、两德统一、海湾危机等，欧共体成员国立场或相同或相近，已经形成了各种级别的政治磋商和政策协调制度。1991 年《马斯特里赫特条约》的签署，表明了欧共体这个以经济为主的单一功能的地区性组织向多功能的一体化组织发展，新地区主义的内容由此丰富起来。

欧元成功启动后，欧盟又开始在政治上寻求"用一个声音说话"。1999 年 6 月初在科隆举行的欧盟首脑会议任命原北约秘书长索拉纳为欧盟"外交政策和共同安全高级代表"，专门负责欧盟的外交事务。欧盟还通过了《加强欧洲共同安全和防务政策的声明》，将 1955 年成立的西欧防务组织——西欧联盟并入欧盟，成为欧盟的"军事臂膀"，执行欧盟在欧洲的维和、实施人道主义援助等行动，并任命索拉纳为西欧联盟秘书长，负责制定欧盟的共同防务计划。欧盟发出了重要信息：欧盟在努力实现共同外交和防务这两个要求成员国放弃更多主权的领域内迈开了一体化的步伐。

为了实施科隆首脑会议决议，欧盟外交和国防部长于 1999 年 11 月

[①] 〔美〕卡尔·多伊奇：《国际关系分析》，世界知识出版社，1992，第 316 页。

15日在布鲁塞尔举行首次联席会议，讨论英国和法国提出的建立一支欧盟共同快速反应部队的建议。英、法两国提出，欧盟从1999年开始到2002年或者2003年，应当能够在60天之内部署一支五万人的地面快速反应部队，处理可能在欧洲发生的危机。这反映了欧洲一体化开始进一步向军事安全领域扩展，也是新地区主义的又一重要发展势头。2000年11月20日，欧盟15国国防部长在布鲁塞尔举行会议，一致同意在2003年建成一支六万人的快速反应部队①。

2. 欧洲一体化对欧洲的意义

1999年12月1日，法国《费加罗报》刊登德国总理格哈德·施罗德的一篇文章，题为《从柏林看欧洲》，他具体阐述了欧洲人对权力让渡的思想历程：

"欧洲的历史已经表明，经常是那种受到伤害的民族感情会变成民族主义的感情。所以，我们要注意尊重我们在欧洲的感受，因为它是同我们所需要的这种集体特性同时并存的。

"从历史上来看，各个民族都带有欧洲的特点。而正是民族国家应当去适应现在的新结构，适应欧洲的、全球性的和地区性的结构。

"如果在全球化进程面前我们需要做出一些主权上的让步的话，那我们何不向欧洲做出这种让步呢？何不向那些同欧洲共同分享一种模式的国家做出这种让步呢？

"欧洲是一个正日益深入人心的理想……它具有一种特殊的吸引力。……共同的缓慢的行进使我们有了共同市场，有了西欧联盟，有了《马斯特里赫特条约》，并最终有了欧元。现在我们看到一个资本市场的欧洲、一个金融欧洲的轮廓正在出现，但我们更看到了为拥有一个富有凝聚力的经济和文化空间所缺少的东西。

"欧洲的各共同体除了试图通过联合的力量补偿各个个别的国家的权

---

① http://news.sina.com.cn/w/148527.html.

力损失外，它还是一种企图解决一个古老的政治问题的革命性努力。"

"这些共同体是一次革命性的转变，它摆脱了处于劣势的国家赖以抗拒处于优势的国家的传统方法。西欧的其他国家不再运用联盟体系反对哪个具有潜在优势的国家了，相反，为了解除它的武装并使它的优势力量变得无害，它们似乎试图把德国拉进他们自己的怀抱。换言之，欧洲的各个共同体试图把优势权力与劣势权力融合起来，以形成对它们共有的力量的共同控制。因此，西欧希望能够防止德国把优势权力用于带有敌意的目的（特别是用于在欧洲大陆建立新的德国霸权）。"[1]

欧洲多年的流血与战争刺激并复苏了欧洲意识。西欧的政治家们从残酷的战争中看到了民族主义政治的狭隘和以军事争斗为主要外交手段的近代国际政治的局限，他们探索从欧洲整体出发实现本民族利益的现实性和可能性。事实上，欧洲联合的真正实现是从法、德和解开始的，这是当时欧洲人民的共识。历史上法、德是世仇，第二次世界大战后法国对德国从来没有放松过戒备。但在第二次世界大战后新的世界形势下，法、德关系必须从属于欧洲这个大家庭的总体利益。德国前总理阿登纳认为，"法德之间的良好关系是任何一种欧洲联合的核心内容"[2]。基于这样的认识，德国一改在一切问题上与法国抗衡的做法，主动作出必要的让步，以消除法国及其他西欧国家对德国的疑惧。最终在欧洲一体化的进程中，实现了和解，为一体化的欧洲奠定了一块坚实的基石。地区主义的一个重要方面就是它能够化解国家间、民族间的仇恨，把一个国家、一个民族的利益的着眼点放到整个地区上来。

如上所述，地区合作是建立在共同的历史、政治和文化价值观等的基础上的。在某种程度上说这是对的。但是，也可以说，当时这些国家共同的敌人——苏联和华约——也迫使欧共体和北欧国家进行合作。可以说，

---

[1] 〔美〕汉斯·J.摩根索：《国家间政治——寻求权力与和平的斗争》，中国人民公安大学出版社，1990，第645页。
[2] 转引自郭华榕、徐天新主编《欧洲的分与合》，京华出版社，1999，第340页。

威胁是推动国家进行合作的因素之一，在威胁消失之后，他们能够有追求更多各自利益的自由。

当然，欧洲一体化也带来一些新的问题。次欧洲水平上的合作可能会导致欧盟和整个欧洲的不平等。它同时也加速了民族国家内部的不平等，因而也对民族国家的存在和合理性提出了挑战。更重要的可能还有地区主义使传统的与国家相关的和甚至单极的安全秩序发生变化。由于不同地区是不同联盟的成员，同时也有不同的安全利益，所以安全对于不同的民族国家来说也是多种多样的。因此可以说，地区化并不能消灭不同国际行为体之间冲突的最传统原因，也并不意味着使用武力保卫安全已失去了意义。

3. 欧盟东扩

冷战时期，为了遏制苏联可能对西欧的任何攻击，1948年西欧各国以及美国成立北约；1955年，以苏联为首的欧洲东部社会主义国家成立华约，以美苏为首的两大集团进行了全面的对抗。在此形势下，全欧洲的合作和一体化只能是一种幻想、一种口号。20世纪90年代初冷战的结束为欧洲一体化进程的发展又一次提供了契机。东欧政局剧变后，那里的政治、经济体制向西方靠拢，东欧国家努力拉近它们与西欧之间的差距，并陆续提出加入欧盟的申请。此时，加快欧洲一体化进程，推进欧盟的全球战略，是欧盟争当世界强大一极的两只轮子，而主动轮是欧洲一体化建设的顺利运转。欧盟东扩则是加快欧洲一体化进程的重要组成部分。新地区主义的做法与欧盟东扩进程直接相关。

从20世纪80年代中期开始，欧共体与东欧国家的经济贸易联系逐渐发展起来，到1989年东欧剧变之前，欧共体已与匈牙利等东欧国家签订了一系列贸易合作协议，取消了东欧国家向欧共体的出口配额和其他数量限制。1989年以后，东欧国家进行了政治、经济体制转轨，在这个过程中掀起了"回归欧洲"的浪潮。欧共体为帮助东欧国家的经济重组并使之进入自由市场经济制度之中，避免由于东西欧之间的经济失衡影响了整个欧洲的稳定，对东欧国家作出了积极反应，大力推进东西欧之间政治、经济关系的发展。

1991年12月，欧共体与匈牙利、波兰、捷克斯洛伐克签订了欧洲协议联系国协议；1993年2月与罗马尼亚签订欧洲协议；3月与保加利亚签订协议；捷克与斯洛伐克分家后，这两国又在1993年10月分别与欧共体重签协议。

欧洲协议包括：自由贸易、经济技术合作、财政援助、政治对话。欧共体与东欧国家自由贸易不相对称，欧共体除对钢材、水泥、纺织品、农产品等敏感商品外对东欧联系国其他产品取消进口关税和其他障碍，而联系国可以按照灵活的时间表向欧共体开放其市场，甚至可享受长达十年的过渡期。一旦联系国的经济接近欧共体水平，就开始谈判有关人员、劳务和资本的自由流通，并使这些国家的经济立法与欧共体相协调。

1992年12月，欧共体执委会在爱丁堡欧共体首脑会议上提出了创立欧洲自由贸易区的建议，通过制度化的结构将东欧国家纳入欧洲经济一体化进程之中。

经济技术合作主要集中于技术转让和国外直接投资，具体合作项目包括职业培训、环境保护、农业现代化、工业结构更新、科学与研究、能源、交通、电信、旅游、卫生等。

财政援助主要是向联系国提供财政合作与技术援助的信贷。援助的主要渠道是法尔项目和欧洲复兴开发银行。

政治对话旨在在欧共体和各个联系国之间分别建立联系理事会，在欧洲议会和各联系国议会间建立合作机制。1994年3月，欧盟理事会作出了关于加强欧洲协议与中东欧国家政治对话的决议，采取多方面措施就共同外交与安全政策扩大合作。

欧盟的每次扩大都意味着会出现新老成员国之间差距的问题，欧盟在成立之初就意识到这一点，如何拉近成员国之间的差距，这是在《罗马条约》签订之日起就开始考虑的问题，于是欧盟区域政策应运而生。1975

年欧共体建立了欧洲区域发展基金和区域政策委员会，开始有计划地援助落后地区的发展。1993年又设立专门援助收入最低成员国的聚合基金。通过欧盟区域政策，意大利南部和法国的科西嘉等不太发达的地区得到资助以期尽快发展。1997年的《阿姆斯特丹条约》明确规定要促进地区均衡可持续发展。《2007～2013年欧盟结构政策》提出在继续援助落后地区的同时，努力提高其他地区的区域竞争力，并加大区域合作的力度。

在欧盟的区域政策中，针对东扩启动了入盟前援助基金。为了解决欧盟东扩所引起的区域差距扩大问题，欧盟于1999年正式决定对中东欧国家进行援助，帮助申请加入欧盟的中东欧国家调整其国内政策。2000～2006年欧盟帮助申请入盟的中东欧国家的总预算为109.2亿欧元，其中包括环境和交通在内的结构基金预算额为72.8亿欧元，共同农业政策为36.4亿欧元。入盟前援助可分为三种：法尔计划（PHARE），目标是申请各国的法令整治、各国参加共同体计划、地区开发与社会开发、产业再建和中小企业振兴等；入盟前援助结构政策工具计划（ISPA），目标是交通基础设施的整治和环境保护；农业和农村发展特殊准入计划（SAPARD），目标是实现农业现代化和农村开发。入盟前援助的最终目的是使这些国家的农业开发、运输和环保的基础设施能提升到满足欧盟标准的水平。入盟前的援助基金只向未入盟的国家提供支持，候补成员国家正式入盟后，结构基金计划和聚合基金项目将替代入盟前援助。

1989年9月起执行的法尔计划从开始只援助波兰和匈牙利扩展到援助其他东欧国家，到1992年8月，法尔计划已扩大到捷克、斯洛伐克、罗马尼亚、保加利亚、爱沙尼亚、立陶宛、拉脱维亚、斯洛文尼亚和阿尔巴尼亚。

在1990～1993年间，法尔计划的预算拨款共计32.953亿埃居，其中波兰最多，占24.4%；罗马尼亚占13.4%；匈牙利占12.3%；捷克和斯洛伐克占10.1%；保加利亚占9.4%；其他五国占9.5%。援助的主要领域包括：私营部门、投资与改造占17%；研究、教育、培训占12.7%；

农业基础设施占12%；环境保护占9.6%；食品与人道主义援助占8.5%；能源、交通、电力等基础设施占8%。[①]

1993年6月，欧共体理事会在哥本哈根会议上宣布，一旦联系国满足了政治与经济条件，欧共体承诺吸收它们加入。主要内容包括：政治标准，要求申请入盟国家实行民主化，实行多党制和议会制，建立稳定的政治体制，尊重人权和保护少数民族权利；经济标准，要求建立有效的市场经济发展模式；在法律制度上以西欧国家的法律为范本，改革法律体系，逐渐与欧共体/欧盟的法律制度融合等，同时要求申请国要逐步适应欧共体/欧盟的政治、经济和货币联盟的要求。1994年4月1日和8日，匈牙利和波兰先后正式提出了加入欧盟的申请。1994年12月的欧盟埃森首脑会议首次邀请六个东欧联系国政府首脑与会，欧盟作出东扩的决定。

1995年5月，执委会提交了根据埃森首脑会议要求的东扩战略白皮书，规定了东欧国家的入盟程序。白皮书呼吁东欧国家迅速进行法律和管理改革，使国家经济与国际市场接轨，将此作为加入欧盟的第一步。在此基础上，欧盟执委会分别与东欧国家协商四个自由流通的有关事宜。执委会将建立组织机构提供指导，并通过法尔计划提供技术援助。东扩的另一项措施是在欧盟与东欧国家间建立组织联系，除每年欧盟与联系国的理事会以外，从1995年开始，每年的欧洲理事会邀请联系国首脑与会；与联系国外交部长每半年举行一次联席会议，重点是讨论一体化进程的发展；与统一市场发展有关的部长联席会议，包括财政、经济、农业部长会议，至少每年一次；在交通、通信、研究、环境、文化、教育领域，每年召开一次部长会议；司法和内务部长会议，每半年一次。埃森首脑会议的重要议程是商议跨境合作，不仅在申请国之间，而且要在地区间和所有与欧盟有边界的中东欧国家之间进行。

1995年12月，欧洲理事会马德里会议召开，确认和重申1993年6月

[①] 王鹤主编《欧洲一体化对外部世界的影响》，对外经济贸易大学出版社，1999，第69页。

的方针，指出，入盟谈判应在 1996 年政府间会议之后六个月开始。会议发表了欧盟委员会的中期报告，重点阐述东扩的影响，提出东扩对整个欧洲和平和安全以及经济增长和发展的有利方面。

1996 年 6 月，欧洲理事会佛罗伦萨会议讨论了中东欧加入欧盟的具体时间表。

1994~1996 年，共有十个东欧国家正式申请加入欧盟，它们是：波兰、匈牙利、罗马尼亚、斯洛伐克、爱沙尼亚、拉脱维亚、立陶宛、保加利亚、捷克和斯洛文尼亚。

1997 年 6 月的阿姆斯特丹欧洲理事会会议签署了《阿姆斯特丹条约》，表明欧盟在深化一体化方面取得了进步，为建设"社会的欧洲"奠定了法律基础。在共同外交安全政策方面，欧盟各国也表现出了一定的政治意愿。条约强调自由、民主、尊重人权与基本自由、法治等原则为欧盟的基础，并将恪守这些原则定为加入欧盟的先决条件，提出"逐步建立一个自由、安全和公正的区域"的新目标。

1997 年 7 月，欧盟执委会公布了《2000 年议程》，它是有关欧盟未来的重要文件和对十个中东欧申请国作出的资格评审。评审的根据是哥本哈根入盟标准。哥本哈根会议向中东欧联系国提出了入盟的三个基本条件：第一，申请国必须是稳定的、多元化的民主国家，至少拥有独立的政党、定期进行选举、依法治国、尊重人权和保护少数民族权益；第二，申请国必须具备可以发挥功能的市场经济，以及具有在欧盟内应付竞争压力和劳动力市场压力的能力；第三，申请国必须赞同欧盟的经济、货币和政治联盟的目标，能够确保承担成员国的义务，特别是执行共同法的规定。共同法包括界定商品、服务、资本和人员的自由流动的法律规范；共同农业政策；竞争政策规则；财政协调一致；对欠发达国家的义务；愿意而且能够遵守 1958 年欧共体成立以来确定的各种决定和法律条文。①

---

① "Enlargement: Preparing for Accession", http://europa.eu.int/scadplus/leg/en/lvb/e40001.htm.

第五章 欧洲地区主义的发展及东南欧的发展前景

1997年12月,欧盟理事会在卢森堡举行会议,确定了东扩日程,确定从1998年3月31日开始与爱沙尼亚、波兰、捷克、匈牙利、斯洛文尼亚和塞浦路斯进行入盟谈判。

1999年,由于东南欧接连爆发民族冲突,欧盟决定将罗马尼亚和保加利亚也纳入与欧盟谈判入盟的行列。这样就使东南欧国家看到了希望,它们与中东欧国家站在了同一起跑线上。

芬兰加入欧盟后,欧盟的边界已经推进到俄罗斯的大门口。欧盟在向中东欧扩大时也不能不考虑俄罗斯的态度,而与俄罗斯修好对欧盟顺利东扩也至关重要。因此,欧盟在东扩的同时,始终把对俄关系放在重要地位,并不断发展与俄关系,其中经贸关系发展较快,签署了多个经贸协定,确定于2000年建成"欧俄自由贸易区"。双方还确定了欧俄首脑对话机制。在1999年6月的科隆欧盟首脑会议上,欧盟发表了《欧盟对俄罗斯共同战略》这一重要文件,决定通过提供更多的援助,促使俄罗斯的政治、经济和社会体制融入一个"共同的欧洲空间"。作为回应,时任俄总理普京表示支持欧盟加强独立防务能力,认为"建立泛欧军队能改变美国和北约在欧洲的支配地位"[1]。上述情况表明新地区主义含义下的欧洲一体化和欧盟东扩是开放性的,它甚至不排除与俄罗斯等原苏联地区的欧洲国家融入一个"共同的欧洲空间"。

1999年3月的柏林会议就《2000年议程》达成了一致。在东扩问题上,提出两项共识:一项是结构工具ISPA,援助目标是环境保护和基础设施建设,其中大部分是道路交通建设;另一项是SAPARD,即农业和农村发展计划。

2002年12月13日,欧盟首脑会议在哥本哈根召开。在这次会议上,欧盟宣布结束与爱沙尼亚、拉脱维亚、立陶宛、波兰、捷克、斯洛伐克、

---

[1] 〔美〕R.C.朗沃思:《冷战结束时的承诺变成了靠不住的东西》,美国《芝加哥论坛报》1999年11月7日。

匈牙利、斯洛文尼亚、马耳他和塞浦路斯的谈判,这十个国家于2004年5月1日正式加入欧盟。保加利亚和罗马尼亚的入盟时间推至2007年。

到2004年,中东欧国家全部加入欧盟,东南欧国家中只有斯洛文尼亚加入了欧盟。加入欧盟一年后,斯洛文尼亚经济状况良好,并保持稳定增长的态势,2004年经济增长4.6%,GDP总额达到259.2亿欧元,人均1.2977万欧元。其中,以外贸为主的服务业占GDP的60.5%,其次为工业占31%,建筑业占5.5%,农业占3%。

对外贸易是斯洛文尼亚经济主要支柱与增长点,占GDP的60%。2005年上半年进出口总额达到143.5亿欧元,同比增长11.7%,其中:出口增长13%,进口增长7.7%;对欧盟及非欧盟国家出口增长分别为14.8%和9.15%,进口增长分别为6.2%和15%。①

2003年,斯洛文尼亚的经济增长率为2.7%,2004年达到4.2%,此后一直稳定增长,2005~2007年分别为3.9%、4.2%和4%。②

2006年6月,欧盟首脑会议同意斯洛文尼亚于2007年1月1日加入欧元区。7月,欧盟财政部长理事会正式批准斯洛文尼亚于2007年1月1日启用欧元作为本国货币。斯洛文尼亚成为欧盟十个新成员国中率先加入欧元区的国家。

据斯洛文尼亚国家电视台的民意调查显示:入盟对斯洛文尼亚普通人的生活没有产生重大的影响。60%的斯受访者认为个人生活与入盟前相同,没有改变;33%的人认为生活状况恶化了;7%的人认为生活水平提高了。52%的受访者认为,斯入盟最为积极的结果是出入欧盟边境更为便捷了;16%的受访者认为斯洛文尼亚国际形象有所提高。受访者认为物价、生活水准和就业机会下降的比重分别为34%、24%和18%。③

当然,入盟仅仅一年的经济增长并不能真实反映斯洛文尼亚入盟后得

---

① 中国驻斯洛文尼亚大使馆经商参处,http://si.mofcom.gov.cn。
② http://www.imf.org/external/pubs/ft/weo/2006/02/data。
③ 中国驻斯洛文尼亚大使馆经商参处,http://si.mofcom.gov.cn。

到的实惠和激励,还需要时间的检验。

4. 欧盟对东南欧的政策

自1989年12月欧共体委员会在斯特拉斯堡讨论同中东欧国家建立某种联系国关系以来,欧共体/欧盟的东扩开始提上日程。但在开头的几年,欧共体/欧盟关注的只是波、匈、捷等中东欧国家的加入问题。斯洛文尼亚独立后,其作为最接近西欧和相对经济发展程度比较高的国家,被欧盟列入优先考虑的五个候选国之一,并于1998年春开始进行入盟谈判。接着,1999年由于在东南欧接连爆发民族冲突,欧盟决定将罗马尼亚和保加利亚也纳入与欧盟谈判入盟的行列。1999年《东南欧稳定公约》签订后,东南欧国家加入欧盟的势头进一步加强,加入欧盟已变成东南欧国家的国策和一切工作的中心,欧盟东扩也随之开始扩大到了东南欧。

加入欧盟的第一步是签订《欧洲协定》,成为欧盟的联系国。1989年1月,欧共体委员会起草了一份关于同中东欧国家签订联系国协定的文件,旨在使中东欧国家在加入欧共体/欧盟之前先成为其联系国。1991年12月,经过多轮的谈判,欧共体同波、匈、捷签订了给予这三个国家欧共体联系国地位的协定,这被称为《欧洲协定》。它是一个包括经济、政治和社会多方面内容的综合性重要文件,是一种特殊形式的联系国协定。此后,凡是要求加入欧共体/欧盟的国家,首先必须通过签订协定,确认它们的联系国的地位,然后在此基础上发展关系,创造入盟条件,最后经过入盟谈判,成为欧盟正式成员。在波、匈、捷三国签订《欧洲协定》之后,1992年5月、1993年2月和3月、1995年6月,欧共体/欧盟分别与保加利亚、罗马尼亚和斯洛文尼亚签订了联系国协定。1999年以后,前南地区新独立的国家也都相继签订了《欧洲协定》,成为欧盟的联系国。

为实现入盟申请国的要求,逐步达到入盟条件,1993年6月欧盟哥本哈根首脑会议首次承诺将接纳中东欧联系国入盟,并公布了入盟条件和标准。哥本哈根首脑会议宣布:"中东欧的联系国如此渴望成为欧洲联盟成员国。一旦联系国能够通过满足所要求的经济和政治条件履行成员国的义务,入盟就将实现。"① 哥本哈根首脑会议公布的入盟标准的法律基础是:罗马条约和欧洲联盟法,特别是1986年宣布的欧洲单一文件②、《马斯特里赫特条约》和《阿姆斯特丹条约》。这些条约规定:

第一,任何欧洲国家都可以申请加入(1957年《罗马条约》第237条);

第二,申请国必须是稳定的、多元化的民主国家,至少拥有独立的政党、定期选举、按法律办事、尊重人权和保护少数民族权益;

第三,申请国必须具备可以发挥功能的市场经济;

第四,申请国必须能够面对欧盟内特别是欧洲单一市场环境中的竞争压力和劳动力市场压力;

第五,必须赞同经济、货币和政治联盟的目标,能够确保承担成员国的义务,特别是执行共同法的规定。共同法包括界定"四大自由"(商品、服务、资本和人员的自由流动)的法律规范;共同农业政策(CAP);竞争政策规则,财政协调一致,对欠发达国家的义务;愿意而且能够遵守1958年欧共体/欧盟成立以来执行的各种决定和法律条文。

哥本哈根和埃森首脑会议提出的入盟标准为欧盟对申请国进行资格评估提供了框架。继波兰和匈牙利等国之后,1995年和1996年罗马尼亚、保加利亚、斯洛文尼亚也相继正式向欧盟递交了入盟申请书,接着其他东南欧国家也递交了申请书,从此,东南欧国家入盟的正式程序开始启动。1999年12月在欧盟领导人赫尔辛基首脑会议发表的声明中确认,候选成员国的数量已从六个增加到13个,其中包括东南欧国家,并说这些国家在同一个起点上参加准入进程。会议还决定在经过改革等努力后,欧盟准备将成员国扩大到28个,并从2002年底开始接纳新成员。这些候选国被

---

① Council of European Union, *Presidency Conclusions: Copenhagen European Council*, Brussels, 1993.
② 又译作"欧洲单一法案"。

看做一个群体：与每一个候选国谈判的都是同样的问题。

欧盟对东南欧的政策，一是加入欧盟，主要是对保加利亚和罗马尼亚；一是稳定和联系进程，针对阿尔巴尼亚、波黑、克罗地亚、马其顿、塞尔维亚和黑山，以使之最终加入欧盟。《东南欧稳定公约》及稳定和联系进程是欧盟对东南欧政策的主要工具。

首先是保加利亚和罗马尼亚的入盟。

罗马尼亚和保加利亚把加入欧盟作为奋斗目标，而欧盟也积极敦促这些国家加紧政治、经济改革，为入盟创造条件。欧盟对罗、保两国的入盟条款有许多比以往更为严格的要求。

1993年2月和3月，欧共体先后与罗、保两国签署了旨在建立联系国关系的欧共体—东欧第二代综合合作协定（也称《欧洲协定》）。这一协定是欧盟对东欧外交政策的重要组成部分，旨在通过深化和加强双边政治、经济联系，为这些国家日后加入欧共体/欧盟创造条件。

1995年2月，罗、保两国正式成为欧盟联系国。同年6月和12月，罗、保两国先后向欧盟提交了入盟申请。

1997年，欧盟将罗、保两国列为入盟候选国。2002年2月，欧盟开始同罗马尼亚和保加利亚进行入盟谈判，2004年12月谈判结束。当月，在布鲁塞尔召开的欧盟首脑会议决定，罗马尼亚和保加利亚于2005年4月签订入盟条约，并于2007年成为欧盟正式成员国。

欧盟对保加利亚和罗马尼亚入盟亮起绿灯，但同时也列出了一张长长的单子，要求两国在反腐败、打击洗钱和贩卖人口等方面作出改进。

2004年保加利亚和罗马尼亚完成入盟进程，2005年4月25日，罗马尼亚和保加利亚在卢森堡正式签署了《进入协定》。欧洲委员会按常规审查这两个国家在入盟准备过程中的成果，每年提交年度报告，对它们的成果进行评估，随后推荐候选国资格。最近的一次《监督报告》于2006年9月26日发布。在这个报告中，欧洲委员会认为，从保加利亚和罗马尼亚的总体成果看，已经准备好了在2007年1月1日加入欧盟。但也指出了某些领域的不足，希望两国将来进一步改善。

加入欧盟后，保加利亚和罗马尼亚在经济、社会领域也能得到许多现实利益。这两个国家在欧洲是经济发展水平比较低的国家，成为欧盟成员国后，保加利亚和罗马尼亚能享受欧盟的巨额农业补贴和其他经济援助。欧盟每年发放高达几百亿欧元的社会基金、地区发展基金、农业指导和保证基金。但欧盟同时要求保加利亚和罗马尼亚必须保证司法独立，否则，欧盟将暂停向两国发放农业和地区发展基金，还可能拒绝承认两国法庭作出的判决。欧盟的评估报告为保加利亚列出了司法改革的六大目标，为罗马尼亚司法改革列出四大目标。报告认为保加利亚反腐败的立法框架有很大改进，但很少有具体案件得到审理，没有成功起诉洗钱嫌疑人的案例，对犯罪分子的财产也没有展开有系统的没收，而罗马尼亚尚未引入司法援助。保加利亚和罗马尼亚政府必须于入盟三个月后提交第一份进度报告，此后每六个月提交一份报告。

加入欧盟对保加利亚和罗马尼亚来说意义重大。保、罗两国人均GDP仅为欧盟25国平均水平的33%左右，居民平均月收入分别仅为180欧元和305欧元。入盟为两国经济发展提供了机遇，可以利用欧盟的资金促进本国经济的现代化。加入欧盟将为公民的日常生活带来实际的改善，如更安全的食品、更清洁的环境和更好的道路。

为了尽快符合欧盟标准，保加利亚不断努力。2006年，保加利亚政治形势相对稳定。2005年，社会党在与其他几个小党组成联盟的情况下赢得了议会大选，一年多来，执政联盟内部分歧很多。但为了尽快实现加入欧盟的共同目标，三党还是尽力合作。经济仍保持稳步增长势头。根据保国家统计局统计，2006年上半年保国内生产总值为213.06亿列弗，同比增长6.1%。其中农业产值下降1.7%，工业产值增长8.9%。服务业仍是经济增长的主要因素，上半年产值为108.20亿列弗，同比增长5.3%。1~6月进出口总额为141.02亿欧元，同比增长28.08%。贸易逆差为21.77亿欧元，同比增长28.36%。上半年外国直接投资为14亿欧元，财政储备总额达 59 亿列弗。1~7 月实际通胀率为 2.4%。据保中央银行统计，截至 2006 年 6 月底，保加利亚外债总额累计达 163 亿欧元。金融业稳定增长，但商业银行信贷增长过快使经常项目赤字持续上升。①

保加利亚和罗马尼亚的入盟使欧盟成员国从 25 国增加到 27 国，人口从 4.63 亿增加到 4.93 亿，经济规模从 10.8 万亿欧元增加到 10.9 万亿欧元，欧盟的此次扩大有助于提高它在国际事务中的作用。更多的巴尔干国家加入欧盟，将有助于巴尔干半岛的进一步稳定，使欧洲不再成为战场，欧洲各国不再相互仇恨，而是在一个大家庭中谋求共同的繁荣。

正是为了共同的繁荣和永久的和平，欧盟才会更加严格地审查要求入盟国家的资格。从长期来讲，罗马尼亚和保加利亚入盟无疑有助于经济的稳定发展。但是，两国的起点与 2004 年入盟的十个国家相比，仍然存在较大差距：人均 GDP 不到它们的一半，而且仅有欧盟平均水平的 1/6。另外，罗马尼亚的基础设施和公共服务设施非常落后，腐败问题较为突出，政治局势也不够稳定。因此，对罗马尼亚和保加利亚来说，进入欧盟是一回事，真正融入欧洲还需要很长的一段时间。

其次是稳定和联系进程。

欧盟委员会认为，欧盟从科索沃危机中应吸取的教训之一就是，不应该将巴尔干地区排斥在欧洲一体化进程之外。中东欧地区之所以能够保持稳定，正是因为欧盟东扩战略发挥了重要的作用。欧盟把克罗地亚当作典范，鼓励西巴尔干国家进行民主和司法改革，让西巴尔干国家看到希望。欧盟委员会在 2003 年 5 月的一份公报里重申，西巴尔干国家的一体化是欧盟政策的优先考虑。

西巴尔干国家的入盟进程取得了不同程度的进展。2006 年 1 月，欧盟与波黑开始签署《稳定与联系协定》的首轮谈判。6 月，欧盟与阿尔巴尼亚签署《稳定与联系协定》。7 月，欧盟决定分别与塞尔维亚和黑山进行《稳定与联系

---

① 邢广程主编《2006 年：俄罗斯东欧中亚国家发展报告》，社会科学文献出版社，2007，第 284 页。

协定》谈判。克罗地亚和马其顿的入盟谈判也在进行之中。2006年11月13日，欧盟各国外长同意与阿尔巴尼亚、波黑、马其顿、黑山和塞尔维亚进行简化签证申办手续的谈判，11月15日，马其顿外交部宣布于11月30日开始与欧盟谈判。克罗地亚是入盟步伐最快的国家，2004年，克罗地亚获得欧盟候选国资格，2005年10月3日开始入盟谈判，2011年6月30日，入盟谈判结束，将于2013年7月1日正式加入欧盟。马其顿已经获得入盟候选国地位，其余西巴尔干国家也均与欧盟签署了《稳定与联系协定》。①

2000年1月，克罗地亚举行议会选举，亲欧洲的中左翼六党联盟赢得了胜利。新政府提出的施政纲领之一就是深化同欧盟的关系，最终目标是加入欧盟。政府在解决一系列重要政治问题，如尊重人权和少数民族权利、媒体民主化、完全遵守代顿协议和《埃尔杜特协议》、同前南国际法庭合作、改善同邻国关系等方面取得了快速而重要的进展。② 与海牙法庭充分合作是欧盟向巴尔干国家提出的重要入盟条件之一。自米洛舍维奇下台以后，海牙法庭加大了对克罗地亚的压力，要求追究克军将领在1991~1995年内战期间犯下的战争罪行。欧盟方面特别强调，同海牙法庭的合作对于克罗地亚加入欧盟至关重要。因此，欧盟一直敦促克罗地亚引渡战犯，而克罗地亚也曾拒绝，但欧盟不断施加压力。在克罗地亚政府的协助下，2005年12月，戈托维纳在西班牙被捕并被引渡至海牙。海牙法庭起诉的其他克罗地亚人也已先后向海牙法庭自首或被捕。

欧盟提出，克罗地亚应在政治、经济、社会、司法、外交和国防等35个领域进行改革，这些都是克罗地亚加入欧盟的必要条件。在入盟谈判过程中，克罗地亚共满足了欧盟方面提出的400多项标准。克罗地亚于2005年10月开始与欧盟进行入盟谈判。2011年6月10日，欧盟委员会向欧盟理事会建议结束全部谈判，为克罗地亚最终成为欧盟第28个成员

---

① 王莉、樊春菊、李俊：《中东欧入盟与欧盟的变化》，《现代国际关系》2010年第1期。
② 左娅：《克罗地亚与欧洲一体化》，《欧洲研究》2006年第4期。

国铺平了道路。

2000年11月24日，欧盟国家和东南欧五国首脑在萨格勒布举行高峰会议，与克罗地亚签署《稳定和联系协定》的谈判正式启动，同时开始享受欧盟单方面对稳定和联系进程签约国批准的独立贸易措施的特别优待。经过一段时间的准备与协调之后，双方于2001年5月14日在布鲁塞尔草签了《稳定和联系协定》，同年10月29日举行了正式签字仪式。

2003年2月21日，克罗地亚正式提出了入盟申请。欧盟理事会根据《欧盟条约》第49条有关规定，于同年4月14日决定接受克罗地亚的申请。2005年10月3日，欧盟在对克罗地亚进行认真考察并听取海牙法庭的意见后，决定开始同克罗地亚的入盟谈判，但并未确定克罗地亚入盟的时间表。截至2006年4月，克罗地亚同欧盟的谈判进展顺利，已完成总共35章中18章的谈判内容。克罗地亚有望于2013年7月成为欧盟新成员。

其他西巴尔干国家中，马其顿于2005年底获得欧盟候选国地位。阿尔巴尼亚在2006年2月与欧盟草签了《稳定和联系协定》。波黑和塞黑则开始了关于《稳定和联系协定》的谈判。在2011年12月的欧盟峰会上，欧洲理事会主席范龙佩表示，欧盟打算在2012年6月启动与黑山的入盟谈判，并考虑在2012年2月给予塞尔维亚候选国资格。欧盟认为，黑山自2010年12月取得欧盟候选国资格以来实施了多项民主改革，欧盟下一步的目标是重点监控黑山在法治、基本权利等方面所作的改革，尤其是在打击腐败和有组织犯罪方面的努力。塞尔维亚也取得了可观的进展。塞尔维亚与海牙法庭合作顺利，2012年逮捕了被联合国前南刑庭通缉的重要战犯，在与科索沃的谈判中取得了初步成果，并正在落实谈判中达成的协议。

可以说，欧盟在1999年以后认识到吸纳西巴尔干国家入盟对欧洲稳定与安全有重大意义，因此，它不会停止扩大的进程。正如范龙佩表示的："我们不仅向克罗地亚敞开了大门，我们对西巴尔干地区的立场是明确的,那就是,大门不会在克罗地亚之后关闭。"①

为了使加入稳定和联系进程的国家达到目标,从1991年开始,欧盟通过各项援助计划向西巴尔干国家提供了超过60亿欧元的援助。截至2006年底,援助数额达到100亿欧元。

在2007~2013年新的财政援助计划中,欧洲委员会计划简化财政援助方式。新的框架包括六项计划,其中四项是新的,每个都有具体的目标。其中三项为:入盟前援助计划(IPA)、欧洲伙伴关系计划(ENP)和稳定计划。

显然,欧盟东扩对实现欧洲一体化,对丰富新地区主义,都具有重要的意义。扩大后的欧盟,其实力将增大,它将与东面的俄罗斯相邻,它在亚洲的经济利益也将不断增多,欧元的全球经济和政治影响也将日益增强。欧洲有望实现其成为全球角色的目标,即扩大欧盟周围的政治稳定地区,保持欧盟在维持地区秩序方面的重要作用,以及维护欧洲在全球范围的利益。

二 中东欧地区主义范例

中东欧国家建立了不少地区性组织,它们的目标都是向哥本哈根标准努力,力争尽早加入欧盟,如维谢格拉德集团、中欧倡议组织和黑海经济合作区等,其中以维谢格拉德集团和中欧倡议组织发展得较好。

剧变后的东欧国家贸易萎缩,为了解决这个问题,它们选择了建立自由贸易区,这样可以将经济潜力和发展水平或政治制度有差异的国家联系在一体化组织之内。东欧国家意识到,应以地区方式促进经济的发展,逐步让渡一部分主权,为最终加入欧盟作准备。欧盟也鼓励东欧国家加强地区间的政治和经济合作,让它们作为一体加入欧洲。

东欧国家在地区合作方面已经有了很大发展。由于欧盟东扩已被提

---

① http://www.chinadaily.com.cn/micro-reading/dzh/2011-12-10/content_4637781.html.

上议事日程,"几乎所有东欧国家与欧盟及其成员国之间的经济合作已扩展到各个领域","个别东欧国家与欧盟及其成员国在某些领域或行业间的经济联系与合作甚至比欧盟成员国间的经济联系与合作还要密切"①。

政治和经济体制转轨过程相近的东欧各国分别形成了维谢格拉德集团和黑海经济合作区。

东欧国家在努力创造条件加入欧洲一体化进程的同时,也成立了一些次地区性组织,它们的共同目标就是加入欧洲—大西洋体系。小范围的地区性合作组织主要有:中欧自由贸易区,又称维谢格拉德集团;较大范围的地区性组织有中欧倡议组织和黑海经济合作组织。这些组织以加入欧盟这个大的框架为目标,在小的区域范围内加强政治、经济合作,以达到欧盟的标准。在这个目标的促进下,维谢格拉德集团这个在中东欧成立较早、发展较快的组织一直走在其他地区组织的前头。这也表明新地区主义含义下的一体化进程包括多层次的、跨区域的多种合作与联合。

1. 维谢格拉德集团

1991年2月15日,匈牙利、波兰和捷克斯洛伐克三国在匈牙利境内的维谢格拉德城堡举行会晤,讨论三国之间的政治、经济关系和面临的形势,决定在取消华约和经互会方面密切合作,在建立多党议会制和向市场经济过渡方面相互交流经验,在加入欧共体方面进行协调。② 三国商定成立区域合作组织。

从1992年初开始,三国外贸部长经过近一年的谈判,终于在1992年12月21日在波兰签订了三国的自由贸易协定,并宣布建立中欧自由贸易区(CEFTA)。但维谢格拉德集团的主要领域还是在政治方面,它将各成

---

① 高德平:《东欧国家十年来的国际经济合作》,《俄罗斯中亚东欧研究》2002年第1期。
② 赵乃斌、朱晓中主编《东欧经济大转轨》,中国经济出版社,1995,第89页。

员国与北约和欧盟的关系又向前推进了一步。这些国家决定从此采取一致的对外政策。它成功地推进了成员国与欧盟的欧洲协定的谈判进程。1991年苏联解体，8月20日，该集团派出一个具有冲突处理能力的小组，召开了高级专家小组会议，建立了一个防御协调系统和难民委员会，做了许多实际的工作。①

20世纪90年代初，匈牙利和斯洛伐克就两国之间的大坝——纳吉毛罗什水力发电大坝发生了纠纷，妨碍了该集团一些工作的进行。在国际社会和欧共体/欧盟的调解下，该问题提交海牙的国际法庭裁决，并于1995年得到解决，匈牙利和斯洛伐克的关系在摩擦中仍然进一步发展了。

由于历史原因，匈牙利成为一个民族问题复杂的国家，有许多匈牙利族人居住在邻国，也有许多少数民族生活在匈牙利。东欧政局剧变之初，匈牙利的民族主义党派也曾向邻国提出民族和边界问题，自维谢格拉德集团成立以来，三个国家达成了共识：任何国家不再向邻国提出民族和领土要求，保持现有国家边界。这个共识消除了三国之间的障碍，即使是出现一些纠纷，如纳吉毛罗什大坝问题，双方解决不了，就提交到更高一级的机构解决，而不会为此发生武力冲突。

1992年12月捷克和斯洛伐克分别独立后，该集团成员国由三个变为四个：捷克、斯洛伐克、波兰和匈牙利。1992年中欧自由贸易区成立后，维谢格拉德集团名存实亡。1998年10月21日，波、匈、捷三国发表了旨在复兴维谢格拉德集团合作的联合声明。从1999年5月起，四国政府首脑每年定期会晤一次，每年还举行一次非正式会晤。这四个国家均在2004年5月1日加入了欧洲联盟。2007年4月，波兰、匈牙利、捷克和斯洛伐克的议会领导人在布拉格开会决定，建立维谢格拉德集团各

---

① John Fitzmaurice, *Politics and Government in the Visegrad Countries-Poland, Hungary, the Czech Republic and Slovakia*, 1998, New York: St. Martin's Press, Inc. p. 178.

国议会间的合作对话机制，以提升该集团的作用和影响。目前，维谢格拉德集团已经建立了总统、总理、议会以及部长等多个级别的合作对话机制，成为中东欧地区国家协调立场、密切区域合作的重要渠道。在欧盟的重要会议之前，四国领导人一般都会举行会晤，就政策立场进行磋商，以维护中东欧国家的共同利益。近年来，维谢格拉德集团开始将合作范围扩大到中东欧地区的其他国家，更多地邀请周边邻国参加集团各个级别的会议。

为了增强能源安全，以维谢格拉德集团为主的中东欧国家近年来加大了区域合作的力度，希望尽快建立起连通整个中东欧地区的能源网络。维谢格拉德集团以及保加利亚、罗马尼亚就"南北能源走廊"计划达成一致。按照该计划，中东欧地区将建立起一个南起黑海、北至波罗的海的能源网络，以确保天然气、石油等能源在中东欧地区的自由流通。其中天然气供应"三角"网是计划的主要部分。

维谢格拉德集团不断成熟完善，已经成为区域合作的典范之一。由于各国自身影响力有限，如能在一些重大问题上协调立场，无论是在欧盟内部，还是在国际舞台上，都能够大大增强四国的整体影响力，更有效地维护各国的利益。

中欧自由贸易协定于1992年12月21日由维谢格拉德集团的波兰、匈牙利、捷克和斯洛伐克（1993年1月1日正式独立）四国外长在波兰共同签署，其宗旨为加强成员国之间在经济领域的协调，推动地区经济合作关系，尽快加入欧盟。到1998年加入这一贸易协定的成员国有七个：波兰、匈牙利、捷克、斯洛伐克、斯洛文尼亚、罗马尼亚和保加利亚。

1992年12月21日，波兰、匈牙利、捷克和斯洛伐克四国外长以协定的形式决定，自1993年3月1日起，四国之间对机械、加工工业品和部分化工产品全部取消关税，对其他工业品采取部分减免关税或取消数量限制；到2000年全部取消对工业品的贸易限制；对农产品贸易采取一定的保护措施，规定在两年内减免20%、五年内减免50%的关税。1994年11月25日，四国政府首脑在波兰会晤。会议通过了关于加速贸易自由化的意向和向新成员开放的声明，并决定提前一年，即在1998年前建成中欧自由贸易区，相互取消绝大部分工业品的关税，统一商检标准，并初步成立联合清算银行。会议还决定每年举行一次成员国例行会晤。1995年1月，四国农业部部长在华沙开会，商定自1996年1月1日起，成员国之间的农产品贸易减税一半。今后成员国将在专家会谈的基础上，在协定范围内逐步减少并最终消除服务和资本流动领域中的障碍，使贸易自由化的趋势进一步加强，并由自由贸易区逐渐变成中东欧国家共同市场。1995年8月，斯洛文尼亚正式加入中欧自由贸易协定。1997年4月，罗马尼亚加入中欧自由贸易协定。1998年7月，保加利亚正式加入中欧自由贸易协定。1999年10月19~20日，中欧自由贸易协定在布达佩斯举行会议，讨论中欧各国经济合作、共同发展和开通多瑙河航线等问题。会议签署了一项联合声明，决定自2000年1月1日起，中东欧七国实现工业品自由贸易。

2. 中欧倡议组织

中欧倡议组织的前身是由意大利、奥地利、南斯拉夫和匈牙利组成的四边合作组织。这一合作设想是意大利外长米凯利斯在1988年10月访问匈牙利前提出的，得到了以上四国的赞同。1989年11月10~11日，四国外长及副总理在布达佩斯举行会晤，就加强四国政府间的睦邻关系和发展多边合作问题达成原则协议，建立"四边组织"。

1990年4月9日，捷克外交部部长邀请四国外长在布拉迪斯拉伐举行会晤。会上四国外长决定吸收捷克为"四边组织"的第五位成员。当年7月31日至8月1日，成员国在意大利威尼斯举行首次政府首脑最高会晤，并决定使用"五边组织"的名称。7月26~27日在南斯拉夫杜布罗夫尼克举行的五国政府首脑最高会晤正式吸收波兰作为该组织成员，"五边组织"成为"六边组织"。独立后的克罗地亚和斯洛文尼亚分别于

1991年11月8日和26日提出加入"六边组织"的申请。同年7月17～18日在维也纳举行的政府首脑最高会晤上，克罗地亚和斯洛文尼亚两国被正式接纳为成员国。波斯尼亚和黑塞哥维那作为观察员出席了7月17日的外长会议，并于次日在最高会晤上被吸收为全权成员国。在7月的最高会晤上，该组织宣布不再以数字来命名，而是正式改名为中欧倡议组织。

马其顿于1992年5月14日向中欧倡议组织递交了要求加入的申请。该申请于1993年7月16～17日在布达佩斯举行的政府首脑最高会晤上得到批准，马其顿成为其正式成员国。中欧倡议组织经过近四年的发展，已成为由十个国家组成的、覆盖近1207万平方公里和1.5亿人口的区域合作组织。中欧倡议组织的宗旨是促进中欧地区国家之间的区域性合作，以"特殊"和"具体"的方式使中欧国家接近欧洲联盟，为欧洲一体化铺平道路；致力于经济、科技、文化和政治领域的合作，已同欧盟、世界银行、国际货币基金组织等欧洲地区性组织和国际金融机构建立了联系。每年举行一次最高级会晤。

中欧倡议组织是中东欧地区最重要的地区合作论坛之一，合作的领域也在不断扩大。1989年只就五个领域进行合作，到1993年增加到13个领域，主要涉及成员国之间的政治、经济、科技和文化等方面的合作。制定合作项目119个，涉及交通、电信、环保等多个领域，其中15个已经完成，16个正在实施。合作项目的资金来源除了成员国的自有资金外，还得到了一些国际金融机构和援助项目的帮助，如世界银行、欧洲复兴开发银行、欧洲投资银行、法尔计划等。

除了经济、科学和人文领域的合作外，中欧倡议组织还就一些专题举行不定期的专家磋商，每个专题由某个国家具体负责并担任召集人。例如，少数民族特别小组主席为匈牙利，与欧洲委员会活动有关的问题由奥地利负责，有关新民主国家与欧共体/欧盟的关系问题由意大利负责召集专家磋商。

从非常专业性的工厂项目，到将各国专家聚集到一起讨论专业性问题，再到对重要地区的其他投资项目，中欧倡议组织已经开展了许多各种形式的经济合作活动。在政治上，该组织也有突破。该组织建立了一个内部保护紧急干预项目，对该组织成员国家发生的紧急情况进行援助。1995年6月30日，乌克兰发生水灾，拥有两百万人口的城市卡尔科夫（Kharkov）的排污系统被毁坏，饮用水被污染。为此，乌克兰和联合国发出了紧急寻求救援的呼吁。7月16日，意大利空军的飞机载着水泵设备和一个技术小组到达卡尔科夫，使这里的情况很快得到了控制。这次救援就是由中欧倡议组织领导和提供的。

1995年，交通部门作为中欧倡议组织和欧洲复兴开发银行合作的主要领域，到1996年9月，欧洲复兴开发银行给中欧倡议组织国家在交通方面的投资超过十亿埃居。

欧盟与中欧倡议组织成员各国都发展双边关系，欧盟希望与该组织共同促进地区和多国合作。

截至2010年，中欧倡议组织成员国共有18个，它们是：阿尔巴尼亚、奥地利、白俄罗斯、波黑、保加利亚、捷克、克罗地亚、意大利、马其顿、摩尔多瓦、黑山、波兰、斯洛伐克、斯洛文尼亚、塞尔维亚、乌克兰、匈牙利和罗马尼亚。

3. 黑海经济合作组织

黑海经济合作组织又称黑海经济合作计划，简称黑海经合组织（英文简称BSEC），最先由土耳其倡议成立。1992年6月25日，土耳其、保加利亚、罗马尼亚、希腊、摩尔多瓦、亚美尼亚、阿塞拜疆、格鲁吉亚、俄罗斯、乌克兰和阿尔巴尼亚等11个黑海沿岸国家的总统或总理在土耳其的伊斯坦布尔举行会议，签署了关于建立黑海经济合作计划的协议，随后，11国领导人在雅尔塔签署了《黑海经济合作组织章程》。随着该章程于1999年5月1日起生效，黑海经济合作组织正式诞生，秘书处设在伊斯坦布尔。

黑海经济合作组织的宗旨是建立黑海地区国家间的睦邻关系，在能源、运输、生态、通信、投资、打击有组织犯罪等领域开展合作。美国、法国、德国、意大利、奥地利、波兰、捷克、斯洛伐克、白俄罗斯、克罗地亚、埃及、以色列和突尼斯为该组织观察员。

发展交通运输被列为黑海经合组织的优先任务之一，其中包括实施连接欧亚运输走廊方案，即建成一条由中国途经中亚、外高加索直至西欧和北欧的交通运输动脉。建造长达7200公里的环黑海高速公路，开通黑海地区海运。同时，能源合作也是黑海经济合作组织的重要任务。

黑海地区国家有着传统的区域经贸合作关系，成员国多为原苏联和东欧国家，经济体制目前正处于转轨和过渡时期，经济发展速度缓慢，不仅经济发展水平参差不齐，一些国家间的政治纠纷至今难以化解：希腊与土耳其存在领土争端，阿塞拜疆与亚美尼亚冲突不断，阿尔巴尼亚、格鲁吉亚等国内部局势不稳定因素依然存在。为此，亚美尼亚希望开放同土耳其的边界，迫切希望通过经济合作和政治对话解决成员国之间的问题。因此，在平衡政治利益中寻求共同语言，化解现有矛盾和冲突，是黑海经合组织发展进程中亟待解决的重要问题。

三 地区主义对东南欧稳定的意义

由于在前南土地上的一系列战争和该地区与外界的隔离造成经济全面崩溃，经济完全依赖外贸，需要重新开辟生产和贸易渠道，大部分产品无法出口而同时又要生产从未生产过的产品。在1995年签署代顿协议时，战争给波黑造成的经济损失已达450亿美元。不少地区的供电、供水系统瘫痪。

后来在斯洛文尼亚和克罗地亚之间、斯洛文尼亚和波黑之间、斯洛文尼亚和马其顿之间、南联盟和马其顿之间、克罗地亚和马其顿之间重新建立起了政治联系和经济联系，由此说明政治和经济的正常化可以重建，也能够恢复以前在前南时期曾有的商业和生产联系。在这种情况下，政治和民族因素与经济利益和需求相比就失去了重要性。

1996~1998年大量的国际援助主要面对的是波黑。但是整个巴尔干地区作为欧洲的后院也得到了其他机构的许多援助，这种援助是通过合同或地区形式实行的。斯洛文尼亚加入了中欧自由贸易协定，它同时也是欧盟的联系成员国和欧洲理事会的成员，它还属于和平伙伴关系的一员，也正在申请加入北约。保加利亚和罗马尼亚也是欧盟联系成员国，加入了欧洲理事会，是北约东扩所包括的国家。马其顿、阿尔巴尼亚和克罗地亚是欧洲理事会成员。所有这些国家都是和平伙伴关系国家，而克罗地亚正在申请加入欧盟。

民族主义、犯罪和贫穷是巴尔干国家普遍的问题。斯洛文尼亚和马其顿虽然没有直接参与到南斯拉夫战争当中，但也受到极大的影响——失去了市场，政治上不稳定。特别是马其顿，邻国（科索沃、阿尔巴尼亚、希腊）所带来的紧张状态大大地影响了它。波黑的战时经济，克罗地亚和塞尔维亚的战时经济，难民、走私、战争贩子和武器贸易商，都被带入欧洲这个"黑洞"的所有相邻国家当中。即使是那些在欧洲框架之内（欧盟、欧洲理事会、北约、欧安组织）的国家——希腊、意大利和奥地利也受到不同程度的影响。

巴尔干的战争分裂了欧洲，且威胁到欧洲一体化所取得的成绩，特别是威胁了欧洲在外交和安全政策上"用一个声音说话"的形象。欧洲面临着一个简单的选择："要么我们将巴尔干欧洲化，要么欧洲本身被巴尔干化。"[①]

这就是为什么对前南地区的重新整合与逐步将这一地区纳入欧洲结构是阻止出现新的柏林墙（萨拉热窝）和在欧洲出现新的冷战的唯一道路。

[①] Jelica Minic, "A Regional Framework for Peace and Development in the Balkans", in Peter Wagstaffs eds., *Regionalism in the European Union*, 1999, U.K.: Intellect Books; USA: Intellect Books, p. 283.

根据欧洲模式,划定许多民族边界的做法就没有现实意义了。战争的起源是单个民族对主权的诉求,那么这些新出现的国家将把一部分主权转移到地区和欧洲机构中去。问题的关键是,在通往欧洲一体化的道路上,任何邻国都是不能回避的。

这个地区长期落后、缺乏为所有参与国家开放的重要的地区性市场、在波黑建立了一个穆斯林居住区以及不同形式的"泛斯拉夫"和"东正教"联盟,这些都是欧洲发生大规模冲突的潜在因素。

正像莫奈所言:"我们应该用想象的武器去打我们头脑中的战争。"欧洲有必要为前南斯地区诸国找出一条能在经济和政治上进行合作的道路,根据欧洲模式,利用共同的利益来创建长久的和稳定的结构。就像现在欧盟的发展一样,这种进程是不可避免的,它是一个长期的过程,其中充满冲突和不确定因素。

目前的现实是,所有巴尔干国家都向往同一个中心——欧盟(虽然前南在政治上与俄罗斯结合在一起或者使美国在这一地区的角色越来越重要),这应该对巴尔干有利,因为巴尔干经常是欧洲和欧亚列强利益冲突的场所。

毫无疑问,欧盟在东欧实行了瓦解战略(波罗的海国家、斯洛文尼亚、捷克共和国)。也许随着巴尔干的战争结束,这一地区的政治体制、经济和安全等国家政策也都能融合到欧盟的标准上来,巴尔干国家有可能采取与东欧国家同样的发展模式。

共同的损失、国家分裂、战争和国际上的隔离为巴尔干国家提供了一个新的机遇,它们已开始珍惜自己的利益并重新确定地区一体化的方针,以保证社会力量和政权在地区和更高的层面上重新组合。

欧洲委员会强调指出,由于与欧盟地理上的相近,欧盟对前南地区的和平与稳定特别关注。不管是欧盟的成员国还是联系成员国,都必须避免政治和军事冲突以及经济危机。这就是为什么欧盟表达了希望推动这一地区发展的强烈愿望,欧盟希望利用经济援助和契约性的关系推动巴尔干地区的发展。众多协议的时间表和内容都与这一地区的稳定相关。

阿斯平柏林研究所（Aspen Institute Berlin）和卡内基国际和平基金会（Carnegie Endowment for International Peace）就巴尔干在欧洲和美国框架内进行地区合作问题进行了一项研究。报告的中心思想是：巴尔干出现的问题很少能在国家的基础上解决。根据这个前提，许多建议都是围绕支持国际预防性的努力展开。第一个建议是组织一个国际巴尔干安全会议，保证边界的稳定和建立相互信任机制，但也开放边界和保护人权及少数民族权利。为了这个目的，欧安组织的稳定公约的框架应扩大到巴尔干。

另一个是建议召开南部巴尔干会议。该会议在美国和欧盟的资助下召开，旨在建立"南巴尔干邦联"，包括阿尔巴尼亚人和斯拉夫人。该项倡议由美国和欧盟领导，俄罗斯和乌克兰是委员会的首要代表。

地区倡议（如黑海经济合作）或东南欧外长会议都得到了西方的支持。由于害怕南斯拉夫的重新建立，像克罗地亚和斯洛文尼亚这样的国家选择了在巴尔干地区之外，而不愿意被包括在这一个大的地区之内，它们而更愿意直接与西方机构或国家建立联系。从目前地区性组织对加入欧盟的重要性来看，没有各国的协同合作，似乎会推迟这一地区各国融入欧洲的时间。另一方面，这些国家（克罗地亚和斯洛文尼亚）仍然认为，一个国家的利益重点总是要优先于地区合作计划的。

由于有这些限制，国际巴尔干问题委员会（International Commission on the Balkans）提出建立一个自由贸易区，它既在政治上是现实的，也在经济上是可行的。欧盟利用贸易与合作协定或欧洲协定这个框架将这些次地区组织限定在它的范围内。

运输和基础设施联合会是整个巴尔干地区的组织，它可以成为巴尔干地区的"煤钢共同体"，主要的国际金融支持都放在这个组织内。

如果地区计划能够顺利实施，有关转轨、重建和发展问题就不会成为这一地区的难题。战争和制裁使整个地区遭受打击，而外部的干预使得这个地区有了积极的发展动力——波黑成为一个保护国，而其他国家直接受到国际上的监督。

在不久的将来，由于众所周知的政治和经济上的原因，国际上不会在这个地区投资更多（基础设施的建设除外）。将来的投资形式是小型的投资计划，这将成为巴尔干地区经济复苏和最终经济繁荣的支柱。

在这一地区应该实行内部推动和外部促进相结合的方式。在欧洲经济委员会《1995~1996年欧洲经济概况》中强调了重建这一地区经济联系的重要性。它希望在代顿协议签署和制裁取消之后，政策制定者们应在欧盟和国际金融机构的援助下将中心放在重建、转轨和发展上。当把恢复国际贸易联系放在首要位置时，东南欧国家恢复地区间贸易就成为重要的事情了。前南国家之间的贸易恢复应该得到推动，欧盟和其他欧洲国家的政策将不仅在提供贸易机会上，而且在影响整个东南欧地区合作上都发挥出重要作用。

1996年7月7日，在索菲亚发表的关于巴尔干睦邻友好关系、稳定、安全和合作的声明指出，推动地区性合作再一次被提上日程。该声明强调了发展邻国之间合作的必要性以及联合发展基础设施建设、贸易自由化和建立自由贸易区的双边协定等问题的重要性。由欧盟和其他国际机构倡议的"地区方式"在巴尔干地区已成为各国共同的政策。

1996年10月初，在南联盟和马其顿共和国之间签署的贸易协定开始生效。它规定到1998年底建立一个自由贸易区，之后，两国间贸易的大部分商品都应放开。

1996年签署了南联盟和克罗地亚关系正常化的协定。1996年南联盟总统米洛舍维奇和波黑总统伊泽特贝戈维奇在巴黎发表联合声明，相互承认两个国家并建立外交关系。声明还提到关于自由贸易和人员的自由流动，重新建立两国基础设施建设的联系以及在经济、文化、科学和其他领域内的合作问题。1998年4月签署了有关南联盟和马其顿的关系和发展合作的协议，它作为贸易协定的一个基础文件。

战争和联邦的解体对波黑、克罗地亚和南联盟来说代价是非常高的。波黑工业设施的损失估计达到100亿~150亿美元，这里65%的基础设施被毁、被炸和被偷。人均收入仅有500美元，战前人口的一半成为难民。

南联盟是第二个经济被破坏最严重的国家。军事开支、共同市场的解体、国际制裁、国内体制的急剧变化和经济重组的推迟等，对南联盟是毁灭性的打击。最直接的打击就是失去了原来共同的南斯拉夫市场，南联盟的产值与1989年相比只有那时的一半，改革被迫中断，宏观经济政策遇到许多经济和非经济因素的限制。

所有前南国家都付出了独立的代价并遭遇了困难。斯洛文尼亚是所有前南国家中发展最好的，但它的难题是失去了市场。在1993年战争期间，同南斯拉夫各共和国的经济贸易往来中断，使斯洛文尼亚国民经济特别是工业生产受到较大影响。

许多国家不得不寻求其他的贸易伙伴：斯洛文尼亚和克罗地亚与奥地利、德国和其他欧洲国家建立了联系；南联盟与俄罗斯、中国和其他东欧国家建立联系。战争、制裁给东南欧地区造成了无法估量的损失，使本来在经济、技术等方面就落后的国家雪上加霜。

由于经济上的相互依赖，政治和经济关系的正常化对所有的行为体都应该具有良好的影响。地区性组织为此创造了良好的契机。欧盟以及巴尔干各国都希望创建一个长久和稳定的地区合作形式，为这个地区将来进入单一欧洲市场，达成商品、服务、资本和人员的自由流动准备条件。正像中欧自由贸易区一样，欧盟从外部施加压力以提高其在经济领域的地区合作程度，并在此基础上使这一地区的政治关系长久地正常化。

由于巴尔干地区长期以来落后，为这些国家所设计的大规模的援助计划、改善经济体制和政治环境的措施将加快该地区的转轨进程并完成必要的法制协调步骤。当然，就像在其他东欧国家一样，调整的代价不会很小。但如果巴尔干各国领导人再重复历史错误和无视地区重建计划所给予的新的机遇，那将是不可被原谅的。

欧盟安全的关键很大程度上在其疆界之外。从某种意义上说，欧洲的安全可以通过欧盟的扩大得到加强。但是，许多有关的国家还远远达不到加入欧盟的标准。这一点对巴尔干的西部地区来说尤其实际。对于这些国家，欧盟不能把其政策降低到马上能接纳它们的水平上，也不能指望它们现在就能履行加入欧盟所规定的义务。虽然对它们的最终加入抱有期望，但是欧盟必须采取更加自主的态度，提供帮助，确保这些国家最终符合入盟标准。

国际社会现在认识到，对于巴尔干地区来说，不能继续只是当危机发生时才做出反应，而必须采取一种预防性态度。正是基于这种认识，产生了《东南欧稳定公约》。但是，这个公约只是一个空洞的框架。欧盟必须拿出一些实际的东西。它必须表示愿意开放欧洲单一市场，帮助东南欧国家建立法治和有效的管理机制，为吸引私人投资、促进经济增长和帮助希望加入欧盟的国家达到标准创造条件。①

四 东南欧国家政治、经济和社会状况

在东欧剧变、南联邦解体以及波黑战争和科索沃战争这一系列变化中，东南欧各国在20世纪的最后十年里经受了政治、经济的剧烈波动。1999年以后，这一地区基本平静，虽然仍有政党之间的斗争，但经济在逐渐恢复中（见表5-1和表5-2）。2008年国际金融危机再一次给这些国家带来冲击，使这些国家的经济发展以及加入欧盟的过程出现一些变数。工业生产急剧下降，失业率上升，国际贸易骤减，但大部分国家的通货膨胀和财政平衡仍然在可控的范围内（见表5-3~表5-6）。

---

① 〔美〕乔治·绍罗什：《打破暴力循环》，英国《金融时报》2000年11月9日。

表 5-1　1999 年东南欧国家 GDP 情况（1989 年为 100）

单位：%

国家	农业	工业	服务业	国家	农业	工业	服务业
阿尔巴尼亚	52.5	26.0	21.4	马其顿	11.6	35.2	53.2
波黑	15.5	26.7	57.8	罗马尼亚	15.6	31.0	53.5
保加利亚	15.1	23.4	61.5	南斯拉夫联盟	—	—	—
克罗地亚	8.6	32.0	59.4	斯洛文尼亚	3.7	38.4	57.8

资料来源：世界银行《世界发展指标数据库》，2001 年 4 月。

表 5-2　1980~2000 年东南欧国家实际 GDP 增长（1989 年为 100）

单位：%

国家＼年份	1980	1993	2000	国家＼年份	1980	1993	2000
阿尔巴尼亚	79.4	65.9	102.6	罗马尼亚	88.5	76.2	77.0
波黑	—	—	—	南斯拉夫联盟			
保加利亚	76.2	76.1	74.1	斯洛文尼亚	98.8	81.4	110.6
克罗地亚	—	59.5	80.7				

资料来源：UN/ECE（2000）*Economic Survey of Europe*, No. 1, United Nations：Genecva。

表 5-3　2007~2010 年东南欧国家实际 GDP 增长

单位：%

国家＼年份	2007	2008	2009	2010
阿尔巴尼亚	6.3	6.8	0.4	2.0
波黑	6.8	5.5	-3.0	0.5
保加利亚	6.2	6.0	-2.0	1.0
克罗地亚	5.5	2.4	-3.5	0.3
马其顿	5.9	5.0	-2.0	1.0
希腊	4.0	2.9	-1.7	-0.4
黑山	10.7	5.0	-2.7	-2.0
罗马尼亚	6.2	7.1	-4.1	0
塞尔维亚	6.9	5.4	-2.0	0
土耳其	4.7	1.1	-5.1	1.5

资料来源：国际货币基金组织《世界经济瞭望》（*World Economic Outlook*）2009 年 4 月。

表5－4 2007~2010年东南欧国家通货膨胀率

单位：%

年份 国家	2007	2008	2009	2010
阿尔巴尼亚	2.9	3.4	1.5	2.2
波黑	1.5	7.4	2.1	2.3
保加利亚	7.6	12.0	3.7	1.3
克罗地亚	2.9	6.1	2.5	2.8
马其顿	2.3	8.3	1.0	3.0
希腊	3.0	4.2	1.6	2.1
黑山	3.5	9.0	1.7	-0.2
罗马尼亚	4.8	7.8	5.9	3.9
塞尔维亚	6.5	11.7	10.0	8.2
土耳其	8.8	10.4	6.9	6.8

资料来源：国际货币基金组织《世界经济瞭望》（World Economic Outlook）2009年4月。

表5－5 2007~2010年东南欧国家当前账户余额（占GDP比例）

单位：%

年份 国家	2007	2008	2009	2010
阿尔巴尼亚	-9.1	-13.5	-11.3	-7.4
波黑	-12.7	-15.0	-9.3	-9.2
保加利亚	-25.1	-24.4	-12.3	-3.6
克罗地亚	-7.6	-9.4	-6.5	-4.1
马其顿	-7.2	-13.1	-14.1	-12.6
希腊	-14.1	-14.4	-10.9	-10.4
黑山	-29.3	-31.3	-23.2	-16.7
罗马尼亚	-13.9	-12.6	-7.5	-6.5
塞尔维亚	-15.3	-17.3	-12.2	-11.3
土耳其	-5.8	-5.7	-1.2	-1.6

资料来源：国际货币基金组织《世界经济瞭望》（World Economic Outlook）2009年4月。

表 5-6　2007~2010 年东南欧国家财政收支平衡

单位：%

年份 国家	2007	2008	2009	2010
阿尔巴尼亚	-3.9	-5.2	-3.9	-3.3
波黑	-0.1	-4.0	-4.7	-4.0
保加利亚	3.5	3.0	1.4	1.5
克罗地亚	-1.3	-0.9	-2.2	—
马其顿	0.6	1.5	0	0
希腊	-3.6	-5.0	-6.2	-7.6
黑山	6.5	1.5	-6.2	-7.9
罗马尼亚	-3.1	-4.9	-4.5	-3.6
塞尔维亚	-1.8	-2.5	-3.0	-2.6

资料来源：《国际货币基金组织国别报告》（2008~2009）。

（一）阿尔巴尼亚

1. 政治

阿尔巴尼亚的政治形势一直处于不稳定状态，政府内政党斗争激烈，导致了社会的不稳定。1991 年，阿尔巴尼亚举行了政局剧变后第一次多党制议会选举，劳动党获胜。同年 6 月，劳动党改名为社会党。1996 年，阿尔巴尼亚爆发金融危机，此后，阿尔巴尼亚的经济始终处于危机状态，国内局势动荡。1997 年，阿提前举行大选，社会党重新执政，但由于不断的冲突和暴乱，社会党三次改变政府总理人选。梅塔政府上台后，努力采取种种措施，使全国局势明显好转，社会秩序逐步走向正常。

2001 年 6~7 月，阿举行议会选举。在 140 个席位中，社会党获得 73 个席位，以民主党为首的右翼联盟获得 46 个席位。2001 年底至 2002 年初，由于执政的社会党内部发生较激烈的矛盾，阿尔巴尼亚政局两度出现危机。

2005 年 7 月，阿举行议会选举，民主党获胜，组成以民主党为主的中右翼联合政府。新政府积极落实选前承诺，提出以"铲除腐败、打击犯罪、降低税收、提高工资"为核心的施政纲领。贝里沙政府在兑现其选举承诺上取得了初步成果，但是在关键领域的改革上仍面临国际压力。民主党与社会党之间的斗争仍是影响阿政治稳定的一个重要因素。

2009年6月阿尔巴尼亚议会选举，总理贝里沙领导的民主党联盟获得议会140个席位中的74席；社会党联盟获得66席。社会党指责民主党在选举中弄虚作假。2010年5月1日，22名社会党议员和该党180名支持者在总理府门前静坐绝食，要求政府对议会选举的部分选票重新计票。5月11日，社会党支持者在全国各地封锁交通要道，以声援反对党议员和支持者在首都地拉那的绝食行动，阿政治危机不断升级。2010年8月欧盟决定成立关于阿尔巴尼亚问题特别工作小组，尽快解决阿尔巴尼亚国内的政治危机。由于阿尔巴尼亚党派之间不断产生矛盾，导致国内政治局势一直不稳定，国际组织不得不多次介入调解。

2006年6月阿尔巴尼亚与欧盟正式签署了《稳定与联系协定》，阿尔巴尼亚政府承诺将继续推进改革，尤其是改革司法体系、打击腐败和有组织犯罪。

在与欧盟的联系方面，欧盟的法尔计划和CARDS在1991～2004年共为阿尔巴尼亚提供了八亿多欧元的资助。除此之外，从1991年起，欧盟为阿尔巴尼亚提供了涉及政治、经济、人权等方面共11亿多欧元的援助。其中，农业援助1.2亿欧元，人权援助1.424亿欧元，食品安全援助0.165亿欧元，经济和财政事务援助0.2亿欧元，民主化改革援助0.039亿欧元[①]。欧盟还提供了很多的优惠政策，这使得加入欧盟成为阿尔巴尼亚的头等大事。1994年2月23日，阿与北约签署了和平伙伴关系协议；2003年1月至2004年4月，与欧盟就签署《稳定与联系协定》进行了六轮谈判。

2. 经济

阿尔巴尼亚自20世纪90年代初开始从计划经济体制向市场经济体制转轨，提出以私有化为主要内容的经济改革计划。截至1999年底，已基本完成了中小型企业的私有化，之后进行大中型国有企业及电信、银行和矿山等战略部门的私有化。

---

① 孔寒冰、项佐涛：《阿尔巴尼亚社会党2005年大选失利原因分析》，《当代世界社会主义问题》2006年第3期。

1990年阿国民经济生产总值约为25亿美元，人均国民收入800美元。1991年，阿尔巴尼亚开始了由计划经济向市场经济的转轨。在经济转轨初期，阿经济状况得到明显改善。1993年，阿尔巴尼亚加快私有化进程，个体经济得到迅速发展。加上外援以及大量侨汇的流入，自1993年起，阿经济停止下滑，并有了缓慢的回升，当年经济增长11%。[1] 1993～1995年，阿GDP年平均增长率接近10%，1995年通货膨胀率降至6%，同期国际收支赤字也大大削减。但到1996年初，阿宏观经济环境仍然存在着很多制度性问题。阿从1992年开始金字塔集资活动，且愈演愈烈，资金大量用于外汇投机、房地产炒作、倒卖紧缺物资，有的金字塔集资公司甚至将吸收的资金用于非法走私、移民、贩毒等违法犯罪活动。1996年，金字塔集资活动达到高潮，但到1997年，一些大型集资公司倒闭，引发提取本息的风潮。由于资金有限无法支付，受骗的储户纷纷举行游行示威，最终引起蔓延全国的暴乱，一发不可收拾。1997年，在国际社会的支持下，阿恢复了首都及北部地区的秩序，在国际货币基金组织、世界银行和欧盟的帮助下开始恢复税收，并实行严格的金融管制。

1998年以来阿经济缓慢复苏，呈平稳增长态势。由于实施谨慎的货币政策和巩固的财政政策，阿尔巴尼亚2001～2006年GDP平均增长5.2%，增长速度较快。阿政府加大基础设施的投资，尤其是道路基础设施的投资，水、电供应较前有所好转，投资环境逐步改善，外国投资逐渐增加。据统计，2003年GDP增长6%，约合61亿美元，人均1935美元左右。各行业占GDP的比重分别为：工业10.2%，农业24.7%，建筑业9.1%，服务业46.1%，运输业10%。服务行业占GDP的比重逐年增加，而农业占GDP的比重逐年减少。与2002年相比，农业增长3%，工业增长18%，服务业增长11.5%。国家预算收入完成13.66亿美元，同比增长11%，支出16.4亿美元，赤字为2.69亿美元，约占GDP的4.4%。外债约14.2亿美元。2003年阿物价基本稳定，列克较为坚挺。通货膨胀率

---

[1] 中国驻阿尔巴尼亚大使馆经商参处，http://al.mofcom.gov.cn/。

为 3.3%，外汇储备达 10.26 亿美元，失业率为 15%，约 16.4 万人。外贸进出口总额为 22 亿美元，同比增长 22.8%，其中出口 4.47 亿美元，同比增长 35%；进口 18 亿美元，同比增长 20%；逆差为 13 亿美元，同比增长 16%。① 2001 年登记失业人口为 18.1838 万人。2002 年，阿人均工资提高 8%~12%，退休金提高 10%~25%，阿旅外侨民达 80 万，侨汇收入对维持阿的外汇平衡和改善人民生活水平具有重要作用。

2004 年，阿宏观经济继续保持稳定。财政赤字 188 亿列克，通货膨胀率为 2.7%。

2005 年阿尔巴尼亚的国内生产总值为 83.69 亿美元，国内生产总值增长率为 5.8%，人均国内生产总值为 2158 美元，通货膨胀率为 3%，失业率为 14.2%（见表 5-7）。②

2000 年，阿尔巴尼亚加入世界贸易组织。

表 5-7 至 2008 年阿尔巴尼亚主要经济数据

项 目	具 体 内 容
各行业占 GDP 比重	工业 13%，农业 24%，建筑业 18%，交通 5%，其他服务业占 39%。
港口吞吐量	2007 年港口总吞吐量 433.2 万吨，其中都拉斯港 344.2 万吨，占 79.5%，发罗拉港 52 万吨，深津港 29.3 万吨，萨兰达港 7.7 万吨 集装箱 3.3127 个标箱，2007 年都拉斯港口集装箱货物出口 3.7 万多吨，主要运输货物：出口以铬矿石和铬铁矿为主，进口则涉及水泥、粮食、石油及其他一般商品
公路	公路总里程 1.8 万公里，其中国道 3636 公里。2006 年，公路客运总数为 2129.9 万人次，占陆路客运量的 92.8%
高速公路	现有高速公路约 450 公里，拟建高速公路约长 600 公里
铁路	2007 年运营的铁路总里程 399 公里，货运量 45 万吨，比 2001 年增长 55%，客运量 109 万人次，减少 59%，无电气化铁路
机场	特里萨嬷嬷机场（或称"里纳斯机场"）是目前唯一的民用国际机场。2007 年运输旅客 110.73 万人次，货运 3499 吨。共 16 家航空公司，直达航线 33 条

---

① 中国驻阿尔巴尼亚大使馆经商参处，http://al.mofcom.gov.cn/。
② 中国驻阿尔巴尼亚大使馆经商参处，http://al.mofcom.gov.cn/。

续表

项 目	具 体 内 容
重要资源	1. 石油,储量约 2714.38 万吨,2007 年石油产量 31.6 万吨,石油出口价值 989 万美元,阿是一个石油进口远高于出口的国家 2. 铬矿,储量 3730 万吨,2006 年铬矿砂出口 7.4374 万吨,价值 1722 万美元,铬矿砂出口占当年出口总额的 2.2%;2007 年出口铬矿砂 3630 万欧元,主要出口市场是中国和瑞典
森林	2005 年森林面积 7900 平方公里,覆盖率 29%
主要工业产品	2007 年出口的主要工业产品有:纺织品 2.94 亿美元,鞋帽伞 2.27 亿美元,主要是加工贸易出口,出口国别高度集中在意大利和希腊两个国家;矿产品 1.67 亿美元,主要输往意大利和中国;金属及其制品 1.6 亿美元,主要是贱金属产品和钢材,主要输往意大利、科索沃和希腊;机电设备 4281.2 万美元,主要输往意大利、科索沃和马其顿
主要农产品	根据阿国际贸易中心 2006 年度贸易报告资料,2006 年阿农产品出口总额约 6303 万美元,比 2005 年增长 17%。农产品出口占阿当年外贸出口的 8%。主要出口农产品是海鱼(其中凤尾鱼约 2100 万美元)、药草、烟草和各种饮料。主要出口地区是欧盟和巴尔干地区 2006 年主要农产品产量:小麦 23.09 万吨,玉米 24.54 万吨,蔬菜 68.75 万吨,肉 13.7 万吨,蛋 7.16 亿个
旅游业	2007 年入境外国游客 160 多万人次,同比增长 62%,旅游业收入约 10 亿欧元,与出口值相当,占总收入的 69%,同比增长 24%。入出境游人数同比增长 48%,出境游消费 9.23 亿欧元,同比增长 20%,旅游业消费占总消费的 64% 2007 年有注册宾馆 220 家,拥有床位 7791 万张
利用外资	2007 年共吸引外国直接投资 4.63 亿欧元,比 2006 年增加 2.05 亿欧元,对外投资 5470 万欧元
电信	2007 年底,固定电话总数为 26.11 万部,电话普及率约为每百人 10 部。2007 年底,移动电话总数 209.5 万部,拥有量为每百人 50 部。个人电脑拥有量为每千人 12 台。2007 年因特网用户占人口 15.3%
住房情况	根据国家统计所 2006 年公布的《人口与住房调查报告》,拥有一间房、二间房、三间房、四间房、五间房及五间房以上的家庭比重分别为 12.4%、42.3%、33%、9.6% 和 2.7%。上述五项指标在城市的比重分别为 12.7%、45%、32%、7.4% 和 2.9%。在农村的比重分别为 12.1%、40%、33.9%、11.4% 和 2.5%
国际信用等级	1. 2006 年意大利 SACE 保险公司将阿尔巴尼亚视为投资高风险国家之一 2. 2006 年 7 月 26 日,世界银行发表《转轨中的腐败问题》的报告。报告认为,尽管阿实行了多项改革,但仍是最腐败的国家之一 3. 2007 年 8 月摩迪国际公司对阿尔巴尼亚的各项评定均为 B 级

资料来源:中国驻阿尔巴尼亚大使馆经商参处, http://al.mofcom.gov.cn。

阿历届政府都对改善投资环境作了极大的努力，但阿经济总体状况仍较落后，各项基础设施较差，尤其是缺电、缺水严重；铁路和公路发展滞后，并在短期内无法根本解决；司法系统效率较低，投资尤其是外国投资软硬环境均欠佳。国际货币基金组织认为，阿尔巴尼亚腐败较严重。

阿目前贫困人口约 60 万。阿 2008 年预算规定，给贫困家庭每月资助 2000 列克（约 24 美元）。据国家货币基金组织报道，阿目前 40% 的人口无法饮用自来水，公共设施老化、停电和腐败等严重影响了经济的发展。

（二）保加利亚

1. 政治

1989 年东欧剧变后，保加利亚政治、经济形势十分严峻。政治斗争激烈，政党之间相互攻击，仅在 1989~1991 年的三年时间里，就换了四届政府。同时，许多不法势力趁机进行违法犯罪活动，警察司法机构又腐败无能，社会治安恶化。2001 年 6 月 17 日国民议会举行换届选举，由西麦昂二世领导的政党"西麦昂二世全国运动"获得 43.05% 的选票，取得大选的胜利，西麦昂二世任保加利亚新政府的总理。

2001 年 11 月，保加利亚举行总统选举，保社会党主席、由"保加利亚联盟"推举的候选人珀尔瓦诺夫当选总统。他提出，当务之急是解决保加利亚的贫困和高失业率问题，这一提法得到包括土耳其族人、罗姆人等在内的社会贫困人口的支持。该届政府致力于发展经济，积极加入国际组织，首先向加入欧盟和北约的目标迈进。

现行宪法于 1991 年 7 月通过并生效。宪法规定，保加利亚为议会制国家，总统象征国家的团结并在国际上代表保加利亚。

2006 年的总统选举在平静中进行，上届总统珀尔瓦诺夫再次被选为总统。

2009 年 7 月，保举行议会换届选举，"争取欧洲进步公民党"（简称"公民党"）获胜并独立组阁。2010 年，保政局保持总体稳定。现保加利亚被认为是政治稳定的国家。

2006年，欧盟委员会发表报告，对保加利亚在司法体系改革、反腐败以及打击有组织犯罪等领域的进展进行评估。欧盟委员会指出，保加利亚在打击高官腐败和有组织犯罪等方面没有展示出令人信服的成果，应加强打击政府内部以及医疗、教育等领域的腐败现象。尽管保加利亚采取措施，加大打击腐败和有组织犯罪的力度，通过了有关利益冲突的法案，撤换了四名部长、14名副部长和24名地方官员，但仍未达到欧盟的要求。由于保加利亚在反对腐败和有组织犯罪以及妥善使用欧盟资金等方面与欧盟的标准存在较大差距，欧盟决定冻结原定提供给保加利亚的总额为八亿欧元的援助。2006年11月，欧盟委员会以保加利亚在反腐败方面一直没有取得进展，而在被冻结的八亿欧元援助款项中，有2.2亿欧元已超过预定使用期限为由，注销了对保加利亚的2.2亿欧元的援助。①

保加利亚的对外政策重点是重返欧洲、加入欧盟和北约。保加利亚于1995年12月向欧盟提交入盟申请。2006年，欧盟委员会通过一份最终报告，认为罗马尼亚和保加利亚在满足入盟标准问题上取得重大进展，同意两国于2007年1月1日成为欧盟成员国。

2. 经济

1989年后保开始向市场经济过渡，发展包括私有制在内的多种所有制经济，优先发展农业、轻工业、旅游业和服务业。截至2004年底，保大部分国有资产已完成私有化。

剧变后的头几年，保加利亚经济剧烈下滑，工农业生产、对外贸易出现了严重倒退。1991~1993年的经济增长率都为负增长，1993~1994年经济有一定增长，到1995年又开始下滑。1996年为-10.1%，1997年为-6.9%。主要原因是结构改革遇到阻碍、私有化进程放缓。这之后，保加利亚政府实行了一系列稳定金融体系的措施以摆脱经济危机，通货膨胀得到有效遏制，本币列弗的汇率保持稳定，保经济开始走出低谷，连续四年保

---

① http://news.163.com/08/1126/04/4RL99HJG0001121M.html.

持增长。从 1998 年开始，保加利亚经济增长率一直保持平稳态势。2002 年保加利亚的通货膨胀率为 3.8%，比 2001 年低 1 个百分点。国内生产总值呈现持续高速增长态势，比 2001 年同期增长 4.4%。2002 年，保加利亚外贸出口 56.88 亿美元，比 2001 年同期增长 11.2%；同期进口 78.97 亿美元，增长 8.8%。出口增幅高出进口增幅 2.4 个百分点。2007 年保加利亚正式加入欧盟，实行本币列弗与欧元固定汇率制，汇率风险较小。财政和货币政策审慎，财政体系稳定。保政府财政收支平衡，前几年都有盈余，2009 年受金融危机影响，出现财政赤字，但仍为欧盟中赤字最低的国家。

金融危机导致保吸收外资额大幅下降，这对保经济发展带来巨大的负面冲击。为了应对金融危机和外资投资的萎缩，保加利亚政府把扩大外资作为政府工作的重中之重，制定了更为优惠的投资政策。①

据保加利亚国家统计局统计，2006 年保加利亚 GDP 增长 6.1%，是 1989 年以来增长最快的年份。2011 年保加利亚国内生产总值为 385 亿欧元，同比增长 1.7%，人均国内生产总值为 5168.7 欧元，失业率为 11.4%。2012 年第一季度国内生产总值为 80.3 亿欧元。

保加利亚在欧盟中属于经济实力较弱的国家。2011 年，受欧盟整体经济增速放缓的影响，保加利亚外贸出口下滑。为抵御外部环境恶化的冲击，保积极开辟发展中国家市场，强化税收，严格财经纪律，取得较好效果。2011 年全年经济增速达到 2%。鉴于财政政策适宜，政府负债率低，国际评级机构标准普尔 2010 年 12 月维持保长短期本外币债券级别为"BBB/A-3"不变，评级前景稳定。

（三）罗马尼亚

1. 政治

2000 年 11 月 26 日，罗马尼亚举行了议会和总统换届选举。伊利埃斯库当选为罗新一任总统。罗马尼亚执政联盟中两个主要的政党，即中右的国家自由

---

① 中国驻保加利亚大使馆经商参处，bg.mofcom.gov.cn/。

党和中左的民主党之间的关系以及它们与执政联盟其他小党的关系紧张。两党的分歧集中在宪法改革、国家行政机构改革、安全部队的控制和提前选举等问题上。此时，罗马尼亚政府在为加入欧盟作最后的准备，着力解决与入盟进程密切相关的腐败、司法和农业领域的食品安全和家畜登记等问题。虽然党内政治斗争不断，但为入盟大计考虑，政局较为稳定。[①]

自2004年大选以来，罗马尼亚一直陷入执政党的内部争斗，政局动荡不安。2007年罗马尼亚政局出现了较大波动。总统与议会和总理的关系进一步恶化。

2008年12月22日，罗马尼亚执政联盟宣誓就职。但执政联盟自成立以来，两党争执一直没有停止过。2009年10月1日罗马尼亚社会民主党在联合政府中的所有部长集体辞职，该党和民主自由党组成的执政联盟由此破裂。

2009年8月12日，罗马尼亚政府宣布机构整改具体方案，政府下设机构减半，裁员人数超过一万人。这是罗马尼亚自1990年以来规模最大的一次机构改革。

2009年10月13日，罗马尼亚议会以254票赞成、176票反对的表决结果通过了对政府的不信任案，民主自由党主席博克执掌的内阁由此成为罗马尼亚1989年剧变以来第一个遭议会弹劾的政府。

2012年7月6日，罗马尼亚议会参众两院联席会议以256票赞成通过了对总统伯塞斯库的弹劾议案。总统伯塞斯库曾于2007年遭议会弹劾，后经过全民公决没有下台。

政治动荡给罗马尼亚国民经济带来了负面影响。罗马尼亚经济一直低迷，列伊对欧元和美元的汇率也一路走低，成为欧盟国家中唯一对欧元贬值的货币。

---

① 邢广程主编《2006年：俄罗斯东欧中亚国家发展报告》，社会科学文献出版社，2007，第285页。

2. 经济

东欧剧变后，罗马尼亚生产大幅度滑坡。1990年和1991年国内生产总值递减20%，1993年下降势头得到遏制，1994~1996年经济连年增长，增长率分别为3.4%、6.9%和4.1%。1996年右翼政府上台后采取激进的经济政策，导致经济重新下滑，1997~1999年分别下降6.6%、7.3%和3.2%，1999年经济降至谷底，只相当于1989年的74.4%。[①]

2000年社民党政府成立后，把恢复经济作为首要目标，当年经济增长1.6%；2001年增长5.3%，2002年增长4.9%，2003年增长4.9%，2004年增长8.3%，超过1989年的水平。2005年由于水灾及欧盟经济影响，经济增长有所放缓——增长4.2%。

据罗马尼亚国家统计局2007年公布的数据，2006年罗马尼亚GDP增长7.7%，经济增长迅速；国际金融危机爆发以前，罗经济连续八年保持高速增长。

2008年国际金融危机的爆发对罗马尼亚经济造成较大冲击。占85%市场份额的外资银行紧缩投资，导致罗资金流动性严重不足。由于罗马尼亚出口严重依赖欧盟市场——依赖度高达70%以上，国际金融危机爆发后，欧盟市场萎缩，罗实体经济也受到影响。

据罗马尼亚国家银行统计，2009年1~11月，罗马尼亚共吸引外国直接投资38.26亿欧元，同比下降55.7%。2009年12月，罗马尼亚新政府制定了2010年政府财政预算。根据罗2010年财政预算草案，2010年国家预算收入预计为666.5亿列伊，预算支出预计为1016.7亿列伊，赤字为350.2亿列伊，占GDP的比重约为6.66%。[②]

罗马尼亚同欧盟、国际货币基金组织和世界银行签署了一项总额为200亿欧元的贷款救助协议。为满足国际机构的贷款条件，罗政府陆续出

[①] 以上经济数据来自商务部中国企业境外商务投诉服务中心《国别贸易投资环境报告2007（罗马尼亚）》，http://shangwutousu.mofcom.gov.cn/aarticle/ddgk/zwrenkou/bd/200704/20070404578110.html。
[②] 《2010年罗马尼亚经济将逐步得到恢复》，《经济日报》2012年2月9日。

台了紧缩财政、增加国家收入措施与一揽子改革方案，如打击偷漏税、提高统一税和增值税，大幅缩减包括医院、学校在内的预算，精简政府机构，大规模裁减政府及事业单位工作人员，出台刺激投资、创造就业的计划，连续几年拨巨款投资基础设施和公共机构项目，并增加对中小企业的支持力度，实行退休金、劳动力市场及国有企业改革。

经过一系列措施，罗马尼亚经济的下滑得到一定程度的遏制。2010年下滑幅度减至1.3%。2011年欧债危机爆发，但因罗尚未加入欧元区，经济所受冲击不大，状况继续好转，但复苏步伐较预期放慢。2011年罗经济同比增长2.5%，工业生产增长5.6%，财政赤字得到有效控制，占GDP的比重为4.35%，低于国际货币基金组织要求的4.4%。当年12月，罗通胀率仅为3.14%，为20年来最低水平，全年平均为5.79%。出口贸易也呈现复苏态势。总出口额同比增长20.5%。[1]

（四）斯洛文尼亚

1. 政治

自1991年6月25日独立以来，虽然各党派斗争激烈，发生分化、重组，但没有影响整个国家的稳定，目前，国家政治形势也逐步走向稳定。

斯洛文尼亚独立后就将加入欧盟作为政府的主要目标。这对斯洛文尼亚来说意义重大，因此多年来一直努力实现这一目标。2002年底，斯顺利完成与欧盟的谈判工作。2003年以来，斯就加盟入约问题顺利通过全民公决并分别与北约和欧盟签署协定。2004年5月1日，斯成为欧盟和北约的正式成员国。

自1991年独立以来，斯洛文尼亚和克罗地亚两国一直就皮兰湾港口附近一段数公里长的海岸线的归属问题存在争议。2009年11月4日，两国总理在瑞典首都斯德哥尔摩签署边界仲裁协议，为解决近20年的边界争端和为克罗地亚加入欧盟铺平了道路。根据这项协议，克罗地亚和斯洛

---

[1] 《罗马尼亚经济负重前行》，《光明日报》2012年4月24日。

文尼亚将通过国际谈判来解决两国1991年宣布独立时遗留下来的边界争端。2010年3月23日，斯洛文尼亚宪法法院认定斯洛文尼亚与克罗地亚签署的边界仲裁协议符合斯宪法。此举为这一仲裁协议获斯议会通过、斯克两国最终解决边界争端扫清了障碍。

2. 经济

斯洛文尼亚是前南地区中经济最发达的国家，加工业和科技基础较好，服务业发达。近年来，经济转轨顺利，生产发展平稳，人民生活水平不断提高。

2002年斯经济总体上保持了稳中有升的态势，人均GDP达1.0577万美元，同比增长3.2%，达到欧盟国家平均水平的70%；失业率为6.4%，通货膨胀率为7.5%。2002年斯洛文尼亚进出口总额为212.86亿美元，比2001年增长9.74%。其中，出口103.57亿美元，增长11.94%；进口109.29亿美元，增长7.73%，其中对欧盟的贸易占斯外贸总额的63.73%。主要贸易伙伴为德国、法国、克罗地亚、奥地利和美国。[①] 2006年斯洛文尼亚政府加大力度推进包括新的《公司法》《商会法》和《公司收购法》在内的各项相关立法改革，以促进经济发展和支持创新。同时政府继续采取各项措施，加大力度吸引外资，支持本国企业开拓海外市场。2006年经济继续保持稳定增长。根据欧盟统计局的数据，斯洛文尼亚2005年人均GDP已经达到欧盟25国平均水平的80.6%。斯拥有良好的工业、科技基础，已被列入发达国家行列，2007年1月1日，斯洛文尼亚加入欧元区。2009年以来，斯洛文尼亚经济受国际金融危机和欧洲主权债务危机影响较大。2011年斯洛文尼亚国内生产总值为356.39亿欧元，通货膨胀率为1.8%，失业率为8.2%。

由于斯洛文尼亚经济的所有指标均达到《马斯特里赫特条约》的要求，欧盟财政部长会议批准斯洛文尼亚于2007年1月1日正式加入欧元区。

---

① 以上经济数据均来自中国驻斯洛文尼亚大使馆经商参处，http：//si.mofcom.gov.cn。

（五）克罗地亚

1. 政治

克罗地亚政局基本稳定。为适应加入欧盟的需要，政府进行了艰难的政治和经济改革，如农业的自由化、促进环境保护、加强竞争政策等。围绕克罗地亚民主共同体的一些党员因战争犯罪受审的问题，党内出现了分歧，但是党的领导人能够避免党内的斗争。

1990年12月22日，克罗地亚共和国议会公布新宪法。宪法规定，总统任期五年，任期不得超过两届。2000年11月，议会通过宪法修正案，改半总统制为议会内阁制。2001年3月，克罗地亚议会再度修改宪法，决定取消省院，改两院制为一院制。[①]

2. 经济

克罗地亚是前南地区经济较为发达的国家，经济基础良好。旅游、建筑、造船和制药等产业发展水平较高。1990年克的GDP为248亿美元，人均5195美元。克罗地亚独立初期经济明显衰退，自2000年起，经济实现持续快速增长，2000年GDP增长率为3%、2001年为3.8%、2002年为5.4%、2003年为5%、2004年为4.2%、2005年为4.2%、2006年为4.7%、2007年为5.5%。2007年，克罗地亚服务业产值占GDP的61%。2008年服务业从业人员为99.3万人，占总劳动力的55.4%。

2008年受国际金融危机影响，克罗地亚经济发展速度明显放缓，GDP增幅只有2.4%。2008年工业总产值达1341.4亿库纳，同比增长1.6%，占GDP的38.6%。2009年工业总产值为1218亿库纳，同比下降9.2%，占GDP的36.6%。

2009年GDP为631亿美元，通货膨胀率为2.4%，失业率为14.9%。截至2009年底，克罗地亚央行外汇储备为144亿美元。2009年对外贸易

---

① http://wcm.fmpre.gov.cn/pub/chn/gxh/cgh/gj/oz/1206_21/.

总额为 317 亿美元,同比下降 29.4%,其中出口额为 105 亿美元,同比下降 25.8%;进口额为 212 亿美元,同比下降 31%(见表 5-8、表 5-9)。

表 5-8　2007~2009 年克罗地亚政府财政收支情况

单位:亿库纳,%

年　份	2007	2008	2009	年　份	2007	2008	2009
财政收入	1083.2	1157.7	1112.0	收支差额	-22.3	-25.1	-9.3
财政支出	1080.0	1152.9	1205.0				

资料来源:克罗地亚中央银行,转引自中国驻克罗地亚大使馆,http://hr.china-embassy.org/chn/kggk/t310546.htm。

表 5-9　2007~2009 年克罗地亚进出口情况

单位:亿欧元

年　份	2007	2008	2009	年　份	2007	2008	2009
出口额	90.0	95.8	75.0	差　额	-98.3	-112.4	-77.0
进口额	188.3	208.2	152.0				

资料来源:克罗地亚中央银行,转引自中国驻克罗地亚大使馆,http://hr.china-embassy.org/chn/kggk/t310546.htm。

旅游业在克罗地亚国民经济中占有特殊的地位,且地位逐年上升,成为其重要的外汇收入来源。克罗地亚发展多种形式的旅游项目,如航海旅游、以体育运动为主的内容丰富的休闲旅游、会议旅游、环保旅游、乡村旅游、健康旅游、宗教旅游、狩猎旅游等。

(六) 塞尔维亚

1. 政治

1991 年,南斯拉夫联邦解体;1992 年,塞尔维亚和黑山组成南斯拉夫联盟共和国。2003 年,南斯拉夫联盟共和国更名为塞尔维亚和黑山。2006 年,黑山共和国宣布独立,成为一个主权国家,塞尔维亚宣布继承塞黑的国际法主体地位,成为一个主权国家,并着手修订新宪法。11 月 10 日,塞尔维亚议会通过了新宪法。宪法规定,塞尔维亚是一个由塞族和所有生活在其境内的公民组成的国家,实行议会民主制。

2008年7月,塞尔维亚新政府上台,提出施政目标是加快塞尔维亚加入欧盟的进程、促进经济发展以及继续努力使科索沃留在塞尔维亚。① 现总统为托米斯拉夫·尼科利奇,2012年5月31日就职。

关于科索沃未来地位的谈判始终未能取得实质性进展,在权力下放和保障科索沃塞族权利等一系列问题上存在巨大分歧。

2008年4月,塞尔维亚与欧盟签署《区域发展合作联合声明》。双方又签署了《稳定与联系协定》。2004~2007年,塞尔维亚已获得欧盟1600万欧元的资金援助。2008~2009年还获得3000万欧元的资金援助。

2. 经济

自1990年以来,前南地区的大地上战火不断,塞尔维亚一直处在战争和被制裁当中。自2006年开始,塞尔维亚经济发展快速增长,尤其表现在外国直接投资增加、通货膨胀减少、GDP增长和出口增加方面。塞尔维亚制定了外国投资发展战略,从而大大改善了塞尔维亚的投资环境。制造业迅速恢复生机,交通、电信、贸易与金融中介等行业持续快速增长。

2008年受全球经济不景气和金融危机的影响,塞尔维亚经济增长态势明显放缓。2009年随着金融危机不断深化和扩散,塞尔维亚经济受到严重冲击。2008年以来塞经济呈衰退趋势,宏观经济增长放缓,全年GDP增长率为5.8%。通胀加速,全年通胀率达到10.9%。农业没有受到金融危机的冲击,增长率达9%(见表5-10)。

为应对严峻的经济形势,塞政府制定措施积极应对金融危机。控制货币贬值幅度,遏制通胀,动用商品储备稳定市场,防止物价过快上涨;紧缩公共支出,减少预算赤字,重新审核2012年年度预算;将增值税率由18%提高至20%,撤销135种印花税及其他税费,减轻中小企业负担;撤并部分公共机构,裁减公务人员;向银行系统注资,推动商业银行向中小企业放贷,促进生产和就业;加大打击灰色经济的力度,整顿经济秩序。

---

① 左娅:《金融危机中的塞尔维亚经济》,《俄罗斯中亚东欧市场》2009年第11期。

表 5-10　2004~2008 年塞尔维亚主要经济指标

指标＼年份	2004	2005	2006	2007	2008
GDP(亿美元)	243.87	260.39	318.15	417.09	505.59
GDP 增长率(%)	8.2	6.0	5.6	7.1	5.8
人均 GDP(万美元)	0.8321	0.8618	0.9418	1.0428	1.1489
农业增长率(%)	19.0	-4.9	-0.2	-7.8	9.0
工业增长率(%)	6.3	1.1	5.4	4.7	1.4
服务业增长率(%)	6.7	10.0	6.6	10.9	6.3
失业率(%)	18.5	20.8	20.9	18.1	18.8
经常账户余额(亿美元)	-32.81	-21.94	-29.87	-52.87	-89.58
外债(亿美元)	147.18	162.95	196.06	241.44	298.24
外汇储备(亿美元)	42.45	57.45	118.75	142.15	122.00

资料来源：国际货币基金组织《国际金融统计》，转引自左娅《金融危机中的塞尔维亚经济》，《俄罗斯中亚东欧市场》2009 年第 11 期。

(七) 黑山

1. 政治

2006 年黑山共和国脱离塞尔维亚，成为独立主权国家。黑山于当年 9 月 10 日举行了独立后的首次议会和地方选举。以社会主义者民主党和社会民主党为主的"争取实现欧洲的黑山"执政联盟获得议会 81 个席位中的 41 席，得以继续执政。11 月 10 日，新政府就职。2009 年 3 月，黑山举行议会选举。黑山社会主义者民主党和社会民主党执政联盟再次胜出。

黑山对外政策的目标是加入欧盟和北约。2006 年 6 月 20 日，黑山政府通过了国家安全战略，指出黑山的首要战略目标是加入欧盟和北约。7 月 24 日，欧盟理事会批准与黑山进行新的《稳定与联系协定》谈判。9 月 26 日，欧盟正式启动与黑山的首轮谈判。为加快加入欧盟的进程，黑山重点加强法制和继续推进改革。

2. 经济

黑山经济发展平稳，旅游、建筑等产业是黑山经济的重要组成部分。2007 年工业产值达 4.4 亿欧元，同比增长 0.1%，占 GDP 的 18%。2006

年农业产值达 1.54 亿欧元，同比增长 3%，占 GDP 的 6.4%。2007 年财政盈余 1.684 亿欧元，约占 GDP 的 7.4%。外汇储备约 5 亿欧元。

2008 年 GDP 为 33.9 亿欧元，增长率为 8.1%，人均 GDP 为 5332 欧元，通货膨胀率为 7.2%，失业率为 10.9%。2008 年黑山对外贸易总额为 29.2 亿欧元，其中出口额 4.4 亿欧元，进口额 24.8 亿欧元。黑山同欧盟国家的贸易额为 9.17 亿欧元。

（八）马其顿

1. 政治

2001 年初，马其顿境内的阿族武装分子同马其顿军警发生大规模武装冲突。在美欧的斡旋下，马其顿族和阿尔巴尼亚族主要政党签署《奥赫里德和平框架协议》，马其顿族同意适当扩大阿族权益，阿族放弃将国家联邦化的要求，双方冲突平息，马其顿族和阿尔巴尼亚族的关系明显缓和。

2006 年 7 月，马其顿举行议会选举。竞选初期发生了暴力事件和违规行为。选举当天阿族聚居地的一些投票站发生了枪击事件，部分投票站暂停了投票，还有一些投票站出现了票箱失窃、被毁或作弊等情况。6 月 7 日，全国选举委员会宣布重新投票。在欧盟和北约的调停下，竞选活动得以平稳进行。①

2008 年 6 月，马其顿提前举行议会选举，执政党马其顿内部革命组织民族统一民主党领导的"为了更好的马其顿"联盟获得胜利，实现连任，7 月 26 日，马其顿新政府成立。

近年来，马其顿国内政局基本保持稳定。2009 年 4 月，马其顿举行总统选举，内部革命组织民族统一民主党候选人格奥尔盖·伊万诺夫当选新一任总统。2011 年 6 月，马其顿提前举行议会选举，以内部革命组织民族统一民主党为首的执政联盟再次获胜。

---

① 邢广程主编《2006 年：俄罗斯东欧中亚国家发展报告》，社会科学文献出版社，2007，第 273 页。

1991年11月17日，马其顿通过新宪法，宪法的目标是把马其顿建成一个独立自主、文明、民主的国家，为议会民主的发展创造一个制度上的框架，保证人民权利、公民自由和平等。总统以无记名投票方式通过普选产生，任期五年，最多不得超过两任。1992年1月，马议会对宪法进行修改，声明马对邻国没有领土要求。2001年11月，马议会再次修宪，扩大阿尔巴尼亚族的自治权利。

加入欧盟是马其顿政府的主要目标。马其顿在执行《稳定与联系协定》方面已经取得了进展，但并未达到协定所规定的全部要求。2006年欧盟委员会给予马其顿的财政支持约为4360万欧元。

2. 经济

南联邦解体前，马其顿在原南斯拉夫地区属于经济落后地区。独立后由于进行经济转型，加之遭受国际社会对南斯拉夫实行制裁、希腊对马进行封锁和北约轰炸南斯拉夫的严重影响，国内局势始终动荡不安，经济停滞不前，直到2002年才开始渐渐复苏，至今仍是欧洲最贫穷的国家之一。1997年马其顿GDP增长1.5%，1998年增长5%。1994年底马其顿制定私有化法，向市场经济过渡。马政府出台了一系列吸引外国投资的计划，到马其顿投资设厂和经商的外国投资者享受欧洲多种最优惠的投资政策。

2002年以后，马其顿经济稳步发展，2003年GDP增速为2.8%，2004年和2005年为4.1%，2006年为4%，2007年为5.1%，2008年为5%。2009年受国际金融危机影响，马其顿的实体经济受到冲击，全年GDP增长-0.6%。2010年马其顿政府积极应对国际金融危机，争取国际金融机构的贷款，同时下调国内银行贷款利率，促进投资和改善经营环境。马其顿总体经济形势趋好，外汇储备已经恢复到国际金融危机以前的水平。

自2010年1月开始，马其顿下调了医疗保险费率，从原来的8%下调至6%，养老金由20%下调至15%，就业税由1.5%下调至1%。

为了改善投资环境、进一步吸引外资，马其顿还创建了四个技术工业开发区（TIDZs），也叫自由经济区。外国投资者在开发区投资还可以享受更多的优惠政策。马其顿外国投资署是专门负责招商引资和为外资企业提供咨询服务的政府机构，不但对外国投资提供前期咨询服务，还可提供专人的跟踪服务。

2001年4月，马其顿同欧盟签订了《稳定和联系协定》，积极加快入盟的步伐。马其顿的大部分货物可以免税进入欧盟市场。马其顿是世界贸易组织和中欧自由贸易协定组织的成员，与阿尔巴尼亚、波黑、塞尔维亚、黑山和克罗地亚都签订了自由贸易协定，还分别与土耳其、乌克兰签订了双边自由贸易协定，同欧洲自由贸易联盟各国也都签订了自由贸易协定。马其顿的市场国际化水平很高。

2010年马其顿的GDP为30.25亿欧元，经济增长率为0.5%，通货膨胀率为0.6%，失业率为12.2%。2010年财政赤字为8460万欧元，约占GDP的2.8%。2010年外汇储备约1260万欧元。2010年马其顿对外贸易总额为19.9亿欧元，同比增长2.9%；其中出口额3.3亿欧元，进口额16.5亿欧元。黑山主要贸易伙伴为塞尔维亚、意大利、希腊、斯洛文尼亚等。[1]

（九）波黑

1. 政治

2000年11月11日，波黑举行大选。因为波黑为一个国家（波黑共和国）、两个实体（波黑穆克联邦和波黑塞族共和国）、三个主体民族（穆族、克族和塞族），所以此次大选要选举产生波黑共和国议会、波黑穆克联邦议会和波黑塞族共和国议会。其中波黑共和国议会由三个主体民族代表组成。主席团行使国家元首职责，由波斯尼亚（即穆斯林族）、塞尔维亚和克罗地亚三族各一名代表组成，任期四年。主席团主席为轮值制，由三族代表每八个月轮换一次。本届主席团于2010年10月组成。波

---

[1] http://www.fmprc.gov.cn/chn/pds/gjhdq/gj/oz/1206_28/.

黑议会拥有立法权，分为两院：人民院有 15 名成员，每个民族各五名；代表院有 42 名代表，2/3 来自穆克联邦，1/3 来自塞族共和国。

波黑宪法法院掌握波黑最高司法权，由九名法官组成，其中四人为穆克联邦选出，两人由塞族共和国选出，三人由欧洲人权法院选出，并且不能是波黑或波黑邻国的公民。

2006 年 1 月 25 日，波黑与欧盟就签署《稳定与联系协定》举行首轮谈判。欧盟与波黑在 2006 年底结束了关于《稳定与联系协定》的谈判。

2. 经济

自 2000 年以来，波黑经济增长较快，平均每年增长 5% 左右。这期间，波黑实行了企业私有化。波黑市场物价平稳，通货膨胀率较其他国家低，货币汇率相对稳定。但波黑主要基础设施的修复还没有全部完成，工业生产只是部分恢复，经济发展总体水平还未恢复到波黑战争前的水平。

在国际社会的援助下，波黑经济的恢复取得一定进展。2009 年 GDP 为 120 亿欧元，增长率为 -2.9%，人均 GDP 为 3123 欧元。通货膨胀率为 -0.4%，失业率为 24.1%。

2009 年波黑电力达 156.2 亿千瓦小时，煤炭生产 1152 万吨。2009 年波黑工业产值同比下降 16.5%。

2009 年波黑进出口总额为 127.08 亿美元，同比下降 22.2%。其中出口额为 39.30 亿美元，进口额为 87.78 亿美元。[①]

2011 年 9 月，波黑受欧洲经济危机的影响，出口和工业生产持续下降。2012 年前四个月，出口 24 亿马克，同比下降 9.7%；进口 47 亿马克，同比增长 0.8%；逆差 23 亿马克，同比增长 14.85%（见表 5-11）。[②]

---

① http://www.fmprc.gov.cn/chn/pds/gjhdq/gj/oz/1206_8/.
② 中国驻波黑大使馆经商参处，http://ba.mofcom.gov.cn/。

表 5-11 波黑主要经济数据

项 目	内 容
各行业占 GDP 比重(2010 年,%)	名义 GDP 为 244.86 亿波黑马克(相当于 166 亿美元)
公路	总里程 2.26 万公里,其中主干线 3788 公里
高速公路	已建成约 40 公里(萨拉热窝—泽尼察)
铁路	总里程 1031 公里,其中双轨铁路 94 公里,电气化铁路 777 公里;铁路运输比重占运输总量的 79%
机场	萨拉热窝、莫斯塔尔、巴尼亚卢卡、图兹拉 4 个国际机场。萨拉热窝机场年运送旅客 45 万人次,巴尼亚卢卡机场年运送旅客 3 万人次,莫斯塔尔机场年运送旅客 1.5 万人次
重要资源	新鲜饮用水、水电资源、褐煤、岩盐、铁矿、铝矾土、石灰、森林
森林	覆盖率 46.6%,面积为 2.7 万平方公里。木材蓄积量约为 3 亿立方米,主要树种为冷杉、云杉、松树、橡树、山毛榉树,年采伐量 700 万立方米。其中 65% 为落叶植物,35% 为针叶植物。木材产量的 60% 供出口,成品占出口的 1/4
主要工业产品	2010 年,工业出口产品主要为家具及零部件(4.28 亿美元)、有色金属(4.71 亿美元)、电力(3.28 亿美元)、金属矿砂及废料(2.96 亿美元)、钢铁(2.89 亿美元)、鞋、金属制品、木材、煤、石油及其产品
主要农业产品	大麦、小麦、玉米、土豆、蔬菜、植物油
旅游业	2009 年旅游人数 57.26 万人次
利用外资	波黑外国投资促进局的数据为 3.59 亿欧元
电信	固定电话 150 万部;移动电话覆盖 90% 的地域和人口。GSM 用户约 200 万户,参与率 52%;家庭电脑普及率 24.5%;有 95 万互联网用户
接受援助	波黑战争后,世界银行、国际货币基金组织、欧洲复兴开发银行、欧洲投资银行、欧盟等约 50 多个捐资国、30 多个国际组织和 400 多个非政府组织对波黑提供了约 55.83 亿美元的援助,主要捐资方依次为:欧盟、世界银行、美国、日本、荷兰、英国等。其中无偿援助占 69.56%,优惠贷款占 30.44%
国际信用等级	穆迪国际信用评级为 B2 负面

注:2010 年平均汇率:1 美元 = 1.4768 马克。
资料来源:中国驻波黑大使馆经商参处,http://ba.mofcom.gov.cn/。

第二节 《东南欧稳定公约》实施面临的困难和问题

《东南欧稳定公约》的实施虽然取得了很大的进展,但依然面临诸多困难和问题,概括起来主要有三个方面。

一　东南欧重建的困难

为使东南欧实现稳定与发展，首先必须医治战乱的创伤，恢复社会秩序，建立有效的政府，特别是要恢复生产和发展经济。为此，欧盟与有关国家和国际组织一起制订了重建计划，并从2000年开始付诸实施。到目前为止，东南欧重建虽然取得了重大进展，但面临的困难和问题依然很多。

1. 克服民族纷争的后遗症问题

巴尔干民族主义的发展在东欧地区是比较落后的。这些民族在异族统治之前发展水平较低，民族整合尚在进行，土耳其的入侵更加剧了民族形成和民族主义发展的困难。由于土耳其帝国本身并不具有比东欧其他民族更先进的文化，与许多东欧民族比较起来，其民族发展更晚，民族文化与近代社会对发展经济提出的要求距离更大。在文化上相对落后的民族的统治下，巴尔干地区各民族的发展受到了严重的阻碍。[①] 巴尔干半岛各民族的民族意识的觉醒较晚，政治文化比较落后，这也成为巴尔干民族建立正常的地区秩序的障碍。

近十年的民族纷争和战乱不仅没有减缓民族的矛盾，相反更加剧了民族之间的仇恨，并遗留下许多政治后果以及许多棘手的问题，如难民问题等。这些民族纷争的后遗症不仅给战乱国自身造成了严重的问题，而且也给相邻国家带来许多麻烦。斯洛文尼亚和马其顿虽然没有直接参与到南斯拉夫战争当中，但也受到了极大的影响。这主要表现在政治上的不稳定和经济上的被破坏（市场的丧失）。特别是马其顿，受邻国（科索沃、阿尔巴尼亚、希腊）的影响最大，导致紧张状态的加剧。人们把波黑等处于战乱的国家称之为欧洲的"黑洞"，难民、走私、战争贩子和武器贸易商从那里扩散到所有相邻国家，即使是那些在欧洲框架之内（欧盟、欧洲理事会、北约、欧安组织）的国家——希腊、意大利和奥地利也不同程度地受到了影响。

（1）难民问题。据统计，逃离科索沃的难民约80万人（其中还不包括

---

① 王联：《世界民族主义论》，北京大学出版社，2002，第116页。

无家可归和滞留边境的 50 多万阿族人）。自北约部队以联合国名义进驻科索沃后，至少已有 7.5 万名科索沃塞族人逃离家园，同时逃走的还有成千上万名罗姆人，因为阿族人指责罗姆人同塞族人狼狈为奸。一些塞族人说，当科索沃冲突刚爆发时，科索沃有 20 万塞族人，而现在只剩下三万人。看来西方军队也无法遏制阿族人对塞族人的报复性伤害行为。①

（2）武器管制和清除地雷问题。随着战乱的发展和武器走私，大量小型武器和轻武器流落到这一地区几乎所有的国家。克罗地亚、波黑和科索沃地区的地雷问题更为严重。《东南欧稳定公约》的工作日程Ⅲ中的快速启动计划不得不花费大量的财力用于收缴和销毁轻武器或用于进行所谓的"人道主义排雷"。

（3）打击有组织的犯罪和恐怖主义问题。战乱留下的另一个严重的后果是有组织的犯罪和恐怖主义的蔓延。它造成的隐患将在很长时期内难以消除。为此，不得不加强内部安全部门的改革和增强警力，包括警察培训等。为有效打击有组织的犯罪，东南欧国家不得不签署和贯彻《反有组织犯罪公约》（SPOC）。

（4）反腐败问题。战乱和政局的动荡必然促使腐败行为的发展。如何在重建时期有效进行反腐败也成为难题之一。为此，《东南欧稳定公约》提出一项"反腐败倡议"，强调腐败活动对民主机制的稳定造成严重伤害，严重腐蚀法律规则，践踏基本的权利和自由，破坏商业和投资环境，造成经济浪费，妨碍经济增长。这些行为必将妨碍《东南欧稳定公约》目标的实施。

2. 治理战乱和社会动荡造成的经济破坏问题

显然，民族纷争和战乱在经济上造成的破坏是巨大的。除波黑外，南联盟是第二个经济被破坏最严重的国家。军事开支、共同市场的解体、国

---

① 《难以完成的使命——事实证明重建科索沃相当困难》，〔英〕《经济学家》周刊 1999 年 7 月 10 日。

际制裁、国内体制的急剧变化和经济重组的推迟等，对南联盟是毁灭性的打击。最直接的打击就是失去了共同的南斯拉夫市场。南联盟的产值只有十年前的一半，改革被迫中断，宏观经济政策遇到许多经济和非经济因素的限制。1999 年上半年的社会总产值仅为 1998 年同期的 42.7%，出口为上年同期的 48.4%。北约轰炸南联盟前的失业人数为 81.5 万，失业率为 27%；轰炸后又造成 70 万人失业，失业率超过 50%。由于战争时期国际制裁等原因，南联盟的经济体制转轨也停滞不前，外资无法投入，私有化进程停止，人民生活水平下降，生活十分困难（见表 5-12）。

表 5-12　1989~1998 年东南欧国家的经济发展状况

单位：%

国家	1990~1998 年平均 GDP 增长	1998 年 GDP 为 1989 年 GDP 的比重 a
阿尔巴尼亚	-0.8	86
波黑	29.9d	无数据
保加利亚	-4.0	66
克罗地亚	-2.4	78
南联盟	无数据	无数据
马其顿	-1.2	72
罗马尼亚	-2.9	76
东南欧 6 国的平均值 b	-1.2	75d
东南欧 5 国的平均值 c	0.8	107

注：a. 1989 年为 100%；
　　b. 不包括南联盟；
　　c. 不包括南联盟和波黑；
　　d. 只包括 1995~1999 年的数据。
资料来源：世界银行评估欧洲复兴开发银行 1999 年发布的转型报告。

所有前南国家都遭受了民族纷争带来的恶果，付出了沉重的代价。斯洛文尼亚是所有前南国家中发展最好的，但它也因此失去了不少市场。战争、制裁给东南欧地区造成了无法估量的损失，使本来就在经济、技术等方面落后的国家雪上加霜。阿尔巴尼亚、保加利亚、罗马尼亚、希腊和马其顿由于 1992 年 5 月联合国对前南的经济制裁损失了几十亿美元；希腊和马其顿由于 1994 年 2 月希腊对马其顿的名称和国家标志的反对而实行的制裁又损失了几十亿美元。

北约对南联盟两个多月的轰炸严重冲击了罗马尼亚本来就十分脆弱的经济。罗官方估计，这场战争使罗蒙受了 8.5 亿美元的直接经济损失。专家分析说，这次轰炸对罗的经济负面影响包括近期和远期两个方面。近期影响是，在国际社会取消对南经济制裁后刚刚步入正轨的罗、南两国贸易再次中断，而多瑙河水路交通的堵塞使罗对中西欧的出口成本陡增，许多产品因此被迫退出西欧市场。此外，北约轰炸造成的生态环境污染殃及罗马尼亚，多瑙河以及黑海海滩均受到严重污染。这无疑对罗旅游业是一重创。然而专家指出，远期影响更为严重，巴尔干动荡不定的局势使许多投资者对这一地区望而却步，这是资金匮乏而急需引进外资的罗马尼亚最不愿看到的。统计表明，1999 年 4 月罗马尼亚吸引的直接外资从 3 月的 2900 万美元骤减至 300 万美元。①

在受到科索沃战争影响的巴尔干各国中，阿尔巴尼亚的经济最为落后。在科索沃战争期间，阿尔巴尼亚接收了最多的科索沃难民，受到的损失相对来说也最大。科索沃战争发生在阿的比邻，加之 46 万难民的涌入，使阿的人口在三个月中增加了 15%。难民潮使阿政府的行政开支大大增加，使本来就捉襟见肘的行政预算更加紧张。② 据阿有关机构估计，仅接待难民一项，就使阿尔巴尼亚额外支出六亿美元，而军事上的巨大开支更是难以统计。此外，科索沃战争还严重阻碍了阿与外界的空中交通，减少了贸易和外来投资以及关税收入，增加了失业压力，导致资金外流。从中期来讲，妨碍和严重推迟了阿政府一直在艰难进行的私有化计划；从长期来讲，影响了阿尔巴尼亚市场经济结构的调整，以及行政、银行、司法机构的改革和打击腐败的斗争，并且由于私有化进程被拖延，影响到经济的长期发展。所有这些都大大增加了阿尔巴尼亚重建所需要的资金。

---

① 林惠芬、陈进：《罗马尼亚对巴尔干经济重建计划寄予厚望》，新华社，1999 年 6 月 28 日。
② 李季玉：《阿尔巴尼亚在巴尔干战后重建中的作用》，新华社，1999 年 6 月 28 日。

3. 建立有效政府和规范法律制度问题

过去，东南欧国家基本上都是社会主义国家，政治制度和法律制度虽自 20 世纪 60 年代起就陆续进行了一些改革，但其中依然存在着许多问题。十年的战乱和复杂的转轨过程，使那里的政治制度和法律制度更加畸形化。实施《东南欧稳定公约》的一个重大目标就是按欧盟国家的模式在东南欧各国建立以人权、民主和社会公正为方向的政治和法律制度。在这方面，东南欧国家普遍遇到了很大的困难和问题。比如建立法律制度，就面临着复杂与繁重的工作。为帮助解决这方面的问题，欧安组织于 2000 年 12 月专门主持召开了"法律援助会议"，具体讨论东南欧国家如何在国际援助下建立法律和司法制度，以及所需要的法律援助形式等。对于内部事务来说，虽然有国际社会以及地方非政府组织提供的法律援助，但仍然没有一种法律机制。因此，法律援助计划还包括帮助人们树立法律观念，以及在众多问题上提供法律咨询。这说明东南欧国家和地区的法律制度与现代法律体系存在很大差距，必须建立一个结构来满足这种需求。

二　加入欧盟的困难和问题

《东南欧稳定公约》具有的一个创新意义就是使东南欧各国作为平等的伙伴加入欧洲一体化进程。赫尔辛基协议旨在消除欧洲大陆的分裂，力图把中东欧国家纳入欧洲的一体化，而《东南欧稳定公约》则使东南欧国家有可能也加入这一进程，使欧洲最终成为一个一体化的欧洲。为实现这些目标，欧盟和东南欧国家都作出了不少努力，也取得了一定的成果。但是，在实现《东南欧稳定公约》的主要目标方面仍面临着巨大的困难和问题。这可以从两个方面来进行分析。

1. 东南欧国家方面的困难和问题

东南欧国家要达到入盟标准，必须在改革和发展两个方面都取得重大进展，而东南欧各国恰恰在这两个方面面临着巨大的困难和问题。其中，比较突出的问题如下。

首先，经济体制改革和经济立法问题。

欧盟公布的入盟基本条件规定：申请国必须"拥有可以发挥功能的市场经济"和"应付欧盟内部竞争压力和市场劳动力压力的能力"，具有确保执行"共同法"的法律规范，以及遵守欧盟各项决定的法律条文。这些无疑都涉及经济体制和经济立法的彻底改革和完善。这对东南欧国家来说都绝非易事。尽管绝大多数国家自1990年以来在经济体制转轨方面作出了巨大努力，许多国家基本完成或接近完成体制的转换，但要达到功能的正常发挥仍有很长的路要走，因为市场经济的有效运行不仅要求建立相应的制度，而且要求具备相应的经济结构以及转变人的思想观念等一系列社会经济条件的创立。

欧盟向入盟申请国提出了广泛的趋同标准，其内容十分详细，小到标准化的汽车、拖拉机和摩托车的配件，大到执行环境治理和主要金融业（银行和保险业）的服务规则。实现广泛的趋同化标准，这对东南欧国家来说也绝非易事。

在法律制度方面，欧盟要求申请国必须采用欧盟的法律体系。这是一项更加困难的工作。这不仅因为欧盟法律的规范领域之多，而且因为法律的数量巨大（欧盟现行的法律有八万页之巨）。在法律趋同问题上，波、匈、捷这样的中东欧国家也表示，它们需要时间来达标，并需要欧盟方面的帮助。而对相对落后的东南欧国家来说，就需要更长的时间来达标。从罗马尼亚和保加利亚以及克罗地亚加入欧盟的过程和结果可以看出，加入欧盟是一回事，而真正融入欧盟是另外一回事。它需要长期的磨合，成员国必须认可并积极按照欧盟的制度框架来进行改革，这些对相对落后的东南欧国家来说是更加困难的。

其次，缩小经济发展差距和克服由此而引起的问题。

按欧洲标准，东南欧国家都属于经济发展落后国家。罗马尼亚和保加利亚是东南欧的中等发达国家，但按人均GDP来比较，它们只相当于欧盟15个成员国平均人均GDP的7%。而东南欧国家中发展水平最高的斯洛文尼亚，人均 GDP 也只相当于欧盟 15 个成员国平均人均 GDP 的 42%。经济发展水平如此低下的国家加入欧盟不仅将导致欧盟人均 GDP 的下降，更严重的是将导致发达国家与不发达国家之间的经济矛盾，以及一系列财政预算和补偿制度的问题。但是，要想在较短的时期内缩小这种差距，几乎是不可能的。因此，如何缩小差距和克服因差距带来的一系列问题，是东南欧国家加入欧盟所面临的最困难的问题。

最后，发展农业和实行"共同农业政策"问题。

农业的投入越来越大，边际效益不断下降，这是现代农业普遍面临的问题。因此，发达国家对农业都采取了特殊的照顾政策。欧共体/欧盟也不例外，采取了具有保护主义色彩的所谓"共同政策"。"共同政策"的核心就是确保农产品的内部价格并将其维持在较高的水准之上，通过干预机制确保在供大于求时能够维持农产品的高价格。在国际协定或条约不允许对某些农产品进行保护的情况下，欧盟对这些产品提供补贴。目前这种形式的共同农业政策之所以能够维持下去，主要是因为欧盟（绝大部分成员国是富裕国家）拥有能够维持这种政策的消费者和纳税人。

农业在中东欧国家的经济中占有较重要的地位，特别是大量农业劳动人口的存在，使得农业问题在入盟谈判中具有重要的政治性。将现行的共同农业政策应用于中东欧国家会对生产、消费和农业收入产生复杂影响。目前很难准确预测欧盟东扩后共同农业政策将会遇到多大问题。尽管人们针对欧盟东扩后的共同农业政策改革提出了各种各样的设想、估计和方法，但实际上，这些措施充其量只是一些有限的和过渡性的解决方法。

从某种意义上说，欧洲的安全可以通过欧盟的扩大得到加强。但是，有关的许多国家还远远达不到加入欧盟的标准，巴尔干的西部地区尤其是这样。事实上，欧盟东部和南部的国家也存在这方面的问题。对于这些国家，欧盟不能把其政策降低到马上就能接纳它们的水平上，也不能指望它们现在就能履行加入欧盟所规定的义务。虽然对它们的最终加入抱有期望，但是欧盟必须采取更加自主的态度，提供帮助，确保这些国家最终符合入盟标准。

入盟后，罗马尼亚和保加利亚可以获得更多的资金支持，其公民的学习和工作会更加便利。两国公共服务等方面的价格和消费税将逐步与欧盟接轨，这可能引起物价上涨。由于入盟后关税取消，欧盟的工业产品和农副产品将大批进入这两国市场，或许也会对其经济产生巨大冲击。欧盟虽然同意两国如期入盟，但也设定了许多限制条件：几乎所有欧盟成员国都不允许罗马尼亚和保加利亚的劳工自由进入；两国的许多肉类产品及奶制品将因卫生标准问题无法向欧盟出口；欧盟一旦发现其向两国提供的农业补贴或地区补贴被挪用或侵吞，就会立即叫停该类补贴。这些都会对两国融入欧盟产生一定的障碍。①

东南欧大部分国家与中东欧国家的差距在于，中东欧国家在政局剧变后主要的政治和经济目标立即转向加入欧盟，为此，中东欧各国朝着这个方向经过多年努力，平稳地实现了目标。而在中东欧国家向加入欧盟努力的几年中，大部分东南欧国家，尤其是克罗地亚、塞尔维亚、黑山、波黑等还在为独立进行战争，直到战乱结束，这些国家达成一定程度的和平之后才开始考虑加入欧盟的问题，这是西巴尔干国家迟迟不能加入欧盟的关键问题所在。也正是因为如此，这些国家的市场经济还没有真正运作起来，黑市猖獗、腐败丛生、寻租活动活跃、公共与私人治理的无效率以及金融欺诈等问题滋生，加剧了这一地区宏观经济的不稳定。

2. 东扩给欧盟本身带来的问题

欧盟东扩遇到的另一方面的问题则是欧盟本身的制度改革（主要指组织结构和投票制度）和政策改革（主要指共同农业政策和结构基金）问题。在改革现有的组织机构和机制方面涉及许多重大问题，如投票制度、欧盟委员会代表人数、欧洲议会席位等。在如何改革欧盟机制这一问题上，欧盟大、小国家的意见不一。法、德等大国担心欧盟扩大后会出现

---

① 中国社会科学院欧洲研究所、中国欧洲学会：《欧洲联盟50年：2007～2008年欧洲发展报告》，中国社会科学出版社，2008，第255页。

小国控制大国的局面,因而要求增加大国在部长理事会中的票数,以扩大自己的表决权;同时为了提高欧盟的工作效率,法、德还积极主张减少欧盟委员会的人数。对此,多数小国持反对态度,它们害怕其利益受到大国的忽视,因此坚决要求保留本国在欧盟委员会内的代表。[①] 有的成员国提出先改革自身,再进行东扩;有的成员国认为这样会延误改革和东扩,主张同步进行。1996年5月,欧洲议会曾警告说:"…纯粹以政治原因仓促接纳(中东欧国家)……将破坏内部市场并导致欧盟未来功能不畅。"[②]

若干制度的改革是必要的。第一,在扩大了的欧盟,欧洲委员会内部的一致原则会导致决策瘫痪。因此,应积极争取以多数通过的原则取代一致原则。第二,扩大了的欧洲联盟将导致小成员国数目的增加,这将进一步减少较大成员国的投票力量。为了平衡居民数量和投票之间的不平衡,要么重新分配投票权,要么实行新的投票制度。第三,随着欧洲联盟的扩大,出于实践上和有效性方面的原因,像欧盟委员会和欧洲议会这样的机构规模必须受到限制。每一次新成员的加入都不能简单地按比例增加机构的成员。在欧盟委员会方面,要应付20个成员国的事务已经显得人员不足了。同时,又几乎没有人愿意为扩大了的欧洲议会所产生的费用买单。第四,欧盟小成员国的进一步增加将对欧洲委员会轮值主席国的现行制度的适用性提出怀疑。一些较小的成员国既没有充当轮值主席国的资源,也没有这方面的国际地位。因此,较大的成员国可能经常地充当轮值主席国。但是,实践上的这种变化将破坏这样一种感觉:所有成员国一律平等。

在政策改革方面,主要是解决欧盟东扩后如何合理有效地将共同农业政策和结构基金扩大到新成员国的问题。如果在目前的水平上扩大共同农业政策和结构基金,代价将是极其昂贵的。

[①] 王金标主编《跨世纪的欧洲》,时事出版社,1997,第36页。
[②] European Parliament, Resolution on the White Paper: Preparing the Associated Countries of Central and Eastern Europe for Integration into the Internal Market of the Union, *Official Journal*, C141/135, 1996.

"欧共体/欧盟的历次扩大都伴随有预算扩张。新增预算一般由较富裕的成员国增加其对欧盟预算的贡献来实现。但在即将进行的新一轮扩大导致的预算扩大问题上,欧盟遇到了严重困难。法国、德国、荷兰和英国早就表示,他们不再为额外的基金提供捐助。"① 德国和荷兰还要求降低其对欧盟预算的净贡献。根据欧盟目前的实际情况,在不增加预算的情况下增加新成员国是十分困难的。但是,如果较富裕的国家不增加对欧盟预算的贡献,可能会严重影响欧盟的扩大,同时,也不能将共同农业政策和结构基金扩大到新成员国。

如果东扩成为修改共同农业政策和减少结构基金的代名词,那么,公众舆论将对东扩抱有敌意。有组织的农民因担心来自廉价进口农产品的竞争,反对必将是激烈的。同样,中东欧和东南欧国家入盟后,人员自由流动将加剧人们对大规模移民的担心,并可能引发右翼民粹主义的兴起。

总之,欧盟要在十年内完成东扩计划面临诸多困难。东欧国家虽然在改革和恢复经济方面取得了较大进展,但同西欧各国相比仍然具有很大的差距,总的说来仍是穷国。它们的加入将使欧盟面临艰巨的任务。据欧洲有关专家计算,要使东欧国家赶上欧盟最低标准,在20年内需要投入两万亿美元。结构基金是欧盟用来补贴落后产业或落后地区的一项基金,目前受益人数为9400万,欧盟扩大为26国后,受益人数将超过两亿。特别是农业开支已占欧盟预算的50%以上。如继续执行欧盟现行的农业政策,中东欧国家入盟后,欧盟的预算开支将要翻一番。此外,欧盟扩大就必须改革自身现有的机构和决策机制,否则欧盟将无法运转,甚至会处于瘫痪状态。

除了上述两个方面的困难和问题外,《东南欧稳定公约》的实施还面临国际协调问题,也就是援助国之间的协调问题。首先,在巴尔干重建的问题上,美国和欧洲出现了矛盾。在经费问题上,美国不愿承担更多。其

---

① 朱晓中:《中东欧与欧洲一体化》,社会科学文献出版社,2002,第247~248页。

次，在援助范围上，与多数欧盟国家不同，美、英要求把把塞尔维亚排除在援助之外。最后，在巴尔干重建的预算落实方面出现了较大的困难。

三 东南欧地区合作的状况及其局限

东南欧各国在冷战结束之后也积极开始了地区合作的努力，特别是波黑战争结束以后，为了防止发生新的危机和冲突，地区合作势头非常强劲。"巴尔干多边合作要达到两个目的：解决南斯拉夫危机给巴尔干地区带来的不稳定；通过多边合作为加入欧洲一体化进程作准备。"①

黑海经济合作组织（The Black Sea Economic Cooperation，BSEC）已经在多边经济合作方面取得了不小的进步。它已经成为黑海地区地区化进程的主要组织，在构成和发展共同利益和价值方面起到了重要的作用。BSEC能够明确制定主要的目标，使之成为国际上较有成绩的一个能动的地区倡议组织。它主要是政府间、议会间以及商业、金融和学术等领域的倡议组织。在共同利益的基础上，BSEC被证明已成为就经济合作中不同问题进行多文化对话的论坛，它的对话领域涉及面很宽。黑海经济合作组织共有11个成员国，其中包括保加利亚、罗马尼亚、土耳其、希腊和阿尔巴尼亚这几个巴尔干国家。

东南欧倡议（Southeast European Cooperative Initiative，SECI）于1996年由美国提出，包括匈牙利、罗马尼亚、保加利亚、土耳其、希腊、马其顿、南联盟、克罗地亚、波黑、斯洛文尼亚和阿尔巴尼亚，总人口为1500万，目的是促进在基础设施发展和环境问题上的地区合作。东南欧倡议被看做是在欧安组织框架内的一个特殊的协商论坛，欧盟、俄罗斯、瑞士等国也参与协商。每个项目都由一个技术工作小组进行评估。这项具有共同利益的工作旨在建立一个新的协商文化。东南欧倡议是其他双

---

① 朱晓中：《从巴尔干到东南欧——冷战后巴尔干地缘政治变迁》，《东欧中亚研究》1998年第3期。

边和多边倡议的补充，如正在实施的法尔计划、美国—南巴尔干发展倡议等。该倡议强调东南欧地区进行"各国政府之间的紧密合作，保证地区的有计划发展和确定进一步合作和联系的项目，保证私有部门更好地进入地区经济和环保领域，并为鼓励私有部门参加活动创造地区环境提供帮助"①。

但是在推动地区合作方面也存在着许多问题。"苏联地区和大多数发展中地区政治动荡、经济萧条、人口膨胀、族际冲突加剧、环境恶化，它们的地区主义与发达国家的地区主义有很大的差别，其目的是用经济合作来解决紧迫的跨国问题，诸如经济停滞、区域安全、劳动力流动、贫困、恐怖主义等严峻挑战，还谈不上构建和深化地区自由贸易、投资和发展的国际制度和规则，只是为协调本地区的国际经济关系并在世界经济体系中加强谈判地位。"② 同时，没有外部（主要是西方国家）的推动，东南欧地区性组织很难像中东欧一样发展。由于害怕南斯拉夫的重新建立，像克罗地亚和斯洛文尼亚这样的国家选择了在地区之外，不愿意被局限在东南欧地区之内，而更愿意直接与西方机构或国家建立联系。此外，克罗地亚与塞尔维亚积怨太深，无法进行和解，克罗地亚还拒绝与塞尔维亚同在一个组织之中，从而妨碍了它们之间的各种合作。在它们看来，如果马其顿、克罗地亚、斯洛文尼亚、波黑都和南联盟一样参加了同一个组织，则似乎又回到了南斯拉夫时代，而这是前南地区新独立的国家最不愿意看到的。同时，各个国家相互间都还存在着不信任，所以，任何新独立的前南国家对待东南欧地区性组织都非常谨慎。③

东南欧的地区一体化程度还很低，各国之间由于民族矛盾很少进行经

---

① 汪丽敏：《前南各国关系与地区合作问题》，《东欧中亚研究》1998 年第 3 期。
② 庞中英：《地区主义与民族主义》，《欧洲》1999 年第 2 期。
③ Leo Tindemans ed., *Unfinished Peace: Report of the International Commission on the Balkans*, Aspen Institute Berlin; Carnegie Endowment for International Peace. Berlin: Aspen Institute; Washington, D. C.: Carnegie Endowment for International Peace, 1996, pp. 140 – 141.

济上的交流，各国也存在严重的贸易壁垒和投资壁垒，这无疑对东南欧各国，特别是西巴尔干国家加入欧盟增加了很多困难。

第三节 东南欧的发展前景

欧盟是西巴尔干国家的主要出口目的地，其对欧盟出口在出口贸易中所占比重大都在50%以上，对欧盟的出口额显著超过了对中欧自由贸易区（CETFA）成员国的水平。因此，西巴尔干国家对欧盟的依赖性很强，所以2008年的国际金融危机对这些国家的打击也相对较大。

不仅如此，巴尔干半岛除了经历了如东欧国家一样的政局剧变，还经历了战争的洗礼。相比中东欧国家，巴尔干国家的经济转型要缓慢很多。这当然与半岛地处欧、亚、非三个大陆之间，作为欧、亚大陆联系陆桥的战略性地理位置相关，这可以从该地区被称为"欧洲火药桶"中得到佐证。20世纪，巴尔干半岛不仅经历了南斯拉夫解体，也面对了频繁的内战问题与种族冲突，受到了波黑战争、科索沃危机以及联合国对南联盟经济制裁等多种因素的影响。尽管近几年西巴尔干国家的宏观经济形势有所好转，但其经济增长主要是靠国际社会对这里基础设施重建和其他国计民生所急需领域的援助所致。

波黑战争和科索沃战争结束后，尤其21世纪以来，巴尔干地区正在成为相对稳定的地区。这种相对和平的环境或将成为该地区走向发展、开始经济结构调整的新时期。

西巴尔干国家近年来采取了"东、西方平衡策略"，在允许俄罗斯企业进入本国能源等关键行业的同时，按照欧盟和国际货币基金组织的要求逐步推进经济改革，总体上与欧盟的经济联系更加密切，更注重发展与欧盟的经济关系。根据国际货币基金组织最新公布的结果，很多巴尔干国家的经济已经开始复苏。

"巴尔干的战争也分裂了欧洲，且威胁到了欧洲一体化所取得的成果。欧洲面临着一个简单的选择：要么我们将巴尔干欧洲化，要么欧洲本身被巴尔干化。"① 在这种双向需求下，《东南欧稳定公约》的出台和实施确实为人们提供了一个机会和希望。如果它能顺利实施并取得预期的效果，这对东南欧乃至整个欧洲来说都将是一个历史性的转折。如果《东南欧稳定公约》和有关国家提出的四大任务得以顺利完成，东南欧将发生根本性的变化，不仅纷争和战乱的根源得以消除，而且巴尔干"火药桶"的称谓也将真的变成历史，这的确使欧洲一体化进程进入到了一个新的发展阶段。

在整个欧洲，一个普遍的共识是，地区的问题必须由地区来解决。波黑战争和科索沃战争表明，已到需要一个地区框架来解决这个地区和平和发展问题的时候了，而《东南欧稳定公约》正是反映了这种要求，因为一系列的战争使巴尔干地区和整个欧洲懂得，东南欧国家必须从政治对抗转向经济合作。更为重要的是，必须创造一个地区机制，才能保证这个地区长期、持续的发展。

尽管目前东南欧各国还面临种种困难和问题，但发展的前景仍然是好的。这一方面反映在《东南欧稳定公约》的落实和进展方面取得了较大成绩，另一方面也反映在近年来东南欧局势正趋向缓和，与20世纪90年代相比，这个世界热点地区已不那么炽热了，它正在逐步从世界关注的焦点中消失。至于东南欧未来发展的前景，我们可以从有关国家的态度和预言中，从《东南欧稳定公约》成员国规划的蓝图中，得到一些评估的信息和依据。

一 各方的态度和预言

总的说来，各有关方面对实施《东南欧稳定公约》的态度是积极的。

---

① Jelica Minic, "A Regional Framework for Peace and Development in the Balkans", in Peter Wagstaff eds., *Regionalism in the European Union*, 1999, U.K.: Intellect Books; USA: Intellect Books, p. 283.

首先是欧盟，它出于欧洲一体化以及培育市场等方面的考虑，在巴尔干重建的问题上是要有所作为的。巴尔干是欧洲最落后的地区，但在经济发展方面仍具有很大的潜力，欧盟也有经济实力提供发展援助。因此，巴尔干的战后重建将成为今后若干年中欧洲投资和经济发展的热点。如进展顺利，将为巴尔干今后的经济发展打下基础，并将带动欧洲经济的发展。德国外长菲舍尔宣称："东南欧是欧洲的一部分，援助它走向稳定与发展，这是我们的责任。"法国外长韦德里纳说："欧洲将在重建进程中扮演重要角色，因为该地区是欧洲的一部分……但欧洲的角色绝不会只限于开支票。"法国前总统希拉克曾在新千年之际表达了对欧盟寄予的希望：我们在21世纪的任务是，从过去这个世纪的错误中吸取教训，并利用这些经验教训去建立一个更加融洽与和平的世界——一个比较遵纪守法、比较井然有序的世界。

美国虽然不会为巴尔干战后重建提供资金，但出于它在欧洲的利益，也会竭力在援助问题上以及在执行"新马歇尔计划"的问题上发挥主导和领导作用。

看来，欧盟已经开始把巴尔干地区作为其下一步的主要任务，它已经开始把东南欧重建工作看做是欧洲一体化进程的一部分了。

英国《金融时报》2000年曾刊登绍罗什基金管理委员会主席乔治·绍罗什撰写的一篇文章，题为《打破暴力循环》，文中就欧盟将部分东南欧国家纳入一体化进程的决策认为：由欧盟主席罗马诺·普罗迪领导的欧盟委员会提出的扩大战略是经过深思熟虑的，具有先见之明，它的主要特点是，所有候选国只要符合政治标准，就可以获准在起跑线上集合，但是能否前进，就要看它们自己的表现了。

欧盟委员会主席普罗迪在新千年（21世纪）之际谈及巴尔干重建计划时认为，申请加盟的国家已经显示出进行改革的决心和能力。它们的经济与欧盟的经济越来越融合到一起。为了准备加入欧盟，巴尔干国家正在作出巨大的努力。欧盟的扩大已经提供了一个大大扩展了的稳定和安全的地区。对包括巴尔干各国在内的其他欧洲国家来说，这具有重要的意义。只要这些国家满足某些条件，欧盟就向它们敞开最终加盟的大门。普罗迪提出欧盟应当设计与这些国家合作的创新性的形式，向它们提供"虚拟成员身份"。即它们在为成为正式成员做好准备之前就有机会获得紧密合作所带来的刺激和好处。最后他说：没有人会假装相信，欧盟的扩大将会是容易的，但是，所有相关国家都会从中获得巨大的经济、政治和文化上的好处。对全球安全来说，欧洲的和平、稳定和繁荣只会是有益的，其最终结局将是"双赢"。

北约秘书长罗伯逊指出，北约将在大西洋框架之中努力维护东南欧的和平与稳定：现在，我们正与其他组织一道，努力使整个东南欧都获得公平的机会赶上并回到欧洲的主流之中。我们正在改善战略环境。我们之所以能够这样做，是因为联盟各国不仅具有共同的利益，而且拥有相同的价值观。有一件事情是很明确的：那就是只有在大西洋两岸的框架中，我们才能应付这些挑战。所以我们一直都在努力使北约做好充分准备，以直面这些挑战，原因就是如此。在20世纪90年代，北约联盟得到了改善和调整，以便在全新的安全环境中实现稳定。有了新的成员国、新的伙伴、新的使命和更强的欧洲，大西洋联盟将继续作为复杂世界上的一个安全的来源，扮演其独特的角色。

可以看出，尽管存在相当大的困难，但从欧盟到东南欧各国都在努力使东南欧地区首先通过经济上的繁荣来达到欧洲一体化的目标，以实现整个欧洲地区的繁荣和稳定。巴尔干地区的人口达1.2亿，是一个可观的市场。尽管巴尔干地区政治经济和安全局势空前复杂，但该地区国家为了自身利益，都在一定程度上避开分歧，求同存异，促进地区内和地区间的合作，争取同步加入欧盟并融入欧洲—大西洋框架。

二 《东南欧稳定公约》勾画出的蓝图

《东南欧稳定公约》以及近年来为落实其措施而召开的会议和作出的

决议等，陆续为东南欧制定了发展原则和实施方案。按照《东南欧稳定公约》和有关国家画出的蓝图，东南欧地区将发生如下几大变化。

1. 东南欧地区将成为一个多民族融合和淡化民族界限的地区

有关文件提出，为了根除纷争的根源，要对前南斯拉夫地区进行重新整合，并逐步使整个地区纳入欧洲结构。为此，欧盟已为前南斯拉夫诸国指出一条路，即在经济和政治上进行合作。有关文件还指出，鉴于战争的起源之一是单个民族的主权问题，而按照欧洲模式，划定许多民族边界的做法已没有现实意义。因此，这些新出现的国家将逐步把一部分主权转移到地区和欧洲机构中去，利用共同的利益来创建长久的和稳定的结构。这种进程就像现在欧盟的发展一样，是不可避免的，尽管它是一个长期的过程，并充满冲突和不确定因素。有文章还指出，东南欧的合作进程只有一点与欧盟不同，那就是这种引力的中心将会在这个地区之外，至少在最初阶段是如此。换句话说，现在的欧盟将对东南欧地区的一体化进程施加压力和影响。看来，这种影响会是巨大的和有效的。

2. 东南欧地区将按照欧盟国家的模式进行政治制度改革以实现政治民主化

1989年东欧国家相继发生剧变后，各国虽已开始进行政治体制的改革，但由于传统势力强大、缺乏民主传统以及营私舞弊现象严重等因素，政治改革虚多实少，法律制度、民主意识以及政府行为等均或多或少地保持了原有的传统和旧体制的痕迹。以南联盟为例，至2000年10月，政权一直为米洛舍维奇领导的社会党所把持，政治决策机制和政治生活几乎没有什么实质性的改变。2000年9月大选又发生了舞弊事件，最后在各方的压力下，米洛舍维奇及社会党下台，让位于科什图尼察及民主党。

《东南欧稳定公约》非常注重政治制度的改革，把建立以人权和民主为基础的政治制度视为稳定与发展的前提。《东南欧稳定公约》规定参加国要承诺进行民主和经济改革，并在《东南欧稳定公约》的第10条中进一步说明了政治改革的要求。它包括发展民主、促进人权、尊重少数民族权利、认同欧盟的政治制度和价值观以及引进欧盟法律制度等内容。关于民主和人权,《东南欧稳定公约》称,只有当民主原则和民主的价值观在东南欧国家真正实行,持久的和平和稳定才能在那里扎根。有关文件称,民主和人权包括对个人和少数民族权利的确认、媒体的独立和自由的权利、法律规则及法律的独立实施、有效的管理机构的建立和公正的治理、公民社会的建立等。为实现上述目标,1999年9月16日,在布鲁塞尔通过了《东南欧稳定公约》关于民主化和人权的工作日程。显然,《东南欧稳定公约》和工作日程规定的任务顺利完成,东南欧国家的政治生活、政治决策机制和政治面貌将发生根本性的改变。

3. 东南欧地区将通过市场化改造融入欧洲大市场和欧洲一体化进程

战乱不仅摧毁了前南地区的经济,而且也给阿尔巴尼亚、保加利亚、罗马尼亚等国带来了巨大的经济损失。更为严重的是十年战乱完全破坏了这一地区内和地区间的正常经济联系,其影响是无法估量的。但是,从另一方面来看,共同的损失、国家的分裂、战争和国际上的隔离可能为巴尔干国家提供一个新的机遇,它们开始珍惜自己的利益并重新确定地区一体化方针,以保证社会力量和政权在更高和地区层面上重新组合。欧盟通过《东南欧稳定公约》和经济重建日程,为东南欧规划出一幅新的蓝图。

在经济方面,除规定提供经济援助外,还规定了向市场经济转轨的要求以及市场经济规则的实施等。有关文件强调,经济改革和建立一个健康的商业环境是经济发展、一体化和创造就业机会的必要条件。与此同时,必须促进地区内和该地区与欧洲、世界其他地区间的经济合作,鼓励发展自由贸易区、跨国界运输和能源供应,以及加强环境保护等。

如果东南欧国家能顺利达成宏观经济稳定化,建立起地区内和地区间的经济合作,并按欧盟的要求实现结构改造和社会与环境的改革,那么,这个长期落后的、缺乏市场联系的地区将会逐步融入欧洲大市场和欧洲一体化的进程。这将是一个历史性的进步。

4. 东南欧地区将通过地区合作和一体化实现宗教兼容和文化多元化的大目标

东南欧（巴尔干）自古以来就是一个多民族、多宗教和多文化的居民混合居住的地区。

就民族而言，巴尔干半岛的一大特点就是：在相对较小的面积上，居住着众多的民族。有较大集聚区的民族就有十多个，如罗马尼亚人、保加利亚人、阿尔巴尼亚人、塞尔维亚人、克罗地亚人、斯洛文尼亚人、马其顿人、黑山人、土耳其人、希腊人以及穆斯林和吉普赛人等。而在所有集聚区内，除了主体民族外还有其他少数民族居住。这就形成了复杂的多民族混居的特点。

就宗教而言，在这个地区，影响较大的宗教就有四个：东正教、天主教、基督教和伊斯兰教。而这四大宗教在这一地区都有雄厚的实力，并与境外的相关宗教组织有密切的联系。与民族和宗教相联系，那里不仅有各民族的语言，而且使用的文字也不统一，有使用拉丁字母的，也有使用基里尔字母的。

就文明体系而言，这里既有西方的天主教和新教文明，也有东方的拜占庭东正教文明，以及部分伊斯兰文明。这三种文明的差别是显著的，这不仅反映在对待上帝与皇帝、教会与国家、精神权威与世俗权威的关系上，也反映在关于民主、自由和个人主义的意识方面，而且还反映在法制观念方面。例如，西方天主教和基督教文明从罗马帝国继承了罗马法，强调法制的作用，君主应根据自然法行使权利，即使在16~17世纪绝对君主制阶段，人权和私有财产权也受到尊重。东正教文明和伊斯兰文明则不注重法治，而注重人治。

上述种种因素构成了东南欧复杂的民族、宗教和文明关系。这也是巴尔干地区自古以来不断发生冲突的根源之一。《东南欧稳定公约》的主旨之一就是要通过地区一体化来淡化民族、宗教和文明之间的差异，特别是通过经济的融合和一体化，通过人员往来、迁徙和就业自由等淡化国界和疆界，进而使民族的属性不再决定人们的经济和政治生活，它将仅存于民风、民俗和文化传统等方面。

从目前进展情况看，不仅欧盟国家在往这个目标努力，而且东南欧国家的人民也从历史的战乱中汲取了教训，并从现实的和长远的利益出发向消除隔阂、积极合作的方向努力，以求尽快加入欧洲一体化进程，建设一个各民族、各种宗教和文化相互包容的现代多元社会共同体。这既符合各国和各民族的利益，也符合当今世界的发展总趋势。

三 遗留的问题

科索沃是原塞尔维亚共和国西南部的一个自治省，南部与阿尔巴尼亚和马其顿毗邻。面积1.0887万平方公里，行政中心为普里什蒂纳，人口约200万，其中90%为阿尔巴尼亚族人，塞尔维亚族人、克罗地亚族人、土耳其族人和黑山族人不足10%。

科索沃的历史悠久，公元前4～5世纪阿尔巴尼亚人的祖先在科索沃居住，公元6世纪末至7世纪初，大批斯拉夫移民越过多瑙河到达巴尔干并定居下来。公元9世纪，南斯拉夫人中的塞尔维亚族建立了自己的国家。到公元14世纪，在艾蒂安杜尚大公的统治下，塞尔维亚王国进入鼎盛时期，其势力范围一度扩大到马其顿和希腊，而科索沃则是王国的中心。1389年，科索沃被土耳其人占领。

在科索沃，奥斯曼土耳其帝国统治者实施一种改变当地居民宗教信仰的政策，以维护统治者的利益。到18世纪，科索沃已成为阿尔巴尼亚人占多数的地区。

1912年，巴尔干国家联盟向土耳其宣战，推翻了土耳其的统治，处于奥斯曼帝国奴役下长达五个世纪之久的科索沃重新并入塞尔维亚。

1946年，南斯拉夫在塞尔维亚共和国内建立了科索沃—梅托希亚自治省。塞尔维亚人对阿尔巴尼亚人中的亲法西斯分子进行了清洗，激起了阿尔巴尼亚人的反抗，使民族矛盾进一步激化。

第五章 欧洲地区主义的发展及东南欧的发展前景

由科索沃的历史可以看出，科索沃经历了长期复杂的历史变迁，在这个过程中，塞尔维亚族和阿尔巴尼亚族都认为自己是科索沃的主人，科索沃的阿尔巴尼亚族人认为自己在南斯拉夫受到了不平等和不公正的待遇，曾多次举行要求独立的游行示威活动。

1998年2月28日，阿族武装分子同塞族警察发生流血冲突。从此，阿塞两族的矛盾升级，武装冲突不断。西方国家介入了科索沃危机。7月5日，美国特使霍尔布鲁克与科索沃阿族政治领导人鲁戈瓦会谈，表明美国政府坚持科索沃在不独立的前提下恢复自治权的主张。南联盟加强了对科索沃阿族武装的打击和围剿。安理会对南斯拉夫联盟包括科索沃在内实行武器禁运。

1999年3月，在向南斯拉夫联盟提出警告并在科索沃塞尔维亚人进攻的情况下，北约对南斯拉夫联盟进行空袭轰炸。6月，南斯拉夫联盟接受了由八国集团提出的一个和平计划。

2000年6月底，联合国难民事务高级专员办事处逐渐被科索沃临时行政当局特派团所替代。2001年4月，国际刑事法庭控告南斯拉夫前总统斯洛博丹·米洛舍维奇和其他四人在"对科索沃地区的阿尔巴尼亚平民进行的一系列攻击"中犯有反人类罪，米洛舍维奇在6月28日被引渡到前南国际刑庭。9月，安理会取消了对南斯拉夫联盟的武器制裁。11月，科索沃举行选举。

对科索沃国际治理的法律依据是1999年6月10日联合国安理会通过的1244号决议。1244号决议授权联合国秘书长，在有关国际组织的协作下，在科索沃设立国际民事存在，以便在科索沃建立一个临时行政当局，使科索沃人民能够在南斯拉夫联盟共和国内享有高度自治，并进行过渡行政管理，同时设立临时民主自治机构并监督其发展，以确保科索沃所有居民有正常和平生活的条件。1244号决议确定了国际民事存在的主要职责，包括：促进建立科索沃的高度自治和自我管理；履行基本民事管理职能；在达成政治解决包括举行选举之前，组织民主和自治的自我管理临时机构并监督其发展；在这些机构设立后，移交其行政管理职责，同时监督和支持科索沃地方临时机构和其他建设和平活动的加强；促进旨在决定科索沃将来地位的政治进程；在最后阶段，监督科索沃临时机构将权力移交给根据政治解决办法设立的机构；支持关键基础设施的重建和其他经济重建；与国际人道主义的援助组织协调，支持人道主义的救助和救灾援助；维持治安，包括设立地方警察部队，同时在科索沃部署国际警察人员；保护和促进人权；确保所有难民和流离失所者安全、无阻地返回科索沃的家园。[1]

2000年10月，科索沃举行地方选举，温和派鲁戈瓦领导的科索沃民主联盟赢得了近60%的选票。"科索沃解放军"前司令萨奇领导的科索沃民主党在选举中表现不佳。科索沃地方选举的结果使国际社会备受鼓舞。2001年海克鲁普继任联合国秘书长驻科索沃特别代表。受地方选举结果的鼓舞，海克鲁普于2001年5月公布了《科索沃临时自治宪法框架》，允许科索沃建立经选举产生的议会，少数民族拥有1/4的席位。总统由议会选举产生，总理和政府由总统提名。科索沃政府负责内部事务——经济、教育、交通、地方行政、司法、监狱和媒体，但特别代表仍保留了许多权力。特别代表可以解散议会，要求举行新的选举，提名和解职法官，监督科索沃保护团和海关，提名主要的经济官员，监督对外关系，就内部和边界安全与维和部队进行联络等。

2001年11月17日，科索沃举行选举，科索沃民主联盟获得46%的选票，科索沃民主党获得25.54%的选票。鲁戈瓦当选总统，提名科索沃民主党的雷杰皮担任总理。科索沃两次选举顺利举行，温和派在选举中取得胜利，而且少数民族参加议会，这表明科索沃的政治趋于稳定。

北约领导的科索沃维和部队继续在科索沃担当国际军事存在的角色，为新独立的科索沃提供安全保障。北约目前在科索沃部署有1.8万人的维和部队。在科索沃宣布独立后，北约重申除非联合国安理会作出其他的决定，否则维和部队仍根据1244号决议继续驻留科索沃。

---

[1] 孔田平：《巴尔干国际治理：科索沃案例》，《俄罗斯中亚东欧研究》2009年第2期。

关于科索沃最终地位问题的谈判是 2006 年 10 月启动的。2007 年 2 月，时任联合国科索沃问题特使的阿赫蒂萨里提出了解决科索沃问题的方案，其核心内容是让科索沃成为独立国家，在最初阶段由国际社会监督，待政治、经济、社会等方面走上正轨后，国际社会再从科索沃撤出。这一方案得到科索沃的欢迎和欧盟、美国的支持，但由于塞尔维亚的坚决反对和俄罗斯对塞的暗中支持，谈判宣告破裂。2007 年 3 月，阿赫蒂萨里再次向安理会递交科索沃未来地位问题的综合性建议，仍主张科索沃在国际社会监督下实现独立。美国等在其建议基础上提出多项关于科索沃问题的决议草案，但由于俄罗斯的反对，美国等西方国家于 7 月 20 日决定不寻求安理会对决议草案进行投票表决，转而支持国际联络小组推动塞尔维亚和科索沃之间进行有时间限制的谈判。联络小组由美国、欧盟和俄罗斯代表组成并主导新一轮会谈[①]。2007 年 8 月 11 日，联络小组在科索沃首府普里什蒂纳启动新一轮有关科索沃地位的谈判。

在新一轮谈判中，塞尔维亚方面重申了其固有立场，即科索沃问题要在国际法和联合国安理会 1244 号决议基础上公正解决；科索沃是塞尔维亚不可分割的领土；联合国拥有科索沃问题的最终裁决权。同时，塞尔维亚也声明将作出最大让步：给予科索沃最广泛、最高的"超越世界其他任何先例"的自治地位，包括可以成为世界银行、国际货币经济组织等一些国际组织的成员，可以在国外开设代表处[②]。8 月 16 日塞尔维亚要求根据联合国 1244 号决议让塞尔维亚安全部队重返科索沃。科索沃方面由于塞尔维亚方面的强硬要求而对新一轮谈判表现冷淡，并认为新一轮谈判不应谈科索沃独立问题，不谈科索沃主权问题，不谈划分科索沃问题，只涉及技术层面的问题。[③]

---

① http://news.xinhuanet.com/newscenter/2007-08/12/content_6515595.htm.
② http://news.sina.com.cn/w/2007-08-11/1750123676709.shtml.
③ 中国社会科学院欧洲研究所、中国欧洲学会：《欧洲联盟 50 年：2007～2008 年欧洲发展报告》，中国社会科学出版社，2008，第 254～255 页。

2008年2月17日，科索沃议会举行特别会议，通过《科索沃独立宣言》，宣布科索沃为独立和主权国家。2008年4月9日，科索沃议会通过了《科索沃共和国宪法》，以及涉及权力下放、边界和授权组建科索沃外交部和情报局的一套法律。截至2008年12月31日，共有53个国家承认科索沃为独立国家。科索沃已经参加的全球性国际组织有世界银行和国际货币基金组织，区域性国际组织有中欧自由贸易协定、东南欧能源共同体条约和欧洲共同航空领域。但由于俄罗斯等国的强烈反对，科索沃未能加入联合国。

塞尔维亚坚决反对科索沃成为独立国家，在主权问题上寸步不让，反复重申任何解决科索沃地位问题的努力都必须坚持两个原则：一是按联合国安理会1244号决议承认科索沃是塞尔维亚的组成部分；二是科索沃不能单方面宣布独立或采取类似举动。塞尔维亚只同意给予科索沃实质性的高度自治，对科索沃单方面宣布独立的行为视为非法。塞尔维亚政府宣布绝不放弃科索沃的主权，准备采取多项制裁措施，但保证绝不使用武力阻止科索沃的独立。

美国提出只有科索沃独立才能保证巴尔干地区的稳定，主张科索沃在国际社会的监督下实现独立。

俄罗斯则支持塞尔维亚，坚决反对科索沃单方面宣布独立。俄罗斯呼吁有关各方认真考虑科索沃单方面宣布独立的后果，建议制定科索沃问题"路线图"。

欧盟各国在科索沃问题上存在意见分歧。英国和德国支持科索沃独立，而西班牙、希腊、斯洛伐克、保加利亚、匈牙利和罗马尼亚则暂不承认科索沃独立。塞浦路斯坚持科索沃地位问题应由联合国通过决议来决定，不承认单方面宣布独立的科索沃。意大利则主张，欧盟通过加快与塞尔维亚入盟谈判的方式使其不再反对科索沃独立。

中国认为，通过谈判达成一项彼此均可接受的方案是解决科索沃问题的最佳途径。科索沃采取单方面行动的做法，可能产生一系列后果，给巴尔干地区的和平与稳定以及在可实现建立多族裔社会的目标方面造成严重负面影响。

2010年,联合国设在荷兰海牙的国际法院认定,科索沃宣布独立没有违反国际法、联合国接管科索沃时颁布的《临时自治宪法框架》以及安理会关于政治解决科索沃问题的第1244号决议。就此,塞尔维亚总统博里斯·塔迪奇随即发表声明,称塞尔维亚"永远不会承认科索沃独立"。俄罗斯外交部也发表声明说,俄罗斯对科索沃独立的立场没有改变,即俄不承认科索沃独立。美国虽然表示支持国际法院的裁定,但认为有关科索沃独立的裁定"并不适用于其他的案例"。欧盟对国际法院的裁定没有发表评论,但希望能够出面调处塞尔维亚和科索沃之间的关系。

科索沃问题的解决事关巴尔干地区的和平与稳定、国际关系的基本准则及安理会的权威和作用。美国和欧盟主要成员国策动和支持科索沃单方面宣布独立,已经并将继续对国际和平与安全以及国际秩序造成严重的负面影响。①

科索沃绕开联合国单方面宣布独立,美国等国家又绕开联合国单方面支持其独立,显然为世界其他地区的分裂主义势力开创了一个先例。正如俄罗斯副总理伊万诺夫所说,这等于是打开了一个潘多拉盒子。②

科索沃单方面宣布独立,从表面上看科索沃的地位已经解决,但是科索沃的地位问题尚存在不确定因素。由于俄罗斯的反对,联合国不会承认科索沃,这会导致其地位的不明确,科索沃仍没有独立国家的地位。其地位应当由联合国安理会规定,但是迄今为止,这一问题并没有解决。科索沃公民将继续使用联合国驻科索沃特派团签发的文件到不承认科索沃独立的国家旅行。同时,联合国特派团将继续在国际组织内代表科索沃,因为没有联合国安理会的决议,科索沃不能加入国际组织。

科索沃宣布独立后,塞尔维亚政府迅速采取了一系列应对措施,争取国际支持,包括加强对科索沃塞族人的支持和援助;降低同承认科索沃独立的国

---

① 钱文荣:《科索沃独立开创了危险的先例》,《和平与发展》2008年第2期。
② 钱文荣:《科索沃独立开创了危险的先例》,《和平与发展》2008年第2期。

家的外交规格,召回塞尔维亚驻这些国家的大使;抗议欧盟在科索沃部署法治使团等。科索沃问题始终是阿尔巴尼亚外交政策优先考虑的议题,阿尔巴尼亚政权一直在公开或暗中支持科索沃的阿尔巴尼亚人争取独立。因此当科索沃单方面宣布独立后,阿尔巴尼亚在第一时间予以承认。克罗地亚、马其顿和黑山把加入欧洲一体化作为其外交政策的重中之重,克罗地亚和马其顿已经成为欧盟候选国,而黑山也递交了入盟申请,因此为了与欧盟大多数国家的立场协调一致,三国经过认真的政治考量之后承认科索沃独立。同时三国作为前南斯拉夫国家和塞尔维亚的邻国,与塞尔维亚的关系非常微妙。克罗地亚与塞尔维亚素有积怨,双方关系一直比较紧张,近几年才刚刚修复同塞尔维亚的关系,因此不愿意在这个问题上同塞尔维亚发生冲突。黑山和马其顿国内都有相当数量的阿族人口,担心科索沃独立会对境内阿族人产生示范效应。因此三国的表态比较谨慎。而罗马尼亚、希腊和波黑因为本国有独立势力,不愿由此产生连锁反应,因此不承认科索沃独立。[1]

联合国特派团的结构框架内有四个部分,每个部分有不同的作用和责任,并交由不同的国际行为体行使。第一部分主要处理人道主义问题,由联合国的难民高级委员领导;第二部分负责民事行政管理及财政和微观经济问题,由联合国直接管理;第三部分是民主建设和选举,受欧洲安全与合作组织领导;第四部分是经济重建和发展,由欧盟领导。[2] 1999 年 6 月科索沃战争结束,欧盟马上组建了一个欧盟委员会特遣部队——欧盟委员会驻科索沃特遣部队。1999~2003 年,欧盟为科索沃提供了 16 亿欧元的经济援助,其中大部分资金来自欧盟重建办事处和欧盟人道主义援助办公室。[3] 根据欧盟委员会和世界银行 2003 年的一份报告,1999~2003 年国际社会对科索沃的经济援助分配情况如下:欧盟 65%,美国 16%,瑞士

---

[1] 左娅:《科索沃单方面宣布独立及其对巴尔干地区的影响》,邢广程主编《俄罗斯东欧中亚国家发展报告(2009)》,社会科学文献出版社,2009,第 314 页。
[2] 刘作奎:《欧盟对科索沃政策评析——欧盟东扩进程中的"例外"》,《欧洲研究》2008 年第 3 期。
[3] 〔奥〕赫尔穆特-克拉默、维德兰-日希奇:《科索沃问题》,中央编译出版社,2007。

5%，日本 4%，其他非欧盟国家 4.5%，金融机构 5.5%。①

欧盟重要的任务不只是为科索沃提供经济援助，更重要的是将科索沃也纳入欧盟这个框架内。2002 年 11 月，欧盟在为西巴尔干国家向欧盟靠拢而制定的稳定和联系进程框架内为普里什蒂纳和布鲁塞尔建立了一个特别的对话机制，即稳定和联系进程跟踪机制（STM）。

尽管如此，科索沃的政治、经济和社会状况仍然非常糟糕，内部民族之间仍然存在仇恨，导致冲突不断；腐败是科索沃政治和社会生活中最为严重的问题之一。

从 1999 年科索沃战争开始欧盟对东南欧的干预历程可以看出，科索沃问题的解决必须与整个地区融入欧盟联系在一起，其解决原理必须包括一个塞尔维亚、科索沃以及这一地区其他国家加入欧盟的明确计划，并且所有参加的主体都有责任共同为解决科索沃地位问题作出贡献。对在稳定和联系进程框架内的协助和支持项目进行有约束力的、政治方面的限制，并且要利用这种限制将科索沃政治负责机构与保证少数民族权利和科索沃安全联系起来。也就是说，巴尔干半岛应该成为欧盟和欧洲—大西洋结构中长期稳定和可融合的地区。

此外，欧债危机蔓延是否对欧盟继续东扩造成影响，东扩前景如何，这也是国际社会关心的问题。

2009 年 12 月，希腊主权债务问题凸显，2010 年 3 月这一问题开始向葡萄牙、意大利、爱尔兰、西班牙蔓延。

2010 年上半年，欧洲央行、国际货币基金组织（IMF）等一直为希腊债务危机寻求解决办法，但始终有分歧。同时，欧元区内部协调机制运作不畅，致使救助希腊的计划迟迟不能出台，导致危机持续恶化。而此时克罗地亚经济发展也受到严重打击和影响。一方面，以旅游业为重要产业的克罗地亚经济在欧洲经济不景气的情况下无法保持继续增长；另一方面，

---

① 〔奥〕赫尔穆特-克拉默、维德兰-日希奇：《科索沃问题》，中央编译出版社，2007。

克罗地亚自身的工业、农业和消费品市场也由于欧洲整体经济下滑而出现了很大问题。克罗地亚铁路局、公路局、林业局等从2011年开始一直处于亏损状态,而严重依赖旅游经济的餐饮业、酒店业和相关服务业也出现了10%~20%的亏损。在经济负增长的同时,克罗地亚物价不断高速上涨。

希腊债务危机的进一步深化使得部分希腊企业转向保加利亚,因为保加利亚的宏观经济环境和金融政策稳定,在欧盟国家中税率也偏低。因此,保加利亚的投资略增,旅游和出口也有所增长;但同时,希腊债务危机加大了东南欧国家区域经济的风险,保加利亚和其他邻近国家可能面临劳务人员回流等不确定因素。欧债危机之前,希腊是保加利亚最大的出口国,占保加利亚出口总额的10%,但2011年保加利亚对希腊出口总额为14亿列弗(1美元约合1.5列弗),比2008年下降1亿列弗。

总的来说,虽然希腊债务危机对保加利亚的出口影响不大,但从长远来看,希腊债务危机将对东南欧地区的经济产生十分不利的影响,更多会表现在吸引投资方面。

在经济危机的背景下,许多人担心新成员国的廉价劳动力会加重老成员国的就业压力;成员国越多,整合起来就越困难,较为富裕的老成员国的责任压力就越大。因此,欧盟内部出现分歧,对欧盟是否应进一步东扩产生怀疑,这使欧盟一体化的道路更为艰难。有经济学家预计,欧债危机之后北欧国家经济将恢复增长,南欧国家则受债务危机困扰而将持续衰退,这就使得欧元区核心国家的联系更加紧密,而欧盟外围国家则有可能被逐步边缘化。在此情况下,一些老成员国认为欧盟应该首先做好现有成员国的整合,而不是进一步扩张。另一部分人则认为,随着一体化的深入,欧盟会创造出接纳更多成员国的有利条件,通过扩大成员国数量,欧盟才能成为国际事务中更加强有力的参与者。索拉纳指出,当前危机之下,欧盟尤其需要扩员,以便与欧洲其他国家携手通力合作,共同应对经济危机。

可以看出,在欧洲经济不景气的情况下,未来欧盟东扩将有许多问题需要解决。

结束语

从以上的分析中可以得出以下几点看法。

第一，冷战结束后，东南欧政治生态之所以发生重大变化，冲突不断、战火再起，既有本地区的深远历史因素，也有当今时代的特殊背景。就时代背景而言，主要是1989年开始的东欧政局剧变和紧接着的苏联解体，它标志着雅尔塔体系的终结，标志着世界力量对比发生了根本性变化。一般说来，凡是国际力量对比发生重大变化，也就是原有的势力均衡被打破时，世界的地缘政治面貌和势力范围的划分均要随之而发生变动。而东南欧原处于雅尔塔体系的边缘地区，是原苏联的势力范围。因此，可以认为，东南欧（而不只是巴尔干半岛）之所以发生动荡，是世界力量对比发生根本变化的必然反映，是势力范围的重组。而西方国家，特别是美国与德国等欧盟国家之间的利益分歧，则加剧了变动的复杂性。

第二，就东南欧本地区的因素来看，紧张局势和冲突发生的主要原因是日益积累的民族矛盾（而不是意识形态的冲突），矛盾的主要根源则在于这一地区的经济和社会发展的巨大差距，以及政治上缺乏为相互融合而需要的有效的政治和法律结构框架，这就使那些擅长利用民族情绪的精英们能够左右局势，激化矛盾，并导致残酷的战争。因此，要从根本上实现这个地区的稳定应立足于大力发展经济，逐步克服社会经济的巨大差异。与此同时，必须建立起有效的法制框架。从分析十年的冲突骤起和战火熄灭的发展过程来看,大国的干预起着关键性的作用。巴尔干国家民族关系错综复杂,南斯拉夫联邦解体后民族关系陷入紧张,爆发了流血冲突。巴尔干冲突具有溢出效应,如果不加控制,局部的冲突会蔓延到整个巴尔干地区,威胁地区的和平、安全与稳定。为结束巴尔干冲突,联合国、欧盟和北约进行了程度不同的干预。① 某些西方大国出于自身利益的考虑,打着人权和民族自决权的旗号,有意无意地鼓励民族分裂,赞同建立新的民族国家,这不仅导致南联邦的解体,而且使得这个地区的分裂形势愈演愈烈,而战火的最后熄灭也是西方大国实行严厉的制裁和军事介入的结果。特别是美国对波黑的军事介入和对科索沃的轰炸,迫使南联盟和塞族领导人在濒于灭顶之际,接受了代顿协议,接受了对科索沃的调停。但是,这种和平是靠制裁压出来的,是靠军事干预打出来的,它治标不治本。因此,战火虽已熄灭,但导致冲突的根源依然存在。

第三,国际干预后的巴尔干国家虽然实现了和平,但是冲突的因素尚未消除,来之不易的和平仍很脆弱,引起冲突的危险依然存在,如民族间的敌对、仇视和互不信任,民族主义政治势力的影响力依旧存在等。如果仅靠巴尔干国家的力量,不可能实现国家的长治久安和地区的安全稳定。②

第四,《东南欧稳定公约》的出台正是在这里战火虽已熄灭而冲突及冲突根源依然存在的情况下推出的。欧盟推出的《东南欧稳定公约》这个药方,实际上就是试图以内部改革和外部干预双管齐下的办法来解决这一地区稳定和发展问题。它的基本点就是试图通过地区一体化把东南欧吸纳到欧盟的框架之内,在统一的政治、经济、安全体系内解决东南欧的政治稳定、经济发展和地区安全问题。其中比较注重推动东南欧各国政治和经济制度的改革,并以发展地区内和地区间的合作和一体化来阻止该地区民族的进一步分裂。这可能是一条可行的道路,它似乎也符合

---

① 孔田平:《巴尔干国际治理:科索沃案例》,《俄罗斯中亚东欧研究》2009 年第 2 期。
② 孔田平:《巴尔干国际治理:科索沃案例》,《俄罗斯中亚东欧研究》2009 年第 2 期。

当今世界一体化的发展趋势。

第五，《东南欧稳定公约》的理论基础是新地区主义，它是在全球化和多极化的历史背景下发展起来的，是国际关系理论中的一枝新秀。它在解释和处理当代全球化带来的某些问题，以及实行地区乃至全球的稳定与发展等方面有不少值得重视的观点。鉴于它在国家主权、自决权和人权方面都有其独创的理论观点和应对形式，以它为理论基础的《东南欧稳定公约》有可能从根源上解决那里的冲突问题，实现这一地区的稳定与发展。鉴于它能与全球化和全球主义兼容，它也被认为可以提供一种新的思路，以一种渐进的和过渡的方式解决当前如建立新的国际秩序、保障国际安全和实现生态可持续发展等方面的棘手问题。

第六，《东南欧稳定公约》及其所体现的解决民族冲突的思路，即通过地区一体化来淡化和消除民族宿怨的思路，也许能对解决当今世界的某些热点问题，如阿富汗问题、巴以冲突问题等提供一个新的思路。

参考文献

外文文献

1. Russett, Bruce. 1993. *Grasping the Democratic Peace.* Princeton, NJ: Princeton University Press.
2. Tishko, Valer. 1997. *Ethnicity, Nationalism and Conflict in and after the Soviet Union.* London: Sage.
3. Raymond Tanter and John Psarouthakis. 1999. *Balancing in the Balkans.* New York: St. Martin's Press.
4. Frank W. Carter and Harold T. Norris (eds.). 1996. *The Changing Shape of the Balkans.* London: UCL Press.
5. Pantev, Plamen. 1995. *Coping with Conflicts in the Central and Southern Balkans.* Sofia: St. Kliment Ohridski University Press.
6. Avramov, Smilja. 1995. *Genocide in Yogoslavia.* Belgrade: BIGZ.
7. Michael E. Brown (eds.). 1993. *Ethnic Conflict and International Security.* Princeton, N. J.: Princeton University Press.
8. Laszlo Poti (ed.). 1997. *Integration, Regionalism, Minorities: What Is the Link?* International Conference, Budapest 6-7 Sept. 1996. Hungarian Institute of International Affairs. Budapest: Hungarian Institute of International

Affairs.

9. Laszlo Csaba (ed.). 1991. *Systemic Change and Stabilization in Easter Europe.* Aldershot [u. a.]: Dartmouth.

10. Peter Bajtay (ed.). 1996. *Regional Cooperation and the European Integration Process: Nordic and Central European Experiences.* International Conference, Budapest, 11. March 1996. Budapest: Hungarian Institute of International Affairs.

11. Leo Tindemans (ed.). 1996. *Unfinished Peace: Report of the International Commission on the Balkans.* Aspen Institute Berlin; Carnegie Endowment for International Peace. Berlin: Aspen Institute; Washington, D. C.: Carnegie Endowment for International Peace.

12. Stjepan G. Mestrovic (ed.). 1996. *Genocide after Emotion: the Post-emotional Balkan War.* London, New York: Routledge.

13. Daniel N. Nelson. 1991. *Balkan Imbroglio-Politics and Security in Southeastern Europe.* Westview Press, Inc.

14. Robert Leonardi. 1995. *Convergence, Cohesion and Integration in the European Union.* New York: St. Martin's Press, Inc.

15. Ben Rosamond. 2000. *Theories of European Integration.* St. Martin's Press, New York.

16. Michael Zuern and Niels Lange. 1999. *Regionalism in the Age of Globalization.* Institut fuer Interkulturelle und Internationale Studien, Universitaet Bremen.

17. Bjoern Hettne, etc. (eds.). 2000. *The New Regionalism and the Future of Security and Development.* Great Britain: MacMillan Press Ltd.; U. S. A.: St. Martin's Press, Inc.

18. Bjoern Hettne, etc. (eds.). 1999. *Globalism and the New Regionalism.* Great Britain: MacMillan Press Ltd.; U. S. A.: St. Martin's

Press, Inc.

19. Peter Wagstaff (ed.). 1999. *Regionalism in the European Union.* U. K.: Intellect Books; USA: Intellect Books.

20. Mariana Lenkova (ed.). *"Hate Speech" in the Balkans.* 1998. ETEPE: Athens.

21. Kari Moettoelae (ed.). 1986. *Ten Years after Helsinki. The Making of the European Security Regime.* Boulder, London: Westview Press.

22. Mient Jan Faber (ed.). 1996. *The Balkans: A Religious Backyard of Europe.* Ravenna: Longo Ed.

23. Hans-Georg Ehrhart (eds.). 1999. *The Southeast European Challenge: Ethnic Conflict and the International Response.* Baden-Baden: Nomos-Verl-Ges.

24. Sjoeberg, Oerjan. 1991. *Economic Change in the Balkan States-Albania, Bulgaria, Romania and Yugoslavia.* New York: St. Martin's.

25. Preston, Christopher. 1997. *Enlargement and Integration in the European Union.* London and New York: Routledge.

26. Laszlo Andor. 2000. *Hungary on the Road to the European Union.* London and Westport, Connecticut: Praeger Publishers.

27. John Fitzmaurice. 1998. *Politics and Government in the Visegrad Countries-Poland, Hungary, the Czech Republic and Slovakia.* New York: St. Martin's Press, Inc.

28. Brown, James F. 1992. *Nationalism, Democracy and Security in the Balkans.* Aldershot: Dartmouth.

29. Caplan, Richard & Feffer, John (ed.). 1996. *Europe's New Nationalism: States and Minorities in Conflict.* New York; Oxford: Oxford University Press.

30. Weidenfeld, Werner (ed.). 1995. *Central and Eastern Europe on the Way into the European Union: Problems and Prospects of Integration.* Guetersloh:

Bertelsmann Foundation Publishers.

31. Shoup, Paul S. (eds.). 1990. *Problems of Balkan Security*. Washington, D. C.: The Wilson Center Press.

32. Klinke, Andreas; Renn, Ortwin and Lehners, Jean-Paul (eds.). 1997. *Ethnic Conflicts and Civil Society-Proposals for a New Era in Eastern Europe.* Hants (England): Ashgate Publishing Ltd.

33. Bjoern Hettne and Andras Inotai, *The New Regionalism.* Implications for Global Development and International Security (Research for Action. UNU/WIDER, 1994).

34. Radmila Nakarada (ed.). 1998. *Europe and the Disintegration of Yugoslavia*. IES: Belgrad.

35. Russell F. Farnen. 1994. *Nationalism, Ethnicity and Identity-Cross National and Comparative Perspectives.* Transaction Publishers: New Brunswick, New Jersey.

36. Thanos M. Veremis, Dimitrios Triantaphyllou. 1998. *The Southeast European Yearbook: 1997-1998.* Hellenic Foundation for Euopean and Foreign Policy: Athens.

37. Traian Stoianovich. 1994. *Balkan Worlds-The First and Last Europe.* M. E. Sharpe: Armonk, New York, London, England.

38. Janusz Bugajski. 1993. *Ethnic Politics in Eastern Europe-A Guide to Nationality Policies, Organizations, and Parties.* M. E. Sharpe: Armonk, New York, London, England.

中文文献

1. 〔英〕艾伦·帕尔默：《夹缝中的六国——维也纳会议以来的中东欧历史》，商务印书馆，1997。

2. 陈乐民：《东欧巨变与欧洲重建》，世界知识出版社，1991。

3. 周丕启：《民族主义与国家建构》，《国际政治研究》1999 年第 1 期。

4. 刘靖华：《全球化背景下的民族主义问题初探》，《现代国际关系》2001 年第 8 期。

5. 张小明：《冷战及其遗产》，上海人民出版社，1998。

6. 王金标：《跨世纪的欧洲》，时事出版社，1997。

7. 〔美〕卡尔·多伊奇：《国际关系分析》，世界知识出版社，1992。

8. 赵乃斌、汪丽敏主编《南斯拉夫的变迁》，广东人民出版社，2001 年。

9. 〔美〕汉斯·J. 摩根索：《国家间政治——寻求权力与和平的斗争》，中国人民公安大学出版社，1990。

10. 〔日〕星野昭吉：《变动中的世界政治——当代国际关系理论沉思录》，新华出版社，1999。

11. 李静杰、郑羽：《俄罗斯与当代世界》，世界知识出版社，1998。

12. 王逸舟：《西方国际政治学：历史与理论》，上海人民出版社，1998。

13. 王逸舟：《当代国际政治析论》，上海人民出版社，1995。

14. 王逸舟主编《单极世界的阴霾——科索沃危机的警示》，社会科学文献出版社，1999。

15. 朱晓中：《中东欧与欧洲一体化》，社会科学文献出版社，2002。

16. 许新、陈联璧等：《超级大国的崩溃——苏联解体原因探析》，社会科学文献出版社，2001。

17. 官少朋、朱立群等主编《冷战后国际关系》，世界知识出版社，1999。

18. 朱晓中：《从巴尔干到东南欧——冷战后巴尔干地缘政治变迁》，《东欧中亚研究》1998 年第 3 期。

19. 〔美〕兹比格涅夫·布热津斯基：《大失控与大混乱》，中国社会科学出版社，1995。

20. 郭华榕、徐天新主编《欧洲的分与合》，京华出版社，1999。

21. 穆立立：《欧洲民族概论》，中国社会科学出版社，1998。

22. 赵乃斌、朱晓中主编《东欧经济大转轨》，中国经济出版社，1995。

23. 马细谱：《巴尔干纷争》，北京大学出版社，1999。

24. 王鹤主编《欧洲一体化对外部世界的影响》，对外经济贸易大学出版社，1999。

25. 陆齐华：《俄罗斯和欧洲安全》，中央编译出版社，2001。

26. 〔美〕塞缪尔·亨廷顿：《文明的冲突与世界秩序的重建》，新华出版社，1998。

27. 李金珊：《欧盟经济政策与一体化》，中国财政经济出版社，2000。

28. 〔意〕萨尔沃·马斯泰罗内：《当代欧洲政治思想》，社会科学文献出版社，1998。

29. 朱景鹏：《区域主义理论基础与相关学说》，《国际政治研究》2000年第1期。

30. 邱美荣：《民族主义与国际冲突》，《世界经济与政治》2000年第12期。

31. 汪徐和编著《血洗伊甸园——南斯拉夫内战大曝光》，时事出版社，1994。

32. 唐永胜：《科索沃危机折射出美国大战略的失误》，《世界经济与政治》1999年第7期。

33. 〔德〕康斯坦泽·施特尔岑米勒：《陷入困境的联盟——北约遇到最大的挑战》，《世界经济与政治》2004年第10期。

34. 时殷弘、葛腾飞：《北约干涉的普遍和特殊意义》，《国际经济评论》1999年第24期。

35. 耿协峰：《"新地区主义"研究——不同视角的评析》，《世界经济与政治》2001年第1期。

36. 陈建民：《伊斯兰教与巴尔干半岛的历史渊源》，《伊斯兰世界》2004年第3期。

37. 郭晓钊：《巴尔干地区合作和欧洲一体化》，《山东财政学院学报》2009年第3期。

38. 高歌：《东欧国家的政治转轨》，世界知识出版社，2003。
39. 〔英〕安东尼·吉登斯：《民族—国家与暴力》，生活·读书·新知三联书店，1998。
40. 谢益显：《干预民族主义及其在世界政治中的历史地位》，《外交学院学报》1997年第1期。
41. 任东来：《自决原则在历史上的实践及其含义的演变》，《太平洋学报》1997年第3期。
42. 陈乐民、周弘：《欧洲文明扩张史》，东方出版中心，1999。
43. 郝时远主编《南斯拉夫联邦解体中的民族危机》，四川民族出版社，1993。

后　记

　　我对东南欧的关注是从波黑战争开始的。历史上的东南欧地区战火不断，1945年以后，这里曾成功地维持了其持久的和平，但却在即将进入21世纪之前再一次发生战争。难道这一地区陷入了战争的魔咒？如何才能摆脱"火药桶"的怪圈呢？既然冷战的结束也无法最终解决这个"火药桶"，那么，在全球经济逐渐一体化的今天，区域一体化能否成为东南欧战争的终结者呢？

　　东南欧是个复杂而富有争议的地区，这里不但是欧、亚、非大陆的交会点，而且是宗教、民族最为丰富也是冲突最为严重的地域。同时，也正是这个神奇的大陆，孕育了最为丰富和最为多元的文化。

　　东南欧独特的地理位置注定它是一个敏感地带，也注定了它风雨飘摇的命运。不同的民族、不同的宗教信仰、不同的文化、不同的势力在这里相互碰撞，激烈交锋，整个巴尔干地区的历史就是无休止的征服与被征服、压迫与反抗压迫的历史。

　　1991～2001年在这一地区发生了五场战争，250万人失去家园，30万人失去生命。这些悲剧就发生在欧盟的家门口。如何达到欧洲整体的和平是欧盟一直在思考并努力实践的问题。事实已经证明，欧洲联合的道路顺应了世界经济发展的趋势，通过各种要素跨国界的自由流动，达到资源的优化配置和经济的共同繁荣。两极格局解体后，欧盟顺应新形势的要求，出台《马斯特里赫特条约》，进一步提出了建立具有共同外交和防务的政治联盟一体化目标。通过经济联合来消除宿怨和冲突，实现和平与共同安全，从联合中达到单个国家无法实现的利益，欧盟走过的这条道路和取得的经验具有示范作用和重要的借鉴意义。欧盟作为一个整体，在经济一体化领域取得了显著的成绩，并呈现出强劲的发展态势，对东欧国家具有巨大的吸引力。

在一定意义上讲，欧盟的扩大促进了全欧洲的和平、稳定与繁荣。克罗地亚加入欧盟给本地区其他国家提供了范例，也是对欲加入欧盟的其他国家的鼓励。欧盟还会继续扩大，并进一步增强内部联系。东南欧各国视欧盟为实现其价值观和经济复苏的现实依托，纷纷把入盟作为对外政策的重中之重。

我写文章很慢，主要原因还是对资料的掌控能力不强。这部著作是我在博士论文的基础上充实而成。当我开始筹划写作时，新地区主义理论盛行一时，东南欧地区的战争打得如火如荼。我试图将新地区主义、民族主义、冲突和国际干预纳入其中，一一加以叙述，但是，由于东南欧地区涉及11个国家，我难以对某一理论有新的阐释，只是在解释这些理论时，从不同角度、不同领域对它们的定义进行叙述和梳理，以求尽可能全面、客观地将这些问题说清楚。面对浩瀚的资料，我的确感觉难度较大。幸而在写作和修改过程中，有许多专家和学者给予我无私的帮助，使我在每次感到无法前进的时候有了继续前行的力量。

张文武研究员是我的导师，在文章的酝酿和成文过程中，为我提供了许多有益的学术指导，对我的论文修改也倾注了大量的心血和智慧。

郑羽教授不仅一直鼓励我，而且还在论文的结构上、论文的题目上给我出主意，给了我许多悉心的指导和无私的帮助。

常玢主编把我引入编辑这个行业，他对工作和学术的严谨让我自惭形秽，我每次都以尽量达到他的要求为目标，尽力做一名学者型的好编辑。

高晓慧老师让我感到自己与她有太大的差距，她沉稳的性格、严谨的治学态度、一丝不苟的工作作风都使我钦佩。

冯育民是我见过的很不一般的女性，她具有博大的胸怀，对每个人都真诚地给予建议和帮助。每当我在工作上甚至生活上感到困惑时，她的几句话就会让我释怀，总能给我有益的指导。

在此，我还要感谢朱晓中研究员和孔田平研究员，他们为本书的写作提供了宝贵的意见，使我避免了许多错误。

最后，也是最重要的，我要感谢我的先生。在我写作过程中，他从一个学者的角度，经常在最关键的时刻提醒我、鼓励我，常常使我茅塞顿开，少走了许多弯路。

由于资料浩繁、课题的难度以及自身能力所限，在某些问题上我总觉得没有说透，没有说清楚，这需要我在日后的学术生涯中继续学习并不断加以改进。

李丹琳

图书在版编目(CIP)数据

东南欧政治生态论析：冷战后地区冲突的起源和地区稳定机制的建立/李丹琳著. —北京：社会科学文献出版社，2013.8
（当代俄罗斯东欧中亚研究丛书）
ISBN 978-7-5097-4747-6

Ⅰ.①东… Ⅱ.①李… Ⅲ.①国际政治关系-冲突-研究-欧洲 Ⅳ.①D815

中国版本图书馆 CIP 数据核字（2013）第 127698 号

·当代俄罗斯东欧中亚研究丛书·

东南欧政治生态论析
——冷战后地区冲突的起源和地区稳定机制的建立

| 著　　者 / 李丹琳

| 出 版 人 / 谢寿光
| 出 版 者 / 社会科学文献出版社
| 地　　址 / 北京市西城区北三环中路甲29号院3号楼华龙大厦
| 邮政编码 / 100029
| 责任部门 / 全球与地区问题出版中心　　责任编辑 / 曲建文　张苏琴
| 　　　　　（010）59367004　　　　　责任校对 / 师军革
| 电子信箱 / bianyibu@ ssap. cn　　　　责任印制 / 岳　阳
| 项目统筹 / 祝得彬
| 经　　销 / 社会科学文献出版社市场营销中心（010）59367081　59367089
| 读者服务 / 读者服务中心（010）59367028

| 印　　装 / 北京季蜂印刷有限公司
| 开　　本 / 787mm×1092mm　1/16　　印　张 / 18.75
| 版　　次 / 2013年8月第1版　　　　字　数 / 269千字
| 印　　次 / 2013年8月第1次印刷
| 书　　号 / ISBN 978-7-5097-4747-6
| 定　　价 / 59.00元

本书如有破损、缺页、装订错误，请与本社读者服务中心联系更换

▲ 版权所有　翻印必究